新时代智库出版的领跑者

本报告为中国非洲研究院《"一带一路"倡议下的中摩（洛哥）合作研究》与《中非"一带一路"合作的多维认知：机遇、挑战与对策》课题研究成果。

中社智库 国家智库报告 2023（23） National Think Tank
国际

新时代的中非"一带一路"合作
——认知、成效与展望

中国社会科学院世界经济与政治研究所 著
中国社会科学院国家全球战略智库

CHINA-AFRICA BRI COOPERATION IN THE NEW ERA:
COGNITION, EFFECTIVENESS AND PROSPECTS

中国社会科学出版社

图书在版编目(CIP)数据

新时代的中非"一带一路"合作：认知、成效与展望／中国社会科学院世界经济与政治研究所，中国社会科学院国家全球战略智库著.—北京：中国社会科学出版社，2023.10

（国家智库报告）

ISBN 978-7-5227-2734-9

Ⅰ.①新… Ⅱ.①中…②中… Ⅲ.①"一带一路"—国际合作—研究—中国、非洲 Ⅳ.①F125.54

中国国家版本馆 CIP 数据核字（2023）第 201960 号

出版人	赵剑英
责任编辑	侯聪睿
责任校对	李　莉
责任印制	李寡寡

出　版	中国社会科学出版社
社　址	北京鼓楼西大街甲 158 号
邮　编	100720
网　址	http://www.csspw.cn
发行部	010-84083685
门市部	010-84029450
经　销	新华书店及其他书店
印刷装订	北京君升印刷有限公司
版　次	2023 年 10 月第 1 版
印　次	2023 年 10 月第 1 次印刷
开　本	787×1092　1/16
印　张	15.5
插　页	2
字　数	201 千字
定　价	89.00 元

凡购买中国社会科学出版社图书，如有质量问题请与本社营销中心联系调换
电话：010-84083683
版权所有　侵权必究

项目组成员名单

组　　长：邹治波

副组长：任　琳

课题组成员（按姓氏拼音排序）：

　　陈兆源　黄宇韬　江思羽　金君达

　　罗仪馥　彭　博　吴国鼎　熊爱宗

摘要： 2023年是"一带一路"倡议提出十周年，也是第三届"一带一路"国际合作高峰论坛的成功召开之年。十年来，中国秉持"共商、共建、共享"理念，努力推进与"一带一路"共建国家和地区的政策沟通、设施联通、贸易畅通、资金融通和民心相通。中国已与152个国家、32个国际组织签署200余份共建"一带一路"合作文件，打造了一个命运与共、合作共赢的"朋友圈"，"一带一路"倡议已成为当今世界最大的公共产品之一。

这部《新时代的中非"一带一路"合作——认知、成效与展望》智库报告首先从整体上总结梳理中非开展"一带一路"合作之路，包括中非"一带一路"合作的历史与现实、中非和有关方面对中非"一带一路"合作的认知、新时代中非高质量共建"一带一路"的机遇与未来。在具体国家层面，本报告聚焦"中国与摩洛哥'一带一路'合作案例"，包括中摩"一带一路"合作现状、中摩"一带一路"重大项目进展、中摩"一带一路"合作未来展望等，以此展示中国与非洲具体国家开展"一带一路"合作的成效。

新时代，中非将推动共建"一带一路"合作倡议同非盟《2063年议程》、联合国2030年可持续发展议程以及非洲各国发展战略深度对接，共同推进高质量建设"一带一路"。中非将以"一带一路"建设为抓手，全面推进中非政治、经济、人文等领域的合作，推动构建更加紧密的中非命运共同体。

关键词： "一带一路"倡议；中非合作；公共产品

Abstract: The year 2023 marks the 10th anniversary of the Belt and Road Initiative (BRI) and the successful convening of the third Belt and Road Forum for International Cooperation. Over the past decade, China, guided by the principle of "planning together, building together, and benefiting together", has working hard to enhance policy, infrastructure, trade, financial and people-to-people connectivity with the countries and regions jointly building the BRI. China has signed more than 200 cooperation documents on BRI with 152 countries and 32 international organizations, creating a "circle of friends" with a shared future and win-win cooperation. The BRI has become one of the world's largest public goods.

This report, *China-Africa BRI Cooperation in the New Era-Cognition, Effectiveness and Prospects*, summarizes and reviews the overall path of China-Africa BRI cooperation, including the history and reality of China-Africa BRI cooperation, China and Africa and relevant parties' perceptions of China-Africa BRI cooperation, and the opportunities and future of China-Africa high-quality BRI cooperation in the new era. Specifically, this report focuses on the BRI cooperation case between China and Morocco, including the current situation of China-Morocco BRI cooperation, the progress of major projects, and the future prospects of China-Morocco BRI cooperation, to demonstrate the effectiveness of the BRI cooperation between China and specific African countries.

In the new era, China and Africa will deepen the synergy of the BRI cooperation with the African Union's 2063 Agenda, the United Nations 2030 Agenda for Sustainable Development and the development strategies of African countries, and jointly promote the high-quality construction of the BRI. China and Africa will take the BRI construction as a starting point, comprehensively promote China-Africa cooperation in political, economic, cultural and other fields, and promote the building of a closer China-Africa community with a shared future.

Key words: the Belt and Road Initiative (BRI), China-Africa cooperation, public goods

目　录

第一篇　中非"一带一路"合作

一　中非"一带一路"合作的历史与现实 ……………（3）
　（一）"一带一路"倡议的提出与发展 ……………（3）
　（二）中非共建"一带一路"的历史基础 ……………（8）
　（三）中非共建"一带一路"的现实演进 ……………（15）

二　中非"一带一路"合作的认知 ……………（26）
　（一）中国对中非"一带一路"合作的认知 ……………（26）
　（二）非洲对中非"一带一路"合作的认知 ……………（31）
　（三）域外发达国家对中非"一带一路"合作的
　　　　认知 ……………（37）
　（四）域外新兴经济体对中非"一带一路"合作的
　　　　认知 ……………（45）

三　中非"一带一路"成效评估与看法 ……………（54）
　（一）中国对中非"一带一路"合作的成效评估 ……………（54）
　（二）非洲对中非"一带一路"合作成效的评估 ……………（62）
　（三）域外发达国家对中非"一带一路"合作成效的
　　　　看法 ……………（71）

（四）域外新兴经济体对中非"一带一路"合作成效的
　　看法 …………………………………………………（74）

四 中非"一带一路"合作方案与应对 ……………………（79）
（一）中国推进中非"一带一路"合作的愿景 …………（79）
（二）非洲对与中国共建"一带一路"的希望 …………（84）
（三）域外发达国家应对中非"一带一路"合作的
　　行动 …………………………………………………（89）
（四）域外新兴经济体应对中非"一带一路"合作的
　　政策反应 ……………………………………………（104）

五 中非高质量共建"一带一路"的机遇与未来 ………（114）
（一）中国推动中非"一带一路"合作的条件
　　与机遇 ………………………………………………（114）
（二）非洲与中国共建"一带一路"的条件
　　与机遇 ………………………………………………（123）
（三）中非"一带一路"合作的国际条件与机遇 ………（127）
（四）促进中非"一带一路"合作的政策建议 …………（131）
（五）新时代中非合作的历史机遇与未来 ……………（145）

第二篇　中国与摩洛哥"一带一路"合作案例

一 中国与摩洛哥"一带一路"合作现状 ………………（155）
（一）中摩经贸合作现状 ………………………………（156）
（二）中摩"一带一路"合作进展 ………………………（161）
（三）在摩中资企业发展面临的问题与挑战 …………（177）
（四）在摩中资企业具有的条件与机遇 ………………（182）

二 中摩推进丹吉尔科技城园区合作 …………………（186）
（一）丹吉尔科技城园区的基本情况 …………………（186）
（二）丹吉尔科技城园区的优势 …………………（187）
（三）丹吉尔科技城园区面临的挑战 …………………（189）
（四）中摩推进丹吉尔科技城园区建议 …………………（191）

三 摩洛哥在中非"一带一路"合作中的优势 …………（195）
（一）摩洛哥的地理位置与地缘优势 …………………（195）
（二）摩洛哥与欧洲文化的临近性 …………………（206）
（三）摩洛哥的国际经济交往与金融中心地位 …………（218）

结语 中摩"一带一路"合作展望 …………………（232）
（一）摩洛哥在"一带一路"建设中的重要意义 ……（232）
（二）加强中摩"一带一路"建设的政策建议 ………（233）

后 记 ……………………………………………………（236）

第一篇　中非"一带一路"合作

一　中非"一带一路"合作的历史与现实

"一带一路"倡议提出十年来，至今已取得巨大成就。非洲是"一带一路"合作的重点。中非之间悠久的合作历史、健全的合作制度、默契的合作理念以及丰富的合作成果，为双方共建"一带一路"奠定了坚实的历史基础。"一带一路"倡议规划初期，对非洲的定位并不明确，经历了一段对接期之后，2018年中非合作论坛北京峰会正式开启了中非共建"一带一路"的历史进程。此后，中非共建"一带一路"快速发展，合作成就有目共睹。2021年是中非开启外交关系65周年，中非都进入了新的发展阶段，中非合作迎来新的"黄金时期"。未来，中非将构建更加紧密的命运共同体，携手推动共建"一带一路"高质量发展，更好地造福中非人民，为建设持久和平、共同繁荣的世界做出贡献。

（一）"一带一路"倡议的提出与发展

2013年秋，中国国家主席习近平在出访中亚和东南亚国家期间，先后提出共建"丝绸之路经济带"和"21世纪海上丝绸之路"的重大倡议（"一带一路"倡议）。"一带一路"倡议的提出，一是对中国古代丝绸之路的传承与延续，二是对新时代全球性挑战的一种回应。2100多年前，张骞两次出使西域，开辟出一条横贯东西、连接欧亚的丝绸之路。千百年来，一代又一代"丝路人"架起了东西方合作的纽带、和平的桥梁，为人类文明发展进步做出了重大贡献。进入21世纪以来，面对各种全球性挑战，世界各国对和平、发展、合作的愿景日渐强烈。各国之间加强政策对接，形成发展合力，逐渐成为破解发展难题的现实选择。在这一历史趋势和时代潮流的驱动下，共建"一带一路"重大倡议应运而生。

2015年3月，中国国家发展改革委、外交部、商务部联合发布《推动共建丝绸之路经济带和21世纪海上丝绸之路的愿景与行动》（以下简称《愿景与行动》），详细阐述了共建"一带一路"倡议的时代背景、共建原则、框架思路、合作重点与合作机制，并介绍了中国各地方开放态势和中国积极行动等相关内容。根据《愿景与行动》，共建"一带一路"旨在促进经济要素有序自由流动、资源高效配置和市场深度融合，推动沿线各国实现经济政策协调，开展更大范围、更高水平、更高层次的区域合作，共同打造开放、包容、均衡、普惠的区域经济合作架构。共建"一带一路"的合作重点以"五通"概括：一是政策沟通，加强政府间合作，积极构建多层次政府间宏观政策沟通交流机制，深化利益融合，促进政治互信。二是设施联通，在尊重主权和安全关切基础上，沿线国家宜加强基础设施建设规划、技术标准体系对接，共同推进国际骨干通道建设，逐步形成连接亚洲各次区域及亚欧非之间的基础设施网络。三是贸易畅通，宜着力研究解决投资贸易便利化问题，消除投资和贸易壁垒，构建区域内和各国良好营商环境，积极同沿线国家和地区共同商建自由贸易区。四是资金融通，通过建立和完善投融资体系、扩大本币互换、促进亚洲债券市场发展、依托亚洲基础设施投资银行等金融机构和丝路基金等创新机制为"一带一路"建设提供资金支撑。五是民心相通，广泛开展文化交流、学术往来、人才交流、媒体合作、青年和妇女交往、志愿者服务等，为共建"一带一路"奠定坚实的民意基础。

从2013年提出共建"一带一路"倡议到2015年发布《愿景与行动》，经过几年的发展，"一带一路"倡议的顶层设计和总体布局均已完成。为进一步推动共建"一带一路"走深走实，2018年8月，推进"一带一路"建设工作5周年座谈会在京召开。习近平主席在会上指出，过去几年共建"一带一路"完成了总体布局，绘就了一幅"大写意"，今后要聚焦重点、精雕细琢，共同绘制好精谨细腻的"工笔画"。共建"一带一路"正在向落地生根、持久发展的阶段迈进。推动共建"一带一路"向高质量发展转变，是下一阶段推进共建"一带一路"工作的基本要求。[1]

习近平主席在2019年召开的第二届"一带一路"国际合作高峰论坛上对高质量共建"一带一路"作出全面、系统、深刻阐释。[2] 一是要秉持共商共建共享原则，倡导多边主义，推动各方各施所长、各尽所能，通过双边合作、三方合作、多边合作等各种形式，充分发挥各国的优势和潜能。二是要坚持开放、绿色、廉洁理念，不搞封闭排他的小圈子，把绿色作为底色，推动绿色基础设施建设、绿色投资、绿色金融，坚持一切合作都在阳光下运作，共同以零容忍态度打击腐败。三是要努力实现高标准、惠民生、可持续目标，引入各方普遍支持的规则标准，推动企业在项目建设、运营、采购、招投标等环节按照普遍接受的国际规则标准进行，同时要尊重各国法律法规。坚持以人民为中心的发展思想，聚焦消除贫困、增加就业、改善民生，让共建"一带一路"成果更好惠及全体人民，为当地经济

---

[1] 赵超、安蓓：《习近平在推进"一带一路"建设工作与周年座谈会上强调 坚持对话协商共建共享合作共赢交流互鉴 推动共建"一带一路"走深走实造福人民》，《人民日报》2018年8月28日第1版。

[2] 习近平：《齐心开创共建"一带一路"美好未来》，《人民日报》2019年4月27日第3版。

社会发展作出实实在在的贡献，同时确保商业和财政上的可持续性，做到善始善终、善作善成。①

为推动高质量共建"一带一路"，中国政府采取了一系列重大改革开放举措，加强制定性、结构性安排，促进更高水平对外开放。第一，更广领域扩大外资市场准入，以公平竞争、开放合作推动国内供给侧结构性改革，提高供给体系质量和效率。第二，更大力度加强知识产权保护国际合作，创造良好创新生态环境。第三，更大规模增加商品和服务进口，促进贸易平衡发展。第四，更加有效实施国际宏观经济政策协调，共同构建更高水平的国际经贸规则。第五，更加重视对外开放政策贯彻落实，完善市场化、法治化、便利化的营商环境。

自2013年以来，共建"一带一路"取得了重要成就。② 一是凝聚合作共识，朋友圈日益广泛牢固。截至2023年1月6日，中国已与151个国家、32个国际组织签署200多份合作文件。二是设施联通硕果累累，一大批合作项目扎实推进。中老铁路开通5个月货运量增长5.5倍，发送旅客超270万人次。匈塞铁路塞尔维亚境内贝诺段顺利通车。雅万铁路最长隧道全隧贯通。吉布提港铁路场站正式投产。瓜达尔港具备了全作业能力，成为区域物流枢纽和临港产业基地。中欧班列保持安全高效畅通运行。截至2022年4月底，累计发送国际合作防疫物资1410万件，共计10.8万吨。三是贸易畅通实现质量效益双提升。2022年1—4月，中国对沿线国家进出口3.97万亿元，同比增长15.4%。《区域全面经济伙伴关系协定》（RCEP）和《中国—

---

① 习近平：《齐心开创共建"一带一路"美好未来》，《人民日报》2019年4月27日第3版。

② 本段数据来自中华人民共和国国家发展和改革委员会官网：《共建"一带一路"取得实打实沉甸甸成就》，2022年5月27日，https：//www.ndrc.gov.cn/wsdwhfz/202205/t20220527_1325885.html? code =&state =123。

柬埔寨自贸协定》正式生效。中国已累计与48个国家和地区签署"经认证的经营者"（AEO）互认协议，数量居全球首位。四是深化资金融通，不断健全多元化投融资体系。成立多边开发融资合作中心（MCDF）基金，10家国际金融机构参与。开发银行、进出口银行等政策性机构强化金融服务支撑。截至目前，中国与20多个"一带一路"共建国家建立了双边本币互换安排，在10多个共建国家建立了人民币清算安排。五是持续夯实民心民意根基。2022年以来，中国与巴基斯坦签署高等教育学历学位互认协议，与阿根廷教育部续签教育领域交流协议。丝绸之路国际剧院、"一带一路"国际科学组织联盟等交流平台运行平稳。"丝路一家亲"行动持续推进，目前已在"一带一路"共建国家开展民生合作项目300多个，推动中外社会组织建立600对合作伙伴关系。

在新的时代背景下，共建"一带一路"不断开拓创新，健康、绿色、数字、创新丝绸之路呈现新气象。[1] 推动共建健康丝绸之路，中国带头发起"一带一路"疫苗合作伙伴关系倡议，已向120多个国家和国际组织提供超过22亿剂疫苗。推动共建绿色丝绸之路，中国带头发起"一带一路"绿色发展伙伴关系倡议，印发实施《关于推进共建"一带一路"绿色发展的意见》，承诺不再新建境外煤电项目，积极实施"一带一路"应对气候变化南南合作计划。推动共建数字丝绸之路，中国申请加入《数字经济伙伴关系协定》，参与制定高标准数字经贸规则，截至2021年底已与22个国家建立"丝路电商"合作机制。推动共建创新丝绸之路，中国已与84个共建国家建立科技合作关

---

[1] 本段数据来自中华人民共和国国家发展和改革委员会官网：《共建"一带一路"取得实打实沉甸甸成就》，2022年5月27日，https：//www.ndrc.gov.cn/wsdwhfz/202205/t20220527_1325885.html？code=&state=123；人民网：《高质量共建"一带一路"成绩斐然》，2022年1月25日，http：//jl.people.com.cn/n2/2022/0125/c349771-35111178.html。

系,支持联合研究项目1118项,累计投入29.9亿元。加强知识产权保护国际合作,打造开放、公平、公正、非歧视的科技发展环境。

当前,百年未有之大变局下,新一轮科技革命和产业变革带来的激烈竞争前所未有,气候变化、疫情防控等全球性问题对人类社会带来的影响前所未有,共建"一带一路"国际环境日趋复杂。但正如习近平主席在第三次"一带一路"建设座谈会上所指出的,和平与发展的时代主题没有改变,经济全球化大方向没有变,国际格局发展战略态势对中国有利,共建"一带一路"仍面临重要机遇。[①]

(二) 中非共建"一带一路"的历史基础

非洲是"一带一路"的自然和历史延伸。中非友谊绵延上千年,历史悠久,根底深厚。在2013年共建"一带一路"倡议正式提出之前,中国与非洲国家之间已经建立了完备的合作制度,形成了默契的合作理念,取得了丰富的合作成果,为中非共建"一带一路"奠定了坚实的历史基础。

1. 中非共建"一带一路"的历史渊源

中国和非洲都是人类文明的发祥地,中非友好源远流长,情谊深厚,高达云天。古代丝绸之路所承托的中非友谊是今天中非共建"一带一路"的坚实基础。中非往来始于汉武帝时期开启的古代丝绸之路。宋代以后,随着中国南方的进一步开发和经济中心南移,从广州、泉州、杭州等地出发的海上航路日益发达,中国船队越走越远,从南洋到阿拉伯海,一路延伸至

[①]《习近平谈治国理政》第四卷,外文出版社2022年版,第496页。

非洲东海岸。

到明代，海上丝绸之路航线已遍及全球，进入极盛时期。公元1405年，郑和开始了七次下西洋史诗般的航程。据史料记载，公元1417年至1433年间，郑和船队在第四、第五、第六和第七次航行中都到达了非洲，为两大古老大陆的交流掀开了新的篇章，把古代中非人民友好往来关系推向高峰。四达非洲，郑和船队访问了麻林国（今肯尼亚马林迪）、木骨都束（今索马里摩加迪沙）、不剌哇（今索马里布拉瓦）等地，每到一地就表示愿意通好。郑和船队以随船携带的丝绸、瓷器、茶叶等物品与非洲国家进行公平、平等的贸易，换取香料、象牙等当地特产，加深了中非友谊，促进了中非航海贸易的发展。依托海洋交通中心站、航海贸易基地和贸易大本营构成的贸易网络，郑和远航将东非一带顺利纳入中国古代海上丝绸之路的贸易体系，凸显了东非沿岸各国在海上丝绸之路的地位与作用，促进了亚非之间海洋交通运输和贸易事业的发展，充分展示了古代海上丝绸之路的国际意义与影响。今天的中非经贸合作，以及非洲"向东看"，正是对中非古代丝绸之路的延续和发展。正如肯尼亚总统肯雅塔所说，"习近平主席用'一带一路'倡议提升中国与古代海上丝绸之路沿线国家的联系，这条海上丝绸之路通过西太平洋和印度洋把中国与东南亚、南亚次大陆、地中海以及非洲东海岸连接起来。600多年前在访问海上丝绸之路沿线国家的过程中，中国著名航海家郑和数次造访肯尼亚古代麻林国，这具有特别重要的意义"。[①] 可见，郑和船队四访非洲，开启了古代中非和平友好经贸往来的序幕，增进了中非人民友好情谊和文明互鉴，悠久的合作历史为中非共建"一带一路"奠定了

---

① 《中非关系与"一带一路"建设》，2019年4月22日，https：//china.chinadaily.com.cn/a/201904/22/WS5cbd7c36a310e7f8b157832e.html。

深厚基础。

近代以来，中国和非洲国家都遭受了西方殖民者的入侵，共同的苦难和相似的境遇将中非人民紧密联系在一起，双方在争取国家独立和民族解放运动中患难与共，相互支持。新中国成立后，我国高度重视与非洲国家发展友好关系，大力支持非洲国家民族独立、解放运动。毛泽东等新中国第一代领导人同非洲老一辈政治家共同奠定了中非友好关系的基础。1971年10月25日，第26届联合国大会以压倒性多数通过第2758号决议，决定恢复中华人民共和国在联合国的合法席位。提案的23个国家中有11个来自非洲国家，表决时的76张赞成票中有26张来自非洲国家。时任坦桑尼亚驻联合国代表团成员约瑟夫·瓦里奥巴在回忆当时决议获得通过的场景时说，"这一决议对我们来说非常重要，因为我们与中国的关系非常好，当我们身处发展困难的时期，中国是帮助我们的国家"。[1] 正如习近平主席所说，中非双方在反帝反殖的斗争中结下了牢不可破的兄弟情谊，在发展振兴的征程上走出了特色鲜明的合作之路，在纷繁复杂的变局中谱写了守望相助的精彩篇章，为构建新型国际关系树立了光辉典范。[2]

2. 中非共建"一带一路"的制度和理念基础

进入21世纪后，中非关系迈入新的历史阶段。到2013年共建"一带一路"倡议正式提出之前，中非之间已经搭建了成熟的合作机制，以中非合作论坛为中心，建立了全面立体的多层次多领域交流合作网络，确立了"真、实、亲、诚"对非工作

---

[1] 中国新闻网：《中非共同见证新中国恢复联合国合法席位50周年》，2021年10月26日，https://www.chinanews.com.cn/gn/2021/10-26/9595147.shtml。

[2] 《习近平谈治国理政》第四卷，外文出版社2022年版，第445页。

方针和正确义利观等合作理念，为中非共建"一带一路"提供了坚实的制度保障和理念基础。

从1949年新中国成立到1978年改革开放之时，中国与非洲43个国家建立了外交关系。不断扩大的中非外交关系为双方开展长期友好合作奠定了坚实基础。2000年，中非合作论坛正式成立，中非关系踏上新的征程。第一届部长级会议在中国北京举行，来自45个国家的80余名部长和17个国际和地区组织代表应邀参会。会议通过了《中非合作论坛北京宣言》和《中非经济和社会发展合作纲领》，为中非之间发展长期稳定、平等互利的新型伙伴关系确定了方向。2006年中非合作论坛第三届部长级会议上，与会各方一致同意，决定建立和发展政治上平等互信、经济上合作共赢、文化上交流互鉴的中非新型战略伙伴关系。中非合作论坛的成立标志着中非关系进入机制化发展的新阶段，为中非关系的长远发展提供了一个有效的机制平台。尤其是围绕中非合作论坛所形成的包括首脑峰会、部长会议、协调人会议、高官会议、后续行动委员会以及十多个专题分论坛配套活动的多个层面运行结构，既有顶层的理念设计与战略目标，又有具体的政策助长与项目支持，使得中非关系在友好合作传统的基础上，又获得了巨大的制度创新与体制构建活力。[1]

中非合作论坛有力推动了中非全面战略伙伴关系的深入发展，为中非共建"一带一路"提供了良好的政治条件和制度基础。2013年"一带一路"倡议正式提出后，中非双方的合作伙伴关系进一步升级。中国领导人对非洲在21世纪海上丝绸之路中的作用进行过明确定位。2015年中非合作论坛约翰内斯堡峰会上，中非领导人紧紧围绕"中非携手并进：合作共赢、共同

---

[1] 刘鸿武、林晨：《中非关系70年与中国外交的成长》，《西亚非洲》2019年第4期。

发展"主题,就深化中非传统友谊、促进务实合作、谋求共同发展等重大议题进行了富有成果的讨论。双方同意将中非新型战略伙伴关系提升为全面战略合作伙伴关系,做强和夯实政治上平等互信、经济上合作共赢、文明上交流互鉴、安全上守望相助、国际事务中团结协作"五大支柱"。

自 2000 年以来,在中非合作论坛的指引和推动下,中非关系得到飞速发展,三年一度的论坛峰会已经成为全球政治的一件大事。以中非合作论坛为起点,中非之间已经在各领域各层次建立了全面的合作机制,覆盖工业、农业、基建、人力资源、金融、科技、教育、文化、卫生、减贫、法律、地方政府、青年、妇女、民间、智库、媒体等多个领域。这极大地拓展了中非合作的领域和途径,使论坛框架下中非合作更加务实、更加富有成效,为中非共建"一带一路"提供智力和动力支持。

此外,中非在合作机制不断完善的同时也逐渐明晰和丰富了交往的规范和内涵。新中国成立以来,中国人民始终与非洲人民同呼吸、共命运、同心相向、守望相助,走出了一条特色鲜明的合作共赢之路。加强与非洲国家的团结与合作始终是中国独立自主和平外交政策的重要基石,始终是中国坚定不移的战略选择。2013 年,习近平担任国家主席后首次出访就选择到非洲国家,首次提出"真、实、亲、诚"理念和正确义利观,郑重宣布中国永远做非洲国家的可靠朋友和真诚伙伴。这种平等互信、合作共赢、和谐相处、以诚相待、以义为先的共同体合作理念为中非共建"一带一路"提供了坚实的理念基础。

3. 中非共建"一带一路"的成果基础

自 2000 年以来,中国与非洲国家全面深化开放合作,各领域务实合作成果丰硕。截至 2012 年底,中国已成为非洲最大的贸易伙伴国,非洲成为中国重要的进口来源地、第二大海外工程承包市场和第四大投资目的地。① 丰富的合作成果为中非共建"一带一路"提供了最佳实践,共建"一带一路"是中非合作的延续和升级。

在经贸合作方面,2000年中非贸易额突破100亿美元,达到106亿美元。2008年突破1000亿美元,达到1062亿美元。2009年,中国成为非洲第一大贸易伙伴国。此后,中非贸易规模迅速扩大。2013年中非贸易额突破2000亿美元,达到2102亿美元。② 2014年中非贸易额持续增长,达到2218.8亿美元。中非贸易占中国和非洲对外贸易的比重也随之上升。2000—2012年,中非贸易占中国对外贸易总额的比重从2.23%提高到5.13%。其中,中国自非洲进口占比从2.47%增加至6.23%,出口非洲的占比从2.02%增加至4.16%。中非贸易占非洲对外贸易的比重呈现出更为明显的上升趋势,从2000年的3.82%增至2012年的16.13%。其中,非洲对华出口商品占比从3.76%增长到18.07%,自华进口商品占比从3.88%上升到14.11%。自2012年1月起,与中国建交的30个非洲最不发达国家全部可以享受60%的输华商品零关税待遇措施。截至2012年底,22个非洲受惠国累计受惠货值达到14.9亿美元,关税税款优惠9.1亿元人民币。2011年非洲产品展销中心在浙江义乌正式开业,通过减免运营费用等扶持政策,开业两年便已吸引非洲20多个国家的2000多种商品入驻销售。

在跨境投资方面,2009年以来,非洲地区吸收外国直接投资连续下滑,但中国对非直接投资快速增长。2009—2012年,中国对非直接投资流量由14.4亿美元增至25.2亿美元,年均

---

① 本节数据来源《中国与非洲的经贸合作(2013)》,http://www.gov.cn/jrzg/2013-08/29/content_2476529.htm。

② 中央政府门户网站:《中非双边贸易额2013年突破两千亿美元》,2014年4月22日,http://www.gov.cn/xinwen/2014-04/22/content_2664338.htm。

增长20.5%，存量从93.3亿美元增至212.3亿美元，增长1.3倍。中国对非投资层次不断提升。截至2013年8月，有超过2000家中企在非洲50多个国家和地区投资兴业，合作领域从传统的农业、采矿、建筑逐步拓展到资源产品深加工、工业制造、金融、商贸物流、地产等。截至2012年，非洲国家对华直接投资达142.42亿美元，较2009年增长44%，主要涉及石油化工、加工制造、批发零售等行业。中国对非投资机制也不断完善。截至2012年底，中国已与32个非洲国家签署双边投资保护协定，与45个国家建立经贸联委会机制。为推动中企对非投资，2006年中非合作论坛北京峰会设立中非发展基金。截至2012年底，该基金在非洲30个国家投资61个项目，决策投资额23.85亿美元，并已对53个项目实际投资18.06亿美元。2009年中非合作论坛第四届部长级会议宣布设立"非洲中小企业发展专项贷款"。截至2012年底，专项贷款累计承诺贷款12.13亿美元，已签合同金额10.28亿美元，发放贷款6.66亿美元，有力支持了农林牧渔、加工制造、贸易流通等与非洲民生密切相关行业的发展。

在发展合作方面，中国始终向非洲国家提供力所能及的、不附加任何政治条件的帮助。在基建领域，中国政府鼓励企业和金融机构以多种方式参与非洲交通、通信、电力等基础设施建设。2012年，中企在非完成承包工程营业额408.3亿美元，较2009年增长45%，占中国对外承包工程完成营业总额的35.03%。中国政府和金融机构为非洲基建项目提供了大量优惠性质贷款和商业贷款。2010年至2012年5月，中国对非优惠性质贷款项下累计批贷92个项目，抵贷金额达113亿美元。在医疗卫生合作领域，2010—2012年，中国在加纳、津巴布韦等国援建竣工27所医院，往42个非洲国家和地区派驻了43支医疗队，累计诊治患者557万余名。在人文交流方面，2010—2012年，中国向非洲国家提供各类政府奖学金名额共计18743个。

截至2012年底，中国已向16个非洲国家派遣408名青年志愿者，20对中非知名高校在"中非高校20+20合作计划"框架下结为"一对一"合作关系。2010—2012年，中国为非洲54个国家和地区举办了各类培训班和研修班，培训官员、技术人员等共计27318人次，涉及经济、外交、能源、工业、农林牧渔、医疗卫生、检验检疫、气候变化和安全等领域。2010—2012年，中国共免除马里、喀麦隆、贝宁等国16笔债务，减轻了非洲国家的债务负担。

2000—2013年，中非合作取得了丰富的合作成果，为后续推动中非共建"一带一路"奠定了扎实的成果基础。习近平主席在2015年中非合作论坛约翰内斯堡峰会上宣布，未来3年中国将着力实施工业化、农业现代化、基础设施、金融、绿色发展、贸易和投资便利化、减贫惠民、公共卫生、人文、和平与安全等"十大合作计划"，为推动中非合作与共建"一带一路"倡议对接进一步指明方向。

（三）中非共建"一带一路"的现实演进

"一带一路"倡议提出的初期，对非洲的定位并不明确，在经历了一段对接期之后，中非合作才被正式纳入"一带一路"倡议框架之中。2018年中非合作论坛的北京峰会开启了中非共建"一带一路"的新篇章，中非共建"一带一路"进入快速发展阶段，至今已取得了重要成果。未来，中非共建"一带一路"还将创造更多辉煌。

1. 中非合作与共建"一带一路"的对接期

2014年5月，时任总理李克强访非时提出"461"中非合作框架，即坚持平等相待、团结互信、包容发展、创新合作等思想原则，推进产业、金融、减贫、生态环保、人文交流、和平安全合作等六大工程，完善中非合作论坛这一重要平台，打造中非合作升级版。2015年1月，中国与非盟签订了几乎覆盖非洲全境的交通运输开发备忘录，中非将在高速铁路、高速公路和区域航空三大网络及基础设施工业化领域展开合作，即"三网一化"合作。这两项合作框架与"一带一路"倡议具有较高一致性，且先于"一带一路"在非洲落地推进，为推动中非合作与共建"一带一路"倡议对接发挥了重要作用。

首任中国政府非洲事务特别代表刘贵今将"三网一化"比作非洲版的"一带一路"，他指出，"尽管非洲没有被正式纳入'一带一路'范围内，但已从中间接受益，甚至可以说，非洲走在'一带一路'前面"。[①] 具体来看，进入21世纪以来，经过十多年的快速发展，中非合作在"五通"方面已经取得了重要成绩。政策沟通方面，中非合作论坛提供了良好的政府间合作机制；贸易畅通方面，中非贸易从2000年的106亿美元到2013年突破2000亿美元大关；设施联通方面，中国企业在非洲建成了大量市政道路、高速公路、立交桥、铁路和港口项目，有效提升了非洲交通基础设施互联互通水平；资金融通方面，中国先后设立了中非发展基金、非洲中小企业发展专项贷款等融资机制；民心相通方面，人文交流是中非新型战略伙伴关系的重要支柱，中非从来都是命运共同体。可以说，中非合作的一只脚已经踏入了共建"一带一路"的历史进程。

虽然"一带一路"倡议提出初期非洲尚未被正式纳入范围之内，但中国与非洲国家的合作并未因此而滞后，相反，双方紧锣密鼓地推出了一系列政策措施深化合作。2014年和2015年

---

① 人民网：《中外学者谈中非合作："三网一化"是非洲版"一带一路"——中非智库论坛第四届会议于南非圆满落幕》，2015年9月11日，http://world.people.com.cn/n/2015/0911/c1002-27569764-2.html。

中国先后推出"461"中非合作框架和"三网一化"合作计划。2015年约翰内斯堡峰会进一步推进了中非共建"一带一路"进程。此次峰会上，中非共同审议通过了《中非合作论坛约翰内斯堡峰会宣言》和《中非合作论坛—约翰内斯堡行动计划（2016—2018年）》，中非新型战略伙伴关系提升为全面战略合作伙伴关系，中非"十大合作计划"和第二份《中国对非洲政策文件》发布。上述政策措施的发布对于加强中非团结、引领中非合作具有重要意义，一方面表达了对中非既有合作的充分肯定，另一方面也展示了中非深化合作的坚定决心，并且上述措施与"一带一路"倡议的合作重点深度融合，尤其是对减排、公共卫生、和平与安全等领域合作的强调更加凸显了对非洲国家发展需求的回应。正如时任中国驻加纳大使孙保红所指出的，"'一带一路'倡议和中非合作论坛约翰内斯堡峰会通过的'十大合作计划'，根本目的都是培育世界经济新的增长点，推动区域合作与互联互通，提升区域国家在全球供应链、产业链和价值链上的地位，促进各国人民思想交流和文明互鉴，其开放性、包容性是共通的，都是为了实现'中国梦''亚洲梦''非洲梦''世界梦'交相辉映"。[①] 中非共建"一带一路"正呼之欲出。

此后，中非合作与"一带一路"的关系逐渐明晰。2016年8月，时任外交部非洲司司长林松添指出，"非洲是'一带一路'的重要节点，也是中国向西推进'一带一路'建设的重要方向和落脚点。'一带一路'建设将给中非合作发展带来前所未

[①] 中华人民共和国驻加纳共和国大使馆：《"一带一路"：中国倡议，世界受益——孙保红大使在中欧商学院中非关系系列研讨会上的主旨发言》，2016年5月3日，https：//www.fmprc.gov.cn/ce/cegh/chn/xwdt/t1360890.htm。

有的新的机遇"。① 2017 年 5 月,中国发布《共建"一带一路":理念、实践与中国的贡献》,将非洲定位为共建"一带一路"的关键伙伴。2018 年 1 月,外交部部长王毅进一步明确,"在中国和世界共建'一带一路'进程中,非洲国家不能缺席,而且能够扮演重要的角色。中非经济高度互补,通过共建'一带一路',双方可以实现发展战略对接,从而为非洲实现现代化提供更多的资源和手段、拓展更广阔的市场和空间"。②

2. 2018 年北京峰会开启中非共建"一带一路"新篇章

2018 年 9 月中非合作论坛北京峰会顺利召开,中非正式开启共建"一带一路"的历史进程。此次峰会以"合作共赢,携手构建更加紧密的中非命运共同体"为主题。中非双方一致决定携手构建责任共担、合作共赢、幸福共享、文化共兴、安全共筑、和谐共生的中非命运共同体,推进中非共建"一带一路"合作。峰会通过了《关于构建更加紧密的中非命运共同体的北京宣言》和《中非合作论坛—北京行动计划(2019—2021年)》,首次在文件中明确将中非合作纳入共建"一带一路"框架中,并为未来 3 年中非共建"一带一路"作出总体规划。

第一,峰会明确了中非共建"一带一路"的目标和方向,中非共建"一带一路"将为非洲发展提供更多资源和手段,拓展更广阔的市场和空间,提供更多元化的发展前景。中非双方一致同意将"一带一路"同联合国 2030 年可持续发展议程、非盟《2063 年议程》和非洲各国发展战略紧密对接,加强政策沟

---

① 中华人民共和国驻肯尼亚共和国大使馆:《非洲是建设"一带一路"的重要方向和落脚点》,2016 年 9 月 22 日,https://www.mfa.gov.cn/ce/ceke/chn/zfgx/t1399623.htm。

② 外交部网站:《中非一定能在共建"一带一路"中成为更紧密伙伴——王毅谈非洲四国之行感受》,2018 年 1 月 17 日,https://www.mfa.gov.cn/web/wjbzhd/201801/t20180117_356732.shtml。

通、设施联通、贸易畅通、资金融通、民心相通,促进双方"一带一路"产能合作,加强双方在非洲基础设施和工业化发展领域的规划合作。中非双方将以共建"一带一路"为契机,加强全方位、宽领域、深层次合作,为中非合作共赢、共同发展注入新动力。

第二,峰会明确表示"一带一路"倡议的合作理念和原则适用于中非合作。中国与非洲国家一致认为,中非历来是命运共同体。双方均表示赞赏"一带一路"倡议遵循共商共建共享原则,遵循市场规律和国际通行规则,坚持公开透明,谋求互利共赢,打造包容可及、价格合理、广泛受益、符合国情和当地法律法规的基础设施,致力于实现高质量、可持续的共同发展。"一带一路"建设顺应时代潮流,造福各国人民。

第三,峰会为中非共建"一带一路"的合作重点作出细致规划。峰会指出,在推进中非"十大合作计划"的基础上,未来3年和今后一段时间将重点实施产业促进行动、设施联通行动、贸易便利行动、绿色发展行动、能力建设行动、健康卫生行动、人文交流行动、和平安全行动"八大行动",支持非洲国家加快实现自主可持续发展。中非共建"一带一路"的重点将以支持非洲培育内生增长能力为重点,回应非洲国家对减少贫困、改善民生、吸引投资、提振出口等方面的诉求。

中非共建"一带一路"获得了非洲国家的积极支持和踊跃参与。北京峰会期间,就有28个非洲国家和非盟与中国政府签署共建"一带一路"的政府间合作备忘录,中非企业签下多笔合作大单,掀起了中非共建"一带一路"的热潮。中国建筑分别签下了35亿美元的埃及新首都中央商务区二期项目和61亿美元的苏伊士炼油及石化厂项目的总承包商务合同。招商局集团与吉布提签署了《吉布提老港改造项目合作谅解备忘录》,拟通过"前港—中区—后城"模式推动当地经济社会发展。中铁十六局集团与苏丹国家铁路公司签署了总长2407公里的苏丹港经尼亚拉至阿德里铁路项目框架协议。① 中铁国际集团与科特迪瓦交通部签署了阿比让 FHB 国际机场扩建项目的框架协议。中国石油与南苏丹石油部签署了《中国石油与南苏丹石油部合作谅解备忘录》，双方将在南苏丹 37 区稳产上产、南 124 区全面复产、技术支持及人员培训等方面开展更加务实的合作。东方电气签订了埃及汉纳维 6×1100MW 清洁煤燃烧项目总承包合同，该项目建成后将是全球最大的清洁燃煤电站。中船集团签下了几内亚海洋领域一揽子合作项目协议。②

3. 中非共建"一带一路"的最新进展

2018 年中非合作论坛北京峰会开启了中非共建"一带一路"的正式进程，至今中非共建"一带一路"已取得了重要成果。③ 截至 2021 年底，几乎所有同中国建交的非洲国家都已经与中国签署共建"一带一路"合作文件，与中国签署共建"一带一路"合作文件的非洲国家数量在全球签约国总数中占比超过三分之一，非洲成为参与"一带一路"合作最重要的地区之一。④

中非共建"一带一路"政策沟通不断深入。2020 年 12 月，

---

① 笔者注：苏丹港至乍得铁路横跨苏丹、乍得两国，全长 3428 公里，被誉为"贯穿非洲大陆经济的光荣铁路工程"及"非洲大陆最重要的战略规划项目之一"。此次签署框架协议的项目为苏丹至乍得铁路项目的核心部分。

② 国务院国有资源监督管理委员会：《中非合作论坛北京峰会成功闭幕 中非企业签下多笔合作大单》，2018 年 9 月 6 日，http：//www.sasac.gov.cn/n2588025/n2588124/c9546074/content.html。

③ 本节数据来自：《新时代的中非合作》，2021 年 11 月 26 日，http：//www.mod.gov.cn/regulatory/2021 – 11/26/content_ 4899745.htm；《2021 年中非经贸合作数据统计》，2022 年 4 月 28 日，http：//xyf.mofcom.gov.cn/article/tj/zh/202204/20220403308229.shtml。

④ 赵晨光：《中非"一带一路"合作机制化建设述评》，《当代世界》2022 年第 4 期。

双方签署《中华人民共和国政府与非洲联盟关于共同推进"一带一路"建设的合作规划》，这是中国和区域性国际组织签署的第一份共建"一带一路"规划类合作文件，将推动"一带一路"倡议同非盟《2063年议程》深度对接，开启中非高质量共建"一带一路"的崭新篇章。[①] 2021年11月，中非合作论坛第八届部长级会议在塞内加尔首都达喀尔举行，会议围绕"深化中非伙伴关系，促进可持续发展，构建新时代中非命运共同体"主题，致力于推进中非合作论坛建设，深化中非全面战略合作伙伴关系，本次会议发表了《中非合作2035年愿景》，并协商一致通过《中非合作论坛第八届部长级会议达喀尔宣言》。2021年12月，中非盟共建"一带一路"合作工作协调机制举行首次会议，双方签署共建"一带一路"合作工作协调机制的谅解备忘录，这是继中非盟签署合作规划以来的重要一步，标志着中非盟共建"一带一路"步入机制化新轨道，进入实施落地的新阶段。[②]

中非共建"一带一路"设施联通成果颇丰。2016—2020年，非洲开工建设的基础设施项目总额近2000亿美元，2020年中国企业实施的项目比达到31.4%。2021年中国在非承包工程新签合同额779亿美元，同比增长14.7%。在"一带一路"合作的带动下，亚吉铁路、蒙内铁路、刚果（布）国家1号公路、塞内加尔捷斯—图巴高速公路、加蓬让蒂尔港—翁布埃沿海路及博韦大桥、尼日利亚铁路现代化项目相继完工通车，吉布提多哈雷多功能港、多哥洛美集装箱码头等有效提升当地转口贸

[①] 新华网：《中国驻非盟使团团长：中非共建"一带一路"风正一帆悬》，2021年1月23日，http：//www.xinhuanet.com/silkroad/2021-01/23/c_1210991756.htm。

[②] 刘豫锡：《推动新时代中非"一带一路"合作不断走深走实》，2021年12月15日，http：//www.chinadevelopment.com.cn/news/zj/2021/12/1757070.shtml。

易能力，为地区互联互通和一体化进程发挥了重要作用。2021年11月中非合作论坛第八届部长级会议举行以来，中非双方继续推进基础设施建设合作。中国援建的非盟非洲疾控中心总部一期项目主体结构封顶，其他合作项目包括已投入运营的喀麦隆克里比—罗拉贝高速公路、一期通车的埃及"斋月十日城"市郊铁路、在建的尼日利亚莱基深水港项目等。

中非共建"一带一路"贸易畅通持续向好。2021年中非双边贸易总额突破2500亿美元，中国连续13年稳居非洲最大贸易伙伴国地位。中非贸易结构持续优化，机电产品、高新技术产品对非出口额占比超50%。中国主动扩大非洲非资源类产品进口，对非洲33个最不发达国97%税目输华产品提供零关税待遇，帮助更多非洲农业、制造业进入中国市场。中非电子商务等贸易新业态蓬勃发展，"丝路电商"合作不断推进，中国已与卢旺达建立电子商务合作机制，中国企业积极投资海外仓建设，非洲优质特色产品通过电子商务直接对接中国市场。中国—毛里求斯自贸协定于2021年1月1日正式生效，成为中非间首个自贸协定，为中非经贸合作注入新动力。2022年5月，中非经贸供需线上对接会在长沙举办，共有来自非洲10个国家的180余家非洲企业和150余家中国对非贸易企业通过线上开展活动。2022年前5月中非贸易额为1108.68亿美元，其中中国对非出口达606.39亿美元，同比增长13.4%，中国自非进口达502.29亿美元，同比增长19.5%。[1]

中非共建"一带一路"资金融通稳步发展。目前，中国是非洲第四大投资来源国。2020年，尽管国际贸易与投资陷入低谷，但是中国对非投资量仍达42.3亿美元，同比大幅增长

---

[1] 北京中非友好经贸发展基金会：《出口额606.39亿美元，同比增长13.4%！中非贸易数据最新统计》，2022年9月20日，http://www.cnafrica.org/cn/jmsj/20971.html。

56.1%，是2003年的56倍。2021年中国对非全行业直接投资额37.4亿美元，同比增长26.1%。其中非金融类投资额35.6亿美元，同比增长34%。中国依托"一带一路"专项贷款、丝路基金、中非发展基金、非洲共同增长基金、中非产能合作基金等投融资平台，为中非共建"一带一路"提供投融资支持。截至2021年10月底，非洲共同增长基金共跟投36个项目，承诺出资11.4亿美元，涉及农业、供水卫生、交通运输、电力等领域，覆盖19个非洲国家。截至2021年6月，中非发展基金累计对非37国投资超过55亿美元，带动中企对非投融资260亿美元。截至2021年10月底，中非产能合作基金已投资22个项目。截至2020年底，非洲进口贸易融资专项资金提前超额完成整体目标。未来，根据中非合作论坛第八届部长级会议通过的《中非合作论坛—达喀尔行动计划（2022—2024年）》，中方将设立"中非民间投资促进平台"，中方还承诺向非洲金融机构提供100亿美元授信额度，重点扶持非洲中小企业发展；从国际货币基金组织增发的特别提款权中拿出100亿美元，转借给非洲国家。[1]

中非共建"一带一路"民心相通亮点纷呈。中非文化、媒体、科技、智库和青年妇女交流全面深化。截至2020年12月，中非签署并落实346个双边政府文化协定执行计划。30家非洲媒体加入"一带一路"新闻合作联盟，42个非洲国家参与"一带一路"媒体合作论坛。80余个中非智库学术研究机构参加"中非研究交流计划"。中国非洲研究院于2019年挂牌成立。中非双方积极落实《中非民间交流合作倡议书》，鼓励实施"中非民间友好行动""丝路一家亲""中非民间友好伙伴计划"等，

---

[1] 中国发展网：《中非合作下一步：激活潜能，创新模式》，2022年8月20日，http://www.chinadevelopment.com.cn/news/zj/2022/08/1793503.shtml。

支持中非工会、民间组织、非政府组织及社会团体深入交流。2021年,首届中非未来领袖对话成功举办。截至2020年,中国政府累计向非洲16国派遣484名青年志愿者。

新冠疫情发生后,中非双方风雨同舟、守望相助,谱写了中非团结友好、共克时艰的新篇章。在中国抗疫的艰难时刻,非洲国家及非盟等地区组织对中国抗疫行动给予有力声援和支持。2020年2月非盟部长理事会发表公报支持中国抗疫努力,这是全球首个重要地区组织和整个洲域公开给予中国声援。不少非洲国家并不富裕,但仍积极向中国捐款捐物。非洲疫情发生后,中国第一时间驰援非洲,开展了新中国成立以来涉及范围最广、实施难度最大的人道主义援助行动。自2020年起,中国向非洲53国和非盟多批次提供检测试剂、防护服、口罩等抗疫物资和疫苗援助,向17国派出抗疫医疗专家组或短期抗疫医疗队,筑起为生命护航的健康丝绸之路。此外,为帮助非洲国家应对疫情冲击、促进经济复苏,中国全面落实二十国集团缓债倡议,已同19个非洲国家签署缓债协议或达成缓债共识。2021年11月29日,中国在中非合作论坛第八届部长级会议开幕式上宣布了一项重大举措,将再向非方提供10亿剂疫苗,其中6亿剂为无偿援助,4亿剂由中非企业在非洲联合生产,发出了中非合作弥合"免疫鸿沟"的强音,为全球早日战胜疫情注入强大动力。[①]

2022年是中非开启外交关系66周年,也是落实中非合作论坛第八届部长级会议成果的开局之年,中非命运共同体已经站到了新的历史起点上。2021年习近平主席宣布了未来三年中非

---

① 央视新闻:《中国已向非洲53国和非盟委员会提供超过1.8亿剂新冠疫苗》,2021年12月4日,https：//content‐static.cctvnews.cctv.com/snow‐book/index.html？t＝1638574074555&toc_style_id＝feeds_default&share_to＝copy_url&track_id＝70F6113B‐C072‐4779‐93F3‐72136CA75018_660275853472&item_id＝8799454550064783763。

合作"九项工程",涵盖卫生健康、减贫惠农、贸易促进、投资驱动、数字创新、绿色发展、能力建设、人文交流、和平安全各个领域,为中非未来合作确定了目标与方向。当前,中国经济已经进入了高质量发展的新阶段,为非洲发展带来更多中国机遇。2021年非洲大陆自贸区(AfCFTA)也已经正式启动,将形成一个覆盖超12亿人口、国内生产总值(GDP)合计2.5万亿美元的大市场,[1] 非洲将作为一个整体加速工业化进程,更好地融入世界经济,为中非共建"一带一路"合作创造巨大空间。根据《中非合作2035年愿景》,中非将秉持共商共建共享原则和绿色、开放、廉洁理念,精准对接"一带一路"倡议与非洲发展议程,充分发挥中非合作论坛引领作用,巩固传统合作,开拓新兴领域,加速合作转型升级、提质增效,成果广泛惠及中非人民。[2] 中非将结为更紧密的共建"一带一路"伙伴,构建更加紧密的中非命运共同体。

---

[1] 新华网:《中国驻非盟使团团长:中非共建"一带一路"风正一帆悬》,2021年1月23日,http://www.xinhuanet.com/silkroad/2021-01/23/c_1210991756.htm。

[2] 中华人民共和国商务部:《中非合作2035年愿景》,2021年12月8日,http://xyf.mofcom.gov.cn/article/lt/202112/20211203226116.shtml。

二　中非"一带一路"合作的认知

作为"一带一路"倡议的核心推动者，中国对于中非合作的认知反映了对当前合作的认识并影响着未来合作的方向。本节主要从中国的视角出发，结合官方与学者的研究成果，研判中国如何认知中非合作。本章主要包括三部分，分别为中国对中非"一带一路"合作战略利益的认知、中国对中非"一带一路"合作的成效评估、中国推进中非"一带一路"合作的未来方案。

（一）中国对中非"一带一路"合作的认知

对中非合作的战略利益认知，是基于对"一带一路"倡议的深刻理解，并结合非洲国家的经济结构与国际环境的发展趋势而做出的综合性判断。本节从非洲在"一带一路"中的地位、中非"一带一路"合作的经济效益、中非"一带一路"合作的政治影响三方面去分析中国对中非"一带一路"合作的战略思考。

1. 非洲在"一带一路"中的地位

非洲在"一带一路"倡议中扮演重要角色，具有突出的现实与战略意义。2015年，在南非举行的约翰内斯堡中非合作论坛上，中非领导人同意将中非新型战略伙伴关系提升为全面战略合作伙伴关系，做强和夯实"五大支柱"，即政治上平等互信、经济上合作共赢、文明上交流互鉴、安全上守望相助、国际事务中团结协作。习近平主席在约翰内斯堡中非合作论坛上提出"十大合作计划",涉及领域广泛,涵盖了经济与社会发展的诸多方面,具体包括：中非工业化合作计划、中非农业现代化合作计划、中非基础设施合作计划、中非金融合作计划、中非绿色发展合作计划、中非贸易和投资便利化合作计划、中非减贫惠民合作计划、中非公共卫生合作计划、中非人文合作计划、中非和平与安全合作计划,由此体现出非洲在国际合作中的重要地位。"中非十大合作计划"为双方对接合作提供了具体路径,通过深化互利合作,可帮助中国与非洲国家更好实现可持续发展。

中国对非洲在 21 世纪海上丝绸之路中需发挥的作用进行过明确定位。中国在公开场合多次强调非洲在"一带一路"中的地位,并逐步明确了开展中非合作的重要参与国。2016 年 9 月,时任外交部非洲司司长林松添指出,非洲是"一带一路"建设的重要方向和落脚点。2017 年,时任外交部部长王毅在新年访非时表示,中国与非洲国家尤其是非洲东海岸国家就"一带一路"建设进行对接和探讨,取得了积极进展。2017 年 5 月,在"一带一路"国际合作高峰论坛召开之际发布的官方文件中进一步明确指出,非洲是共建"一带一路"的关键伙伴。中国在非洲将埃及、埃塞俄比亚（包含吉布提）、肯尼亚和南非作为海上丝绸之路的重要参与国,中国在非洲的"一带一路"建设将从这里向非洲大陆逐步推进。

2. 中非"一带一路"合作的经济效益

首先,就经济整体状况而言,非洲大多数国家呈现出工业化初期阶段特征,存在对外来资金、设备、技术和管理经验的迫切需求。其一,相比世界其他地区,非洲地区资金需求和缺口绝对数额虽然较小,但由于多数非洲国家经济落后、政局不稳、投资风险大，导致有意愿长期耕耘的海外投资者较少。其二，非洲劳工成本低、自然资源和生产原料丰富、城市化和中产阶级增长速度快，体现了非洲的经济增长潜力。非洲是目前世界上工业化程度最低、劳动力与原材料价格低廉的地区，劳动密集型商品出口潜力巨大。其三，非洲绝大多数国家的经济依赖资源出口，经济结构单一失衡，制造业薄弱，国民经济对进口的高度依赖在一段时间内难以根本改变。叠加新冠疫情影响，面对如此巨大的发展鸿沟与投资需求，非洲国家无法单纯依靠自身政府实现发展，需要国际社会的广泛参与。

与此同时，为实现工业化与促进社会发展，在非投资存在重要契机。一是基础设施建设的需求旺盛，促使其积极寻找国际投资者。其中，非洲经济发展对"三网一化"建设需求强烈，即建设非洲高速铁路、高速公路和区域航空"三大网络"及基础设施工业化。二是非洲大陆贸易一体化进程加快，为建设经贸合作区提供了一定程度的贸易政策保障。2018年3月，来自44个非洲国家的领导人在卢旺达首都基加利签署了非洲大陆自由贸易区协议，旨在消除签署国之间的贸易壁垒，促使货物、服务和人员自由流动。与此同时，近年来美国、英国等西方国家也重新大力拓展对非影响力、投资与贸易，来自发达国家的资金流向非洲的规模将得到提升。

因此，中非合作具有夯实的经济基础，能够实现互利共赢。首先，双方可从多方推进非洲"三网一化"建设，改善非洲基础设施建设落后状况。立足双方各自发展战略和现实需求，跨国跨区域基础设施建设、建筑建材行业、电力行业和轻工纺织行业将成为中非产能对接合作的重点领域。中国的基础设施建设具有独特的优势与经验，比如设备先进实用、技术成熟可靠、管理高效务实等。在当前经济转型期，中国积累了大量富余的基础设施建设优势产能，而这些正是非洲所需要的，互补性的产业结构可以成为发展中非基础设施建设合作的基础。因此，双方合作符合共同利益，可以使越来越多的非洲国家认识到非洲的基础设施升级进程需要中国的密切参与。

其次，在工业发展上，中非合作可实现优势互补。中国向非洲转移产能，不仅能解决劳动力就业问题，也能促进非洲工业化进程。按照工业化的一般规律，工业化从劳动密集型与资源开发起步，逐步实现腾飞。中国在纺织品、服装、箱包、鞋类、陶瓷、石材加工、矿业开发与冶炼、建材工业、电子信息技术、机电产业等传统产业领域的技术、管理相对成熟，积累了巨大产能和产业整合能力，具有较强的国际竞争力。但是在中国国内，由于劳动力成本提高、环保压力加大、人民币升值等多种因素制约，劳动密集型企业的利润空间有限，产业面临转型升级，加工环节需要向外转移。非洲大陆大部分是低收入国家，是全球最大的"劳动力成本洼地"。开展双方产能对接合作可加快非洲工业化进程并改善其贸易结构，促进国际收支平衡、促进非洲人口就业、加速非洲国家产业资本积累、提升非洲各国技术水平。故此，中国可以鼓励劳动密集型企业将技术、资本和设备等向非洲国家转移，既可以满足非洲对此类工业产品的需求，也有利于中国探寻经济增长的新增量。

最后，非洲各国积极推动工业发展战略规划，为深化中国对非投资合作增添了新动力。中国实施"走出去"战略，需要将劳动密集型产业与非洲工业化初期所需要和能够承接的产业相结合，而非洲国家营商环境日益改善、区域一体化进程加速将有助于实现更好的战略对接。一方面，非洲需要发展工业化，增加就业机会，增加产品附加值。另一方面，中国产品需要大量原料，而非洲市场是比较可靠的供应源。因此，不断扩大互补性产品的出口规模，是中国拓展与非洲经贸合作的重点领域之一。部分非洲国家还享受向欧美出口的关税优惠等措施，因而利用投资所在国的关税优惠政策，也可以通过有竞争力的出口价格打开欧美国家的销售市场，进一步扩大海外利润。

3. 中非"一带一路"合作的政治影响

中非"一带一路"合作不仅有助于构筑更加紧密的双边关系，更能以此为支点推动更广泛的国际合作。首先，新时代的中非合作是中非双方实现共同发展的必由之路，有助于夯实双边关系。将非洲作为中国在国际政治和外交战略上的重要依托力，是中国提升国际话语权和世界影响力的重要平台。如果说"一带一路"建设的初期重点落在欧亚大陆，那么非洲大陆将是"一带一路"建设向西推进的重要方向。在经济合作中尊重非洲自主权一向是中国的政策特色与优势，也是中非合作取得巨大成功的一条宝贵经验，由此可提升中国的政治信誉。在非洲追求更多自主权与本土化趋势背景下，中方不仅加大对非洲基础设施建设的支持，同时也对非洲自身能力建设提供帮助，有助于培养长期的、可靠的国际合作伙伴。

其次，中非成功合作的示范效应，有助于引导国际合作，弘扬和平与发展的时代主题。中国始终认为，非洲是国际合作的大舞台，不是大国博弈的竞技场。中非合作从来不是"清谈馆"，在给中非人民带来实实在在好处的同时，也为国际对非合作创造了更加有利的条件。强化中非合作，可提升对南南合作的示范引领效应，为促进发展中国家群体性崛起、推动国际力量对比向更加均衡的方向发展注入强劲动力。在当前中西方在非洲的分歧较大等背景下，中西方在战略层次协调合作可能难度较大，但可考虑根据各方比较优势，开展三方合作运营，从而扩大利益相关方、降低风险成本。通过兼顾经济、社会与环境等可持续发展的三个维度，在非洲发展伙伴关系多元化的趋势背景下，推动多方合作，实现互利多赢。

最后，以中非合作为支点，推动全球治理体系改革。当前，在百年未有之大变局下，多边主义和单边主义激烈博弈，全球治理体系正经历前所未有的深刻调整。面对新冠疫情冲击、全球经济衰退以及贸易保护主义、单边主义、民粹主义的兴起，通过破解中非合作难题，构建可持续基础设施投融资体系，可推进"一带一路"向高质量发展转型，提供国际合作的正面案例。在推进中非"一带一路"对接时，将联合国2030年可持续发展议程、非盟《2063年议程》和非洲各国发展战略三个层次的对接相协调，以促进协同一致、形成合力。多层协同也有助于减少国际社会对中非共建"一带一路"的担忧，在全球发展治理中争取更大话语权。面向新时代，中国人民同非洲人民团结合作，将为增进全人类福祉，推动构建新型国际关系、推动构建人类命运共同体树立榜样。

（二）非洲对中非"一带一路"合作的认知

在非洲看来，参与"一带一路"合作能带来两方面的战略利益：一方面是在地区层面上推动非洲大陆的发展，另一方面是在全球层面上促进非洲国家进一步融入国际社会、提升非洲在国际舞台上的影响力和话语权。

1. 推动非洲发展

首先，"一带一路"有利于推进非洲发展议程。21世纪以来，非洲根据国际形势变化和自身发展需要，陆续推出《非洲发展新伙伴计划》《加速非洲工业化发展行动计划》《非洲基础设施发展规划宣言》和非洲"2063年愿景"等发展议程。中非"一带一路"合作从伙伴关系出发支持非洲发展议程、聚焦非洲的优先发展领域，有利于非洲构建统一大市场，降低同质性产业合作成本，便利区域内经济合作和资源流动。[①] 在此基础上，

[①] 杨宝荣：《为非洲可持续发展创造新机遇》，《经济日报》2022年7月6日第11版。

扩大了的贸易和投资机会有助于加速非洲工业化进程，为非洲青年提供更多就业机会，实现非洲人口红利，并逐步扩大非洲供应能力，增加非洲出口商品的价值，促进非洲经济多样化。[1]非盟委员会前副主席姆文查（Erastus Mwencha）在接受新华社记者专访时表示："一带一路"符合非盟《2063年议程》发展方向和非洲发展利益，加速了非洲各国基础设施现代化和市场联通，改变了非洲面貌，也改变了非洲普通百姓的生活。[2]

其次，"一带一路"有利于捍卫非洲发展权利。尼日利亚副总统奥辛巴霍（Yemi Osinbajo）曾在《外交事务》呼吁"正义的能源转型"，批评发达国家从化石能源获利数十年后开始在非洲推动限制化石能源投资，而限制化石能源投资会极大地损害非洲大陆的发展前景。[3]"一带一路"则提供了更为包容、公平和公正的发展选择，捍卫非洲国家使用可靠且可负担的能源、自主把握能源转型路径的权利，依据不同的现实条件，既帮助非洲国家建设火电设施、缓解电力紧张，也支持非洲国家开发清洁能源、发展绿色经济。历史学家亚当·图兹（Adam Tooze）认为，非洲人口的持续快速增长可能在未来推动"非洲世纪"的到来，但非洲经济要想实现长期发展，就要首先保障平价能源、公平教育等基本发展权利。[4]非洲国家通过参与"一带一路"合作，可以获取保障各种发展权利所需的资金及创收能力，并不断适应新的发展要求，在21世纪的全球化中真正发出非洲的声音。

---

[1] 阿兰·尼亚米特韦等：《"一带一路"倡议与非洲能力建设》，《中国非洲学刊》2020年第2期。

[2] 《非盟委员会前副主席："一带一路"倡议符合非盟〈2063年议程〉发展方向》，新华网，2021年12月19日，http://www.xinhuanet.com/world/2021-12/19/c_1128178831.htm。

[3] Yemi Osinbajo, "The Divestment Delusion: Why Banning Fossil Fuel Investments Would Crush Africa", *Foreign Affairs*, August 31, 2021.

[4] Adam Tooze, "It's Africa's Century—for Better or Worse", *Foreign Policy*, May 13, 2022.

再次,"一带一路"有利于培育非洲发展能力。南非大学姆贝基非洲领导力研究所高级研究员谭哲理(Paul Tembe)在《人民日报》撰文称,中国推动高质量共建"一带一路",与广大非洲国家积极开展减贫合作,通过技能培训、农业合作等帮助非洲国家提高了自主发展能力。① 此外,针对非洲在国际体系中长期面临的"有增长无发展"困境,"一带一路"提供了园区式发展的新路径,由点及面地推动非洲工业化发展。截至2021年底,中国与15个非洲国家建立产能合作机制,在经贸合作区、经济特区、工业园区、科技园区、农业园区等示范项目的带动下,累计投资21个项目,直接投资超过430亿美元,设立各类企业3500多家,聘用非洲本地员工比例超过80%,直接和间接创造了数百万个就业机会。从农业到高附加值制造业,中非"一带一路"合作助推非洲产业发展,为非洲改进发展动能贡献力量。②

最后,"一带一路"有利于探索非洲发展道路。非洲国家探索现代化的历程充满曲折,通过参与"一带一路"合作,能从中国的现代化道路中获得诸多启示,包括从自身国情出发,坚持以人民为中心,兼顾经济发展与环境保护等。③ 非洲建设性解决争端中心的学者指出,中国是值得非洲国家学习的榜样。中国的发展经验表明,制定政策应秉持务实主义而非教条主义。非洲国家从中国学到的最重要一课就是,制定经济和社会政策时要从自身历史、文化、地理、政治状况出发。④ 非洲从自身

---

① 谭哲理:《引领世界走上正确的发展道路(潮头观澜)》,《人民日报》2022年6月27日第6版。
② 杨宝荣:《为非洲可持续发展创造新机遇》,《经济日报》2022年7月6日第11版。
③ 李新烽:《中国式现代化道路对非洲发展的启示》,《马克思主义研究》2022年第4期。
④ David Monyae, Sizo Nkala, "A century of progress", *China Daily Global*, April 16, 2021.

历史和现实出发,提出了非洲大陆一体化发展的目标,并将实现非洲一体化的关键确定为大力发展基础设施、促进泛非互联互通和经济加速增长。"一带一路"倡议提出的基础设施互联互通主张促使中非共同发起基础设施合作计划。许多中国企业在"一带一路"框架下到非洲开展业务,参与非洲的能源、运输、信息技术等重点领域建设。"一带一路"为非洲带来了助其实现自身发展抱负的可靠伙伴,支持非洲探索一条巩固主权、振兴经济并实现泛非主义和复兴愿景的发展道路。[1]

2. 提升国际影响

第一,非洲可借助"一带一路"在国际社会撬动运作空间。外资来源国的多元化将赋予非洲东道国更多的外部选项,并增强非洲国家政府的议价能力。在"一带一路"背景下,中国对非直接投资日益增加,这也将刺激其他大国增加对非投资,那么非洲东道国的外资来源多元化程度就会不断提升。非洲国家还能以传统发达投资者与中国投资者之间的竞争作为杠杆,撬动更大的政策空间以及投资者的更大让利。[2] 谈及大国在非洲的竞争,塞内加尔外长萨勒（Aissata Tall Sall）表示,非洲国家的主权外交不排斥任何一方,在选择伙伴时具有多种选项。尼日利亚外长奥尼亚马（Geoffrey Onyeama）进一步表示,摆在非洲国家面前的不是选择某一个大国或选择另一个大国的问题,而是如何达成最佳协议的问题。当大国纷纷对非洲表达合作意愿时,非洲国家就有机会从与不同大国的合作中

---

[1] 恩科罗·福埃:《"一带一路"倡议与非洲一体化》,《中国非洲学刊》2020年第1期。

[2] 陈兆源:《外国直接投资与发展中世界的国家能力——基于外资来源国多元化的理论模型与经验证据》,《世界经济与政治》2022年第3期。

取得不同收获。①而且，随着大国在非竞争的发展，非洲国家不仅能从域外的兄弟国、伙伴国、霸权国、宗主国等不同国家博采众长，还可以充当后者的纽带，引导彼此竞争的各国在非开展三方、四方乃至更多方合作。比如，塞内加尔协调中国、法国、荷兰在本国首都的汉恩湾地区共同建设环境净化项目。将不同大国协调起来能在避免项目重叠、重复建设的同时，将更多资金调入大型项目建设中。

第二，非洲可借助"一带一路"在国际社会打造合作示范。在2018年中非合作论坛北京峰会通过的《关于构建更加紧密的中非命运共同体的北京宣言》中，中非同意将论坛作为双方共建"一带一路"的主要平台。中非合作论坛设立以来每三年召开一次，论坛举办的地点分别在中国和非洲国家之间轮换。这种模式成为其他国家学习的榜样。韩国、印度、伊朗、土耳其等国在中非合作论坛创立后的几年内纷纷建立了类似论坛。最具典型意义的是，1993年成立的东京非洲发展国际会议早期每五年召开一次，前五届均在东京召开。非洲国家对这种以西方为中心的会议设置提出异议。在第五届会议上，日本终于决定仿效中非合作论坛，将会议周期改为每三年召开一次，2016年第六届会议地点也改在肯尼亚首都内罗毕。中非"一带一路"合作机制的这种示范效用可以复制在南南合作和北南合作中。②联合国教科文组织前副总干事格塔丘·恩吉达（Getachew Engida）表示：中非合作不仅以长久的友谊为支撑，更有全面战略合作伙伴关系作为基石。"一带一路"倡议建立了解决发展问题、推进世界和平及其可持续发展的新合作关系，将这样的合

---

① Matthew Lee, "In Africa, Blinken sees limits of US influence abroad", *AP NEWS*, November 22, 2021.
② 李安山：《非洲在"一带一路"建设中的十大优势》，《非洲热点观察》2021年第81期。

作关系带入了全球化的新时代。①

第三,非洲可借助"一带一路"在国际社会推广文明交流。非盟驻华代表奥斯曼(Rahamtalla M. Osman)在首届中非文明对话大会上表示,文明交流互鉴已成为人类发展的重要基础和途径,文明话语权的重要性不断提升。② 南非学者梅茨(Thaddeus Metz)指出,非洲文化与中国文化分享众多相似的价值观,均重视个人与社会的高度融合以及强调和谐的理念。③ 一方面,儒家传统与非洲乌班图文化都尊重人的社会性,认为平和、谦卑、尊重他人是人的优秀品质。这种重视集体中人与人之间关系的行为原则区别于西方文化强调的独立、独特、自我表达的行为方式;另一方面,中国传统文化中的"仁"与乌班图文化都要求人们包容相待、推己及人,都强调人类要消除隔阂、彼此协作、共同面对未来。非洲传统文化与"一带一路"倡议的核心理念高度契合。④ 因此,中非在共建"一带一路"的过程中开展文明交流互鉴,可以在传统文化和价值理念上互相学习、彼此支持,不仅为双方深化合作提供观念支撑和精神动力,也有助于共同纠正近代以来西方制定的不平等文明格局,以增强亚非文明自信,重建全世界文明的平

---

① 格塔丘·恩吉达:《"一带一路"为非洲带来更多发展机遇》,人民网国际频道,2018 年 9 月 7 日,http://world.people.com.cn/n1/2018/0907/c1002-30279270.html。

② 邓延庭:《首届中非文明对话大会成功举行》,中国非洲研究院,2022 年 4 月 11 日,http://cai.cssn.cn/gonggao/202204/t20220411_5402923.shtml。

③ Thaddeus Metz, "Harmonizing Global Ethics in the Future: A Proposal to Add South and East to West", *Journal of Global Ethics*, Vol. 10, 2014, pp. 146–155.

④ 王严、朱伟铭、王珩:《以文化为基凝聚共识推动中非关系行稳致远》,中国社会科学网,2022 年 5 月 18 日,http://ex.cssn.cn/gjgxx/gj_bwsf/202205/t20220518_5408735.shtml。

等关系。

(三) 域外发达国家对中非"一带一路"合作的认知

"一带一路"是国际发展援助领域的后来者，也是近年来规模较大的南南合作项目。发达国家普遍强调"一带一路"对既有发展援助规则的挑战，一些国家还将其视作中国地缘战略布局的一部分。因此，美、欧、日等域外发达国家普遍将"一带一路"视作竞争者，将中非合作视作中国的"经济外交"。但与此同时，由于"一带一路"合作能够开发投资所在国的经济潜力、扩大南方国家市场，它对发达国家的海外经济活动也有积极影响。因此，域外发达国家的企业对于参与"一带一路"合作表露出一定兴趣，推动部分发达国家政府对"一带一路"采取开放和接触策略。

1. 美国对"一带一路"倡议的认知

早在"一带一路"倡议提出之初，美国部分观察家就将其视作中国版的"马歇尔计划"[①]；尽管部分国内外学者进行澄清，该说辞在美仍具有较大市场。美学者进而就中国对外经济合作提出几种理论，包括国内经济驱动论、地缘政治（战略）论、经济外交（政治）论等。

国内经济驱动论将"一带一路"经济合作视为中国输出制

---

① 例如：Enda Curran, "China's Marshall Plan", *Bloomberg*, August 7, 2016, https://www.bloomberg.com/news/articles/2016-08-07/china-s-marshall-plan; Joseph S. Nye, "Xi Jinping's Marco Polo Strategy", *Project Syndicate*, June 12, 2017, https://www.project-syndicate.org/commentary/china-belt-android-grand-strategy-by-joseph-s--nye-2017-06。

造业产能、开拓新经济增长点的尝试;该类理论往往以市场驱动的跨国贸易与投资理论,包括海外市场、资源贸易、制度一致性和"出口平台"①等。例如,经济学家德登(Tyler Durden)分析中非合作时列举了输出过剩产能、培育海外市场、通过人民币借贷减轻对美元依赖等功能②。美学者也列举了其他可能促成"一带一路"合作的国内经济因素,如中西部发展论③、价值链升级论④、促进国内改革论⑤等。地缘政治论强调"一带一路"合作是中国分担地缘政治压力,应对美战略重心转移的政治外交举措;该类理论强调对国际关系和格局的分析。例如,一种理论将"一带一路"视作对美"亚太再平衡"及其后"印太战略"的回应⑥,奥巴马时期也有部分学者将"一带一路"视作对跨太平洋伙伴关系(TPP)的回应⑦。近年来中美博弈激

---

① Export Platforming 是一种跨国投资实践,指投资一个离大国较近的"中转站"国家,以获得向大国出口便利的行为。例如,某国为向美国出口产品,在墨西哥建设工厂。

② Tyler Durden, "'One Belt, One Road' May Be China's 'One Chance' to Save Collapsing Economy", *Zerohedge*, June 8, 2015, https://www.zerohedge.com/news/2015-06-08/one-belt-one-road-may-be-chinas-one-chance-save-collapsing-economy.

③ Flynt Leverett, Hillary Mann Leverett and Wu Bingbing, "China's Drive for a 'New Silk Road'", *World Financial Review*, January 29, 2015, https://consortiumnews.com/2015/01/29/chinas-drive-for-a-new-silk-road.

④ 指中国通过转移成熟产能,将国内经济升级至产业链上游的理论,例如 Shannon Tiezzi, "The Belt and Road: China's Economic Lifeline?" *The Diplomat*, July 14, 2015。

⑤ 《国外学者谈"一带一路"》,《中国经济报告》2015 年第 4 期。

⑥ Abida Yousaf, "USA's Pivot to Asia and China's Global Re-balancing through BRI", *Global Security and Strategic Review*, Vol. 5, 2020, pp. 31-38.

⑦ Yukon Huang, "Courting Asia: China's Maritime Silk Route vs America's Pivot", *The Diplomat*, April 25, 2014.

化，尽管许多学者认为"一带一路"首先是经济合作，仍有学者强调"一带一路"的地缘政治意图[1]，认为中国借此扩大势力范围[2]。经济外交论同样强调"一带一路"的政治工具属性，但承认"一带一路"与政府外交工具不同；该类理论往往利用制裁、经济依赖、连接性[3]等政治经济学理论研究中国海外投资的政治意义，尤其关注基础设施投资[4]。还有部分学者强调上述三方面因素同时存在[5]。

总体而言，受到本国地缘经济学实践、冷战中后期"日本发展模式"研究、意识形态宣传需要等因素影响，美学者和战略界人士往往突出"一带一路"合作的国家属性，同时暗示该合作对"基于市场原则"的美企业构成"不公平竞争"。美在一定程度上也将中非"一带一路"合作视作对美战略安全和政

---

[1] 例如 Liu, W. D., "Confucian geopolitics or Chinese geopolitics? Dialogues in Human Geography", Vol. 11, No. 2, 2021, pp. 265 – 269; "Geopolitical factors affecting China's Belt and Road Initiative in Latin America: Brazil and Mexico", *Cornell University SC Johnson College of Business*, Sept 16, 2021, https://business.cornell.edu/hub/2021/09/16/geopolitical-factors-affecting-chinas-belt-road-initiative-latin-america-brazil-mexico/.

[2] Nadège Rolland, "China's 'Belt and Road Initiative': Underwhelming or Game – Changer?", *The Washington Quarterly*, Vol. 40, No. 1, 2017, p. 136.

[3] Mark Beeson, "Geoeconomics with Chinese characteristics: the BRI and China's evolving grand strategy", *Economic and Political Studies*, Vol. 6, 2018, pp. 1 – 17.

[4] Tim Oakes, "The Belt and Road as method: Geopolitics, technopolitics and power through an infrastructure lens", *Asia Pacific Viewpoint*, 2021, Vol. 62, pp. 281 – 285.

[5] Colin Flint, Cuiping Zhu, "The geopolitics of connectivity, cooperation, and hegemonic competition: The Belt and Road Initiative", *Geoforum*, Vol. 99, 2019, pp. 95 – 101.

治影响的挑战。

2. 日本对"一带一路"倡议的认知

日本传统上重视经济外交，将中国视为竞争海外影响力的对手，这种趋势在美宣布"重返亚太"后更加明显。但在2013年"一带一路"倡议提出后，日方对该倡议态度谨慎；2013—2015年间，日本关于该倡议的讨论主要集中在亚洲基础设施投资银行（AIIB）上，直到2015年后才开始从全局高度探讨"一带一路"及应对方案[1]。在2017年，日方对"一带一路"的评估基本完成，开始谨慎寻求参与[2]。

在经济发展方面，日本观点与美国类似，将"一带一路"视作应对中国国内产能过剩、维持经济增长速度的工具。部分观察者认为，中国部分地方经济和产业的增速减缓将带来经济崩溃，因此需要开拓海外市场，尤其是周边市场[3]。在经济外交方面，日本将"一带一路"视作中国扩展海外影响力、重构国际秩序的策略[4]，部分观察者还强调该倡议对美元结算体系的挑战[5]。在地缘政治方面，日本强调"一带一路"对于中国能源安全的意义[6]。但

---

[1] Asei Ito, "China's Belt and Road Initiative and Japan's Response: from Non-participation to Conditional Engagement", *East Asia*, No. 36, 2019, pp. 115-128.

[2] 卢昊：《日本对"一带一路"倡议的政策：变化、特征与动因分析》，《日本学刊》2018年第3期。

[3] 「習近平外交の中核飛躍的発展の可能性を秘めた中印関係のゆくえ」、『現代ビジネス』、2014年9月26日。

[4] 日本国際問題研究所「習近平政権の外交政策大国外交・周辺外交・地域構想の成果と矛盾」、http://www2.jiia.or.jp/kokusaimondai_archive/2010/2015-04_005.pdf.

[5] 飯島勲：「アジアインフラ投資銀行は中国のワナだ」，*President*，2015年5月4日（25）。

[6] 孙道凤：《日本对"一带一路"倡议的认知与反应》，《中国市场》2017年第20期。

与美不同，日本尤其强调中国对周边国家的影响力，以及中国在亚太区域与美、日的对抗。在经济方面，一些观察家认为中国有意将日本排除在 AIIB 之外，意图建立可与亚洲开发银行、世界银行竞争的融资机构，最终目标是改变现有国际金融体系[1]。日本尤其关注中国对于"一带一路"的财政支持，强调中国雄厚的外汇储备将成为对外经济合作的助力[2]。而在政治方面，部分日本评论家声称"一带一路"旨在建立以中国为中心的、类似古代"朝贡体系"的亚洲秩序，并认为该倡议将导致中国经济重心从东海岸转向东西平衡，是一种回归战略[3]。另有学者认为"一带一路"基建，尤其是在印度洋和非洲的基建可能被用于军事扩张，进而威胁日本能源和地缘安全[4]。上述认知导致日本对于"一带一路"以及 AIIB 等相关国际机构、国际框架持警惕态度。

随着相关合作不断推进，部分日本政治人物意识到"一带一路"可能成为中日合作的抓手[5]；2017 年二阶俊博参加"一带一路"国际合作高峰论坛以来，安倍政府对于该倡议的态度由"对抗"转为谨慎合作，部分日本企业对参与"一带一路"表现出了兴趣。但总体而言，由于日本自身也有经济外交的需

---

[1] 「中国、『日本外し』のインフラ銀行 アジア16カ国 と」、『朝日新聞』、2014 年 5 月 3 日。

[2] "TPP Crucial in Shaping Asia's Economic Order", *Nikkei*, February 5, 2015, http：//asia. nikkei. com/magazine/20150205 – Changes – in – the – air/Politics – Economy/TPP – Crucial – in – shaping – Asia – s – economic – order.

[3] 松田康博：「習近平政権の外交政策大国外交・周辺外交・地域構想の成果と矛盾」，《国際問題》，2015（640）。

[4] 古森義久：「見逃してはならない中国一带一路の軍事的側面」，2018 – 02 – 07，http：//jbpress. ismedia. jp/articles/ – /52280。

[5] 《专访："一带一路"合作可成为改善日中关系的突破口——访日本前首相鸠山由纪夫》，新华网，2017 年 10 月 11 日。

要，日本将中国视作挑战其海外经济合作的"后来者"。美、日与中国的地缘竞争，"四国同盟"的组建，以及日本政坛整体右倾都加剧了日本对"一带一路"的战略警惕。

3. 欧洲发达国家对"一带一路"倡议的认知

欧洲对于"一带一路"总体持欢迎态度，同时也担忧该倡议影响欧盟内部团结。习近平主席2014年3月访欧时提议将"一带一路"与中欧合作对接，欧盟在10月第十次亚欧峰会上发出积极信号；德国在2014年10月中德第三次政府磋商论坛上也表态欢迎"丝绸之路经济带"等中欧合作。2015年，部分欧洲国家成为AIIB的创始成员国，第十七次亚欧领导人峰会讨论"一带一路"与欧洲战略投资计划的对接，中欧经贸高层对话讨论数字合作[①]。2016年后，德、法、欧盟都逐步落实中欧经济合作共识，其中德国工商界对"一带一路"相对积极，不仅建立德国工业联合会在华代表处，而且计划建立便于开展沿线投资的平台机制[②]。总体而言，中欧在"一带一路"方面不存在根本性矛盾和不可调和的利益冲突；即使在一些中欧竞争经济影响力的领域，例如对非投资中，中欧实际上也有较强互补性。但欧洲担忧"一带一路"破坏欧洲政治经济一体化，这种思想在近年中欧发生意识形态摩擦后尤其明显。

中国学者已对欧洲国家对"一带一路"的研究进行系统梳理，包括官方机构与欧盟所属智库，并得出以下结论。欧洲对"一带一路"倡议战略安全影响的讨论总体比美、日更少，在战略安全领域对中国敌意更小。欧洲认为中国"一带一路"项目

---

① 王振玲：《欧盟机构对"一带一路"倡议的认知以及中国的应对策略——认知与权限类别基础上的多重对接》，《太平洋学报》2019年第27（4）期。

② 唐小松、张宁馨：《德国对"一带一路"倡议的认知与前景分析》，《长春大学学报》2021年第31（5）期。

深化在中亚影响力，既是出于能源多元化的需要①，也是出于应对西部非传统安全风险的需要②，而欧洲在这两点上均可与中国开展合作。欧洲的战略担忧则主要集中在规则竞争等方面，但不认为中国争取有利国际规则、建立 AIIB 等机构对欧造成严重战略威胁③。欧洲对中国"一带一路"经济意义的讨论主要认为该倡议旨在拓展海外市场，这有助于强化"一带一路"沿线国家和地区的互联互通，以及开发发展中国家的经济潜力④。欧洲对中国主要的担忧则是"一带一路"经济外交的政治后果，尤其是受惠不均导致的欧盟内部分裂。例如，"一带一路"在东欧的建设导致一些西欧、南欧港口利益受损⑤。欧盟主要担心该

---

① Alice Ekman, "China: Setting the Agenda (s)?", *EUISS Issue Brief*, European Union Institute for Security Studies, p. 2, https://www.Iss. europa. eu/content/china – setting – agendas.

② Gisela Grieger, "One Belt, One Road (OBOR): China's Regional Integration Initiative", *EPRS Briefing*, European Parliamentary Research Service, July 2016, p. 11, http://120. 52. 51. 19/www. europarl. europa. eu /RegData/etudes/BRIE/2016/586608/EPRS_ BRI （2016）586608_ EN. pdf.

③ "The Asian Infrastructure Investment Bank – A New Multilateral Financial Institution or a Vehicle for China's Geostrategic Goals", *EPSC Strategic Notes*, Issue 1/2015, European Political Strategy Center, April 24, 2015, p. 4, https://ec. europa. eu/epsc/publications/strategic – notes/asian – infrastructure – investment – bank_ en.

④ Jens Bastian, "The Potential for Growth through Chinese Infrastructure Investments in Central and South – Eastern Europe along the 'Balkan Silk Road'", *The European Bank for Reconstruction and Development*, July 2017, p. 33, https://www.ebrd. com/documents/policy/the – balkan – silk – road. pdf.

⑤ Gisela Grieger, "China's Maritime Silk Road Initiative Increasingly Touches the EU", *EPRS Briefing*, European Parliamentary Research Service, March 2018, p. 4, www. europarl. europa. eu/RegData/etudes/BRIE/2018/614767/EPRS_ BRI （2018）614767_ EN. pdf.

倡议破坏欧洲在政策领域的一体化，尤其担心中国强化对部分东欧国家的政治影响力，影响欧盟外交一致性。

基于上述判断，欧盟以及法、德两大国总体上并不反对成员参与"一带一路"，但对诸如中国—中东欧国家领导人会晤（又称"16+1合作"，在2019年后变为"17+1合作"）的中欧对话持警惕态度。欧盟在近年来也在西巴尔干等地推出投资与基建计划，利用地缘优势与中国竞争影响力。在2017年默克尔总理访华后，德方对于"16+1合作"的立场软化，开始承认中国与西欧发达国家在中东欧经济合作中的互补性。但随着近年来欧盟强调"共同价值观"，中欧政治影响力竞争又成为欧洲关注的焦点，部分欧洲国家对于"17+1合作"、中欧投资协议等合作倡议的警惕性上升。在2021年，欧洲议会搁置中欧投资协议审议，立陶宛退出"17+1合作"并声称该机制导致欧盟分裂，多国宣布限制中企参与国内信息技术建设，这些信号都显示欧洲对华外交受到美国对中国发起的"价值观外交"攻势影响。中国与欧洲国家的合作往往表现为经贸往来和有限的人文交流，同时中国缺乏对欧公共外交的经验和工具，这种结构性弱点使得中欧合作易受政治风波影响。

在发展援助方面，欧盟日益将中国视为竞争对手，强调"一带一路"的经济外交属性。2013—2018年间，欧洲在全球的发展性援助金额大致与"一带一路"项目金额相当[①]，但缺乏统一的发展倡议。2021年6月，欧盟提出"联通全球的欧洲"计划，与其他大国的发展援助竞争。2022年2月欧盟—非盟峰会前夕，欧盟主席冯德莱恩声称将向非投资1500亿欧元，以将非洲打造为"最可靠的盟友"，这被外界解读为欧盟与"一

---

① "A Globally Connected Europe: The EU's Answer To The Belt & Road Initiative?", *D'Andrea & Partners Legal Council*, Aug 16, 2021, https://www.dandreapartners.com/a-globally-connected-europe-the-eus-answer-to-the-belt-road-initiative/.

带一路"的竞争①。

（四）域外新兴经济体对中非"一带一路"合作的认知

与美西方国家纷纷提出与中国"一带一路"倡议竞争海外影响力的发展援助和基础设施建设方案、甚至对抗与破坏"一带一路"合作的情况不同，大部分新兴经济体对"一带一路"框架下的中非合作并未展现出较强敌视态度和采取对抗性举措，而是在对中非"一带一路"合作中展现出"以欢迎和支持为主，以猜疑和制衡为辅"的认知特征。其中，以本文中五个代表性新兴经济体为例，对中非"一带一路"合作持相对积极认知的国家有俄罗斯、印度尼西亚和土耳其，持相对消极认知的国家是印度，而认知摇摆不定的国家是巴西。整体上看，域外新兴经济国家对中非"一带一路"合作的认知较域外发达国家更为积极。

1. 俄罗斯对"一带一路"倡议的认知

在经过 2013 年下半年对"一带一路"倡议的短暂犹疑后，俄罗斯长期以来对"一带一路"倡议持支持态度。特别是在"一带一路"国际合作高峰论坛期间，俄罗斯主流媒体对中国"一带一路"的报道大部分趋向正面和积极。首先，俄罗斯承认中国实现复兴和提升国际影响力的力量和计划，俄罗斯应在"一带一路"倡议中发挥关键作用。其次，俄中两国政府尤其是高层领导人之间有着牢固的信任和伙伴关系，高层之间的这种信任解决了俄罗斯对中国"一带一路"的疑虑。再次，俄罗斯

---

① Jan Van Der Made, "Africa: Europe Counters China's Belt and Road Strategy With Plans for €150 Billion Investment in Africa", *Radio France Internationale*, Feb 11, 2022, https://allafrica.com/stories/202202120018.html.

联邦和地方政府支持"一带一路"倡议,并相信他们可以从该倡议提供的商业和贸易机会中受益。最后,俄罗斯人关心其在西伯利亚的安全和中国在中亚的影响力,但也希望得到中国的投资。[1]

尽管俄罗斯对"一带一路"持开放态度,并认可其能够从中受益,但俄部分智库的专家学者也表达出对俄安全问题的关注,特别是对中亚和西伯利亚两个地区。具体而言,一是将"一带一路"视为对俄大国地位的挑战,但对在平等前提下与中国合作持开放态度;二是试图提出自己的计划来吸引中国的投资,以服务于自身经济和安全利益的实现。亚历山大·卢金(Alexander Lukin)教授作为俄罗斯现实主义者的代表,是该领域的知名专家,其建议已被俄罗斯政府采纳。卢金认为,俄罗斯将中亚视为外交政策的核心利益。俄不反对"一带一路",但更倾向于由俄主导的"欧亚一体化",希望保留俄在中亚的传统影响力,并在"平等互利的基础上"与中国开展政治和经济合作。

总体而言,由于中俄双方长期友好关系,对彼此在非洲影响力的互相谅解(面对在非日益增长的权力不对称和利益竞争,俄罗斯并不认为自己在与中国争夺在非主导地位),彼此在非洲投资领域的差异性(中国主要投资领域为互联互通项目,俄罗斯投资主要是采矿特许权和利润丰厚的武器交易),彼此在非洲参与问题的互补性(中国主要参与非洲基础设施建设,俄罗斯

---

[1] Michael Ravitsky, "Jumping onto the Train? How Russian Media Cover China's Belt and Road Initiative", *Asian Politics & Policy*, Vol. 10, Issue. 3, pp. 564 – 570; Larisa Smirnova, "Ambivalent Perception of China's 'One Belt One Road' in Russia: 'United Eurasia' Dream or 'Metallic Band' of Containment?", in J. Pamment and K. G. Wilkins eds., *Communicating National Image through Development and Diplomacy*, 2018, Palgrave Studies in Communication for Social Change; Serafettin Yilmaz and Liu Changming, "Remaking Eurasia: the Belt and Road Initiative and China – Russia Strategic Partnership", *Asia Europe Journal*, No. 18, 2020, pp. 259 – 280.

热衷于从非洲内部问题中获得经济利益）等原因，俄罗斯大力赞扬中非"一带一路"合作战略利益，并多次表示要"共同推进'一带一路'建设与欧亚经济联盟深入对接"①，"为俄中全方位合作不断注入新动力"②。

2. 印度尼西亚对"一带一路"倡议的认知

印度尼西亚在"一带一路"倡议中具有非常重要的地位。2013年，习近平主席在印度尼西亚提出了共建"21世纪海上丝绸之路"的倡议，不仅印证了印度尼西亚在海洋连通性方面所具有的重要战略地位，也使其成为"一带一路"倡议的关键组成部分。印度尼西亚是世界上最大的群岛国家，位于连接太平洋和印度洋的战略要地。理想情况下，印度尼西亚应该能够利用这一战略地理位置来实现自身优势和国家利益。然而，其迄今未能实现这一目标。从印度尼西亚的视角来看，鉴于中国是世界第二大经济体和印度尼西亚的最大贸易伙伴，中国"一带一路"倡议能够为发展印度尼西亚的连通性和基础设施，以及加强其在全球市场的地位提供良好的机会。因此，印度尼西亚在整体上对"一带一路"倡议持有积极的认知。

长期以来，印度尼西亚基础设施的不足且相对落后，使其无法维持经济发展，更不用说成长为世界级的贸易中心了。基础设施发展投资的缺乏，使该国每年在直接和间接（机会）成本方面损失了大量国民收入。据估计，印度尼西亚每年将其GDP的24%用于物流。此外，基础设施不足可能会抑制进一步的投资（包括外国投资）。当前，预算约束是印度尼西亚政府为基础设施项目融资的主要关注点。政府通过发债筹集资金的能

---

① 《促进俄中伙伴实现更多互利共赢》，《人民日报》2022年2月17日第3版。

② 《李克强与俄罗斯总理米舒斯京共同主持中俄总理第二十六次定期会晤》，《人民日报》2021年12月1日第2版。

力也受到法律限制。根据现行法律,政府预算赤字不得超过GDP的3%。同时,维持国家经济发展所需的投资数额巨大。在这种背景下,印度尼西亚政府对任何可以促进印度尼西亚基础设施发展的举措都非常开放。"一带一路"倡议促进基础设施和互联互通发展的目标,与政府努力提高印度尼西亚基础设施可用性和质量的目标相契合,特别有助于促进该国和该地区的互联互通。①

3. 土耳其对"一带一路"倡议的认知

土耳其非常关心"一带一路"倡议,在倡议提出后的反应一直是比较积极、向好的。自2013年"一带一路"倡议提出以来,土耳其主流媒体上有关中国"一带一路"倡议的文章与日俱增。特别是在美国于叙利亚拉卡行动中支持库尔德武装后,土耳其的许多学者和专栏作家提出,土应该通过改善与俄罗斯和中国的关系以寻求新盟友。2017年,随着埃尔多安(Erdogan)总统在北京参加"一带一路"国际合作高峰论坛以及"巴库—第比利斯—卡尔斯铁路"的开通,几乎所有土耳其主流报纸都越发关注"一带一路"倡议。此外,由于土与西方国家之间存在问题,许多土媒体都强烈支持土耳其加入上海合作组织。

土耳其政界人士普遍对"一带一路"采取积极态度,并一直强调该项目的重要性。在许多重要场合,土耳其政策制定者都表达了土在"一带一路"倡议中具有重要地位。土总统埃尔多安在2017年出席"一带一路"国际合作高峰论坛期间表示,"土中'一带一路'合作将成为一个成功的典范"。② 土前总理、

---

① Yose Rizal Damuri, Vidhyandika Prkasa, Raymond Atje and Fajar Hirawan, "Perceptions and Readiness of Indonesia Towards the Belt and Road Initiative", *Center for Strategic and International Studies Indonesia*, 2019.

② Cumhurbaşkanı Erdoğan'dan Çin'de Çarpıcı Açıklamalar, *Takvim*, https://www.takvim.com.tr/guncel/2017/05/14/cumhurbaskani-erdogan-dan-cinde-carpici-aciklamalar.

现任土大国民议会议长比纳利·耶尔德勒姆（Binali Yildirim）通过演讲多次表达了对"一带一路"倡议的支持，他表示"土中关系源远流长，拥有丝绸之路文化的两个国家都希望用现代技术重振这种精神"。① 前经济部长尼哈特（Nihat Zeybekçi）对"一带一路"倡议表示赞扬，称其为人类历史上最重要的项目之一。此外，土正义与发展党副主席梅丁·库伦克（Metin Külünk）对土在"一带一路"倡议中的成员身份问题进行了评估，他认为"现代丝绸之路项目（'一带一路'）将在成员国的发展进程中起决定性作用。权力中心正在从欧洲向欧亚大陆转移，土将在新的博弈中发挥积极作用"。②

土耳其政府希望推动"中间走廊"计划和"一带一路"倡议对接。土认为，中国正在对基础设施投资严重缺乏的地方进行投资，而土耳其由于其位于中间走廊的地理位置，将从该项目中获得最大收益。③ 土耳其外交部部长恰武什奥卢在接受新华社记者专访时也表示，"地处欧亚大陆交通要道的土耳其是古丝绸之路重要门户，今天仍愿成为'一带一路'上连接欧亚的桥梁"。④

---

① "Binali Yildirim：Cin'le birlikte Ipek Yolu ruhunu yaratacagiz", *China. com*，http：//turkish. china. com/news/china/543/20171130/1139652. html.

② "AK Partili Külünk：Avrupa parcalanirken Türkiye yeni oyunda yerini aliyor"，*Sputnik*，https：//tr. sputniknews. com/columnists/201708251029868636 – ak – parti – turkiye – metin – kulunk – almanya – ab – avrupaavrasya – gumruk – birligi – sanghay – isbirligi – orgutu – ipek – yolu – projesi – rusya – cin – asya – ekonomi – gorus/.

③ M. Emin Bilgener, "Turkey as Middle Corridor in One Belt, One Road", *Doing Business in Turkey*, November 19, 2019, https：//doingbusinessinturkey. com/turkey – as – middle – corridor – in – one – belt – one – road/.

④《土耳其愿成为"一带一路"上连接欧亚的桥梁——专访土耳其外长恰武什奥卢》，新华社，2018年6月15日，http：//www. scio. gov. cn/31773/35507/35515/35523/Document/1631465/1631465. htm。

甚至有学者更加热情地表示，中国可以为土耳其提供比西方更好的模式。①

4. 印度对"一带一路"倡议的认知

印度官方认为"一带一路"远非普通经济倡议，其中更包含了广阔的军事目的和政治意图。许多印度人担心"一带一路"是一项军事倡议，旨在让中国海军更好地进入印度洋。② 同时，认为"一带一路"是削弱印度在从印度洋到非洲的利益、威胁印度的领土安全、对印度实行战略遏制的看法也层出不穷③。

印度普遍认为，"一带一路"倡议显然是一个中国项目，其明确的目标是基础设施建设和互联互通。同时，中国希望借此解决资本过剩和工业产能过剩两大问题，增加中国在更广泛地区的政治影响力。它可以帮助参与国弥补基础设施赤字，但不可忽略的是参与国的讨价还价的能力相对较弱。对于印度来说，"一带一路"既是威胁也是机遇，能否利用这些经济机会将取决于"印度的制度动能与战略想象力"。④ 此外，印度认为，从对

---

① Omid Shokri Kalehsar, "Turkey and China One Road One Belt Project", *United World International*, August 20, 2019, https：//uwidata.com/4983 - turkey - and - china - one - road - one - belt - project/.

② Srikanth Kondapalli, "Why India is not part of the Belt and Road Initiative summit", The Indian Express, May 15, 2017, https：//indianexpress.com/article/opinion/why - india - is - not - part - of - the - belt - and - road - initiative - summit - 4656150/.

③ Geeta Mohan, "India refuses to be part of China's 'One Belt, One Road' at SCO", December 1, 2020, https：//www.indiatoday.in/india/story/india - refuses - to - be - part - of - china - s - one - belt - one - road - at - sco - 1745536 - 2020 - 12 - 01.

④ Samir Saran and Ritika Passi, "Seizing the 'One Belt, One Road' Opportunity", *The Hindu*, September 2016, https：//www.thehindu.com/opinion/op - ed/Seizing - the - %E2%80%98One - Belt - One - Road%E2%80%99 - opportunity/article14054927.ece.

"一带一路"倡议抽象单一的宏伟叙述转向具体的连通性项目，可以解决印中之间的许多问题。① 目前，印度的做法似乎是密切关注事态发展，仔细研究自己的连通项目，并就与"一带一路"倡议密切相关的长期后果向该地区国家提供建议。② 一些观察家甚至暗示，两国在"一带一路"倡议上合作的空间可能很小，印度必须与日本、美国和其他国家合作，为中国的互联互通计划提供替代方案。③

印度重视发展同非洲的经贸关系，也与域外发达国家在非洲密切合作。印度认为"一带一路"将"打开古丝绸之路地区内外的市场……是连接中非的港口"。④"中国政府逐渐将该倡议扩大到其他沿海国家，目的是将中国与潜在的欧洲、非洲和印度洋的经济伙伴联系起来。"⑤ 但是印度不仅拒绝加入"一带一路"倡议，更以"债务陷阱""军事为主""贸易缺乏透

---

① Raja Mohan, "Raja Mandala: India's China Reset and BRI", *The Indian Express*, April 2018, https://indianexpress.com/article/opinion/columns/india-china-foreign-policy-trade-relations-xi-jinping-narendra-modi-doklam-5130866/.

② Prashant Jha, "India will Adopt a Three-pronged Strategy to Check China Influence", *The Hindustan Times*, July 2018, https://www.hindustantimes.com/india-news/india-will-adopt-a-three-pronged-strategy-to-check-china-influence/story-o3OkceE6h2URXJFL9rxiEK.html.

③ Darshana M. Baruah, "India's Answer to the Belt and Road: A Road Map for South Asia", Carnegie India, August 2018, https://carnegieindia.org/2018/08/21/india-s-answer-to-belt-and-road-road-map-for-south-asia-pub-77071.

④ Nataraj Geethanjali and Richa Sekhani, "China's One Belt One Road: An Indian Perspective", *Economic and Political Weekly*, Vol. 50, No. 49, 2015, pp. 67-71.

⑤ Darshana M. Baruah, "India's Answer to the Belt and Road: A Road Map for South Asia", Carnegie India, August, 2018, https://carnegieendowment.org/files/WP_Darshana_Baruah_Belt_Road_FINAL.pdf.

明度"等为由攻击中非"一带一路"合作。2022年2月，印度外长在慕尼黑安全会议上直接警告各国，中国的援助造成了"债务陷阱"。① 在印度报刊中，更是充斥着对中国"一带一路"的指责。②

5. 巴西对"一带一路"倡议的认知

巴西认为"一带一路"倡议对其国内发展是一个重要的机遇。首先，在基础设施领域，中国的专业知识受到巴西的欢迎，无论是在传统领域应用最先进的技术，还是通过绿色"一带一路"投资可再生能源等。基于这种需求，中国建设气候友好型基础设施的能力促成了一项合作协议，借此"巴西可以期待持续的转型，包括移动性（电气化、互联和自主）和能源基础设施（数字化、脱碳和分散化）"。③ 此外，巴西还处于第四次工业革命的边缘，中国在这一进程中发挥了重要的全球作用。目前，在IMD世界数字竞争力排名的63个国家中，巴西排名第59位，仅高于克罗地亚、阿根廷、蒙古和委内瑞拉，而中国排名第13位。因此，在人工智能、机器学习、物联网和高速互联网相关领域的合作能够成为推动巴西发展的关键。

---

① Wang Yi, "India's 'debt trap' slandering against Chinese BRI aid is laughable", *Global Times*, Feb 21, 2022, https：//www. globaltimes. cn/page/202202/1252782. shtml.

② 如印度报纸 *Deccan Herald* 报道马尔代夫与斯里兰卡出现的经济问题时表示，两国的问题都是在与中国短暂接近之后才出现的。"Improving ties with India upsets Maldives' pro – Chinese Opposition", *Deccan Herald*, Apr. 10, 2022, https：//www. deccanherald. com/national/improving – ties – with – india – upsets – maldives – pro – chinese – opposition – 1099368. html。

③ Centro Brasileiro de Relações Internacionais (CEBRI), "Brasil – China：o estado da relação, Belt and Road e lições para o futuro", Rio de Janeiro, September 2019.

尽管如此，由于美国干涉、极右翼政府等原因，巴西始终没有加入"一带一路"。2019年巴西亲美的极右翼政府博索纳罗上台后，对中国"一带一路"的态度以指责为主，经常发表针对"一带一路"政策充满敌意的言论与批判。具体而言，首先是强调"一带一路"倡议缺乏明确性，包括该倡议的预期目标和合作与治理机制。[1] 对于一些分析人士来说，对于传统的国际合作机制而言，"一带一路"倡议仍然是相对陌生且难以理解的，该倡议自启动以来的不断转变加剧了这种情况。这两个不确定因素使许多国家难以确定"一带一路"的关键领域或优先事项。其次是所谓的"债务陷阱"。尽管该问题在大多数批评"一带一路"倡议的分析中反复出现，但它似乎被巴西学术界低估了，而在巴西媒体中却更为常见。最后是对巴西环境和社会的巨大影响。一是针对与"一带一路"相关的重大基础设施工程，一些人认为其环境影响是不可逆的；二是拉丁美洲的劳动法规通常比其他发展中国家（尤其是非洲）更严格，这可能会阻碍中国实施"强制劳动方法"。这两点构成了一种普遍的看法，即中国在遵守此类法规方面表现出的灵活性和意愿很小，成为中巴两国"一带一路"合作的潜在障碍。然而，值得关注的是，随着卢拉再次当选巴西总统，巴西外交自主权将大大增强，其参与"一带一路"倡议的广度与深度或将得到显著提升。

---

[1] Marco Cordeiro Pires, "A iniciativa cinturão e rota. Suas derivações políticas, econômicas e culturais e seus vínculos com o futuro da América Latina", *Mundo e Desenvolvimento*, Vol. 1, No. 2, 2019.

三 中非"一带一路"成效评估与看法

截至目前，几乎所有与中国建交的非洲国家都加入了"一带一路"倡议，非盟委员会也成为首个签署"一带一路"合作文件的区域性国际组织。① 中国和非洲正在"一带一路"框架下携手打造责任共担、合作共赢、幸福共享、文化共兴、安全共筑、和谐共生的中非命运共同体。目前，对于中非共建"一带一路"的研究多从中国国内视角出发，或引述西方观点，而对非洲政界、学界、商界的关注偏少。② 本章将梳理非洲各界对中非"一带一路"合作战略利益的认知、合作成效的评估以及未来建设的规划。

（一）中国对中非"一带一路"合作的成效评估

"一带一路"倡议已从最初的理论构想，发展到务实合作与全面推进阶段。中国与非洲经济合作模式也因此产生深刻变化，

---

① 孙红：《共建"一带一路"在非洲继续走深走实》，《世界知识》2022年第1期。
② 叶成城：《从分歧到理性：西方学界眼中的中国对非援助》，《当代世界与社会主义》2021年第1期；贺方彬：《海外精英对"一带一路"倡议的认知及启示》，《当代世界与社会主义》2019年第4期。

由贸易和承包工程为主逐渐向产能、投资、基础设施互联互通、金融服务、发展能力建设等领域持续扩展。美国麦肯锡全球研究院发布的报告《龙狮共舞：中非经济合作现状如何，未来又将如何发展》认为，"短短二十年间，中国一跃成为了非洲最重要的经济伙伴，从对非贸易、投资、基建融资和发展援助的深度和广度上看，没有任何一个国家能与中国相比"。从政策沟通、设施联通、贸易畅通、资金融通、民心相通五方面，可以一窥中非"一带一路"合作的显著成效。

1. 中非合作的政策沟通

"一带一路"倡议实施以来，中非合作的形式主要通过政府文件发布实现进一步落实。中非合作论坛第六届部长级会议审议通过了《中非合作论坛约翰内斯堡峰会宣言》（以下简称《宣言》）和《中非合作论坛—约翰内斯堡行动计划（2016—2018年）》。政策文件为中非经贸合作确立了"企业主体、政府支持、招商引资、设施先行、规划定位"的二十字方针，在借鉴中国经济开发区的发展理念和成功经验、充分适应非洲国家产业发展需求的基础之上，推动中非经贸合作区发展，推动产业集聚园区向产业链整体规模化发展的多功能经贸合作区转变。为确保签署文件后合作的落地执行，成立了中国与非洲合作论坛约翰内斯堡峰会成果落实协调人制度，负责落实中非合作论坛领导人达成的合作共识和合作项目。对中非合作的持续性耕耘，体现了中国对此的高度重视。

2018年9月中非合作论坛上，中国明确表示，"一带一路"倡议对接非洲已成为中非合作的新亮点，是新形势下中国对非洲关系的战略选择。在中非合作论坛北京峰会期间，中非领导人一致决定推动"一带一路"倡议同非盟《2063年议程》的有效对接，促进"中国梦"与"非洲梦"深度融合，携手构建中非命运共同体。共同实施中非合作"八大行动"——产业促进、设施联通、贸易便利、绿色发展、能力建设、健康卫生、人文交流、和平安全。《宣言》还指出，中非合作论坛是中非共建"一带一路"的主要平台，这不仅阐明了"一带一路"对接非洲的战略层次，还明确了"一带一路"建设在非洲商讨推进的机制平台。中非合作论坛第七届部长级会议通过了《关于构建更加紧密的中非命运共同体的北京宣言》和《中非合作论坛—北京行动计划（2019—2021年）》，进一步明确了未来中非合作应该实施更优质、深层次发展的领域。以上文件与《宣言》进一步丰富了非洲在"一带一路"合作中的战略定位。

从"十三五"纲要到"十四五"纲要，推动"一带一路"建设已进入高质量阶段，中非合作也在不断深化。非洲是"一带一路"的历史和自然延伸，是"一带一路"的重要参与方，中非双方一致同意将"一带一路"同联合国2030年可持续发展议程、非盟《2063年议程》和非洲各国发展战略紧密对接，加强"五通"，促进双方"一带一路"产能合作。2020年，在全球疫情背景下，中非合作虽然历经挑战，但依然展现了强大的韧性，为恢复经济、保障民生提供了坚强的保障。2021年11月26日发布的《新时代的中非合作》进一步提出，要构建更加紧密的中非命运共同体、不断拓展新时代中非各领域合作，奋力开创新局面。截至2023年6月，中国已与52个非洲国家签署"一带一路"合作文件。

2. 中非合作的设施联通

在"一带一路"倡议与非盟《2063年议程》战略框架下，中非在市政道路、高速公路、铁路、立交桥、港口项目和工业化等领域开展合作，持续推进非洲国家一体化进程。中国在非洲建设的铁路项目包括亚吉铁路、阿卡铁路、蒙内铁路、坦赞铁路、本格拉铁路、内马铁路、尼日利亚沿海铁路、莫桑梅德斯铁路等。其中，亚吉铁路由中国中铁和中国铁建承建，是海外首条集标准、装备、技术、投融资和管理全产业链"中国化"的铁路项目。截至2018年6月，在"一带一路"倡议框架下，中非双方已达成39个重大合作项目，涉及铁路、公路、港口和水电站等17类领域。2018年9月中非合作论坛北京峰会期间，中国与埃及、南非、加纳、科特迪瓦签署了《关于推动产能合作重点项目的谅解备忘录》，共涉及42个产能合作重点项目。其中，埃及哈姆拉维清洁燃煤电站、埃及新首都中央商务区二期等重点项目正式签署了商务合同，吉布提老港改造、加蓬让蒂尔深水港、科特迪瓦阿比让国际机场扩建等项目签署了谅解备忘录。2000—2020年，中国参与建成公路铁路超过13000公里，建设了80多个大型电力设施，援建了130多个医疗设施、45个体育馆、170多所学校，为非洲培训各领域人才共计16万余名，打造了非盟会议中心等一系列中非合作"金字招牌"，涉及经济社会生活的方方面面，受到非洲国家政府和人民的广泛欢迎和支持。

针对非洲的关切点和优势所在，中非确立了产能合作的重点规划，推进非洲国家的工业化建设。中国支持非洲国家根据自身国情和发展需求，改善投资软硬环境，以产业对接和产能合作为龙头，助力非洲工业化和经济多元化进程。截至目前，中国已与15个非洲国家建立产能合作机制，包括建设经贸合作区、经济特区、工业园区、科技园区，吸引中国等各国企业赴非投资，建立生产和加工基地并开展本土化经营，增加当地就业和税收，促进产业升级和技术合作。

推进工业化建设为中非双边带来切实好处。一方面，非洲基础设施建设水平得到明显提升。围绕非洲"三网一化"（高速铁路网、高速公路网、区域航空网和工业化）建设战略开发业务，截至2021年3月，累计投资21个项目，涉及能源、资源、制造业等多个领域，有力带动非洲国家产业发展。数十家中资企业与非洲企业合作建设光伏电站，累计装机容量超过1.5吉瓦（GW），填补了非洲光伏产业链的空白，有效缓解了当地用电紧缺问题并促进低碳减排。另一方面，在具体的项目合作中，中国不仅锻炼了自己的施工队伍，还从中总结出了不少海外运行的发展经验。这不仅帮助中国攻克了就业难题，让中国制造迈出国门走向世界，也推进了"一带一路"倡议的后期落实与发展。由此可见，帮助非洲脱贫致富达到了优势互补的目的，也符合中国未来的利益。

3. 中非合作的贸易畅通

在"一带一路"倡议的推动下，中国已经连续多年成为非洲第一大贸易伙伴国，中非贸易额占非洲整体外贸总额比重连年上升，2020年超过21%。回顾历史，中非双边贸易经历了从增长到下降，再到近年来强势反弹的增长势头。2013年中非贸易额首次突破2000亿美元，达到2102.5亿美元，同比增长5.9%；2014年中非贸易额增至2216.6亿美元。之后，2015年中非贸易额为1787.9亿美元，同比下降19.3%；2016年中非贸易额为1492亿美元，同比下降16.6%；但中国连续八年成为非洲第一大贸易伙伴国。2017年上半年，中非贸易额达到853亿美元，同比增长19%，扭转了2015年以来负增长的趋势。2018年，中非贸易额为2042亿美元，同比增长20%，是2012年以来中非贸易额的最大增幅。2019年，中非贸易额达2087亿美元，同比增长2.21%。其中，中国自非洲进口总额为955亿美元，同比下降3.8%；中国对非洲出口总额为1132亿美元，同比增长7.9%。自2009年起中非贸易结构持续优化，其中中国对非出口产品的技术含量显著提高，机电产品、高新技术产品对非出口额占比超过50%。

在双边贸易中，中国积极给非洲国家提供优惠政策，体现大国担当。中国主动扩大自非洲非资源类产品进口，对非洲33个最不发达国家97%税目输华产品提供零关税待遇，帮助更多非洲农业、制造业产品进入中国市场。据统计，2017年以来中国从非洲服务进口年均增长20%，每年为非洲创造近40万个就业岗位。近年来，中国自非农产品进口持续增长，已成为非洲第二大农产品出口目的国。中非电子商务等贸易新业态蓬勃发展，"丝路电商"合作不断推进，其中中国企业积极投资海外仓建设，非洲优质特色产品通过电子商务直接对接中国市场，如中国已与卢旺达建立电子商务合作机制。中国—毛里求斯自贸协定于2021年1月1日正式生效，成为中非首个自贸协定，为中非经贸合作注入新动力。

在投资与工程承包方面，中国对非直接投资额累计超过80亿美元，非洲成为中国企业重要的新兴投资目的地；中国在非洲新签承包工程合同额累计超过2000亿美元，非洲稳居中国第二大海外承包工程市场。在"一带一路"倡议下，中非贸易结构不断优化，投资形式和主体日益多元，投资方式除了独资、合资以外，还有参股、并购。除了国有企业以外，民营企业对非投资也快速增长，已成为对非投资的生力军。中非"一带一路"合作走向深化的一个体现是，中国参与非洲基础设施建设已开始超越投资或工程参与的初级阶段，逐步走向投建营一体化模式，真正成为非洲发展的利益攸关方。合作深化的另一个重要体现是中非经贸合作区在非洲的迅速发展。

在经贸合作区方面，基础设施建设初步建成，招商引资工作取得实质性进展，吸引了一大批企业入驻园区，社会经济效益初步显现。自2008年中国商务部批准备案在非洲成立7个经贸区以来，中方已在16个非洲国家投资建设了25个经贸合作区，累计投资超60亿美元。首先，合作区基础设施建设成果显著。基础设施建设是中非经贸合作区发展进程中的重要环节，合作区初步建成了与外界联通的交通干道，并得到当地政府在水、电、气等领域的大力支持。其次，招商引资工作取得实质性进展。各大中非经贸合作区在招商引资中面向投资方企业、非洲当地企业以及第三国企业开放，逐步吸引了一大批企业入驻园区。最后，合作区社会经济效益初步显现。各大中非经贸合作区通过构建全产业链、全价值链、全生命周期的渐进式盈利模式，为非洲国家提供了大量就业岗位，初步取得了一定的社会经济效益。截至2017年底，毛里求斯晋非经贸合作区全年实现经营收入2373万元人民币，利润433万元人民币，分别是2015年的5倍和3倍。埃及苏伊士经贸合作区起步区1.34平方公里已全面建成，吸引了10亿美元的投资，创造了3300个就业岗位。

4. 中非合作的资金融通

近年来，国家金融机构牵头，大力发展在非金融分支机构，促进了中国和非洲各国之间的资金融通。在国家开发银行、中国进出口银行和中国农业发展银行等政策性银行的引领下，中国积极为非洲大型基础设施建设项目提供融资支持。中国工商银行、中国银行、中国农业银行等商业银行正大力推进非洲分支机构建设，积极开展相关金融服务及国际合作。中国进出口银行、国家开发银行、中非发展基金、中非共同增长基金等金融机构还对非洲提供商业性和政策性投融资服务，设立非洲中小企业发展专项贷款；中国出口信用保险公司则向中非对外贸易和对外投资提供保险支持。

中国积极在非洲展开直接投资，涉及基础设施、产能装备、农业民生、能源资源开发等多个领域，有力推动了中国企业走进非洲，预计可带动中国企业对非投资近240亿美元。非洲已成为中国第三大海外投资市场和第二大海外工程承包市场。据商务部西亚非洲司统计，2019年中国在非洲全行业直接投资30亿美元。其中，非金融类直接投资额为29.7亿美元；金融类直接投资额为0.3亿美元。中国在非洲承包工程新签合同559亿美元，占中国对外承包工程新签合同总量的21.5%；对非承包工程业务完成营业额460亿美元,占中国对外承包工程业务总完成额的26.6%。2020年底,中国企业累计对非直接投资超过430亿美元,在非洲设立各类企业超过3500家,民营企业逐渐成为对非投资的主力,聘用非洲本地员工比例超80%,直接和间接创造了数百万个就业机会。

与此同时,中非金融机构也积极开发对方市场,双方央行积极扩大本币结算和互换安排,推动中非金融便利化水平稳步提高。截至2021年10月,人民币跨境支付系统（CIPS）有42家非洲地区间接参与者,覆盖19个非洲国家。中国央行先后与南非、摩洛哥、埃及和尼日利亚央行签署了本币互换协议,金额总计730亿元人民币;同埃及、南非、尼日利亚等7个非洲国家签署了金融监管合作谅解备忘录,为双方金融合作行稳致远打牢基础。截至2020年,中国累计向非洲提供的贷款总额超过2000亿美元。

5. 中非合作的民心相通

民心相通是构建中非命运共同体的重要基础。中非人文交流日益频繁,合作机制日臻完善,合作渠道不断拓宽,合作内容日益丰富。2015年12月,国家主席习近平在出席中非合作论坛约翰内斯堡峰会时指出,中非应秉持真实亲诚的理念和正确义利观,建立和发展文明上交流互鉴的全面战略合作伙伴关系,实施中非人文合作计划,不断夯实和加强中非合作。为落实这一倡议,2017年4月,中国和南非共同启动了中国—南非高级别人文交流机制,目的是丰富和发展现有的双边、多边合作交流机制与项目创造新机遇。2018年9月,中非合作论坛北京峰会把人文合作列为"八大行动"之一,旨在通过加强人文交流寻求更广泛的发展共识,打造新时代更加紧密的中非命运共同体。

以人文交流深化中非"一带一路"合作,有利于增进中非人民的相互理解与友谊、夯实中非友好的社会民意基础,促进中非关系进一步发展。在中非人文交流机制的引领下，中非通过文艺汇演、传统艺术展览、学术交流活动等方式积极推进中非在教育、卫生、文化、媒体、科技、体育、智库、卫生、旅游等领域的交流合作，构建起官民并举、多方参与的人文交流新格局，不仅造福中非人民，也为发展中国家人文合作起到示范作用。2017年以来，中国担任安理会轮值主席国期间，倡议召开了"加强非洲和平与安全能力""加强非洲维和行动""非洲和平与安全：打击非洲恐怖主义和极端主义"等公开辩论会，以及"非洲和平与安全：推进非洲疫后重建，消除冲突根源"高级别会议，推动国际社会加强团结合作、加大力度支持非洲实现长久和平。2019年以来，中国先后举行中非实施和平安全行动对话会、首届中非和平安全论坛、中非和平安全论坛军事医学专题视频会议，并积极参与非洲国家举行的和平安全领域重要会议或论坛。二十国集团领导人杭州峰会在中国推动下发布了《支持非洲和最不发达国家工业化倡议》。2021年5月，中非双方共同发起"支持非洲发展伙伴倡议"。为应对疫情挑战、更加旗帜鲜明地支持非洲渡过难关，中非一致认为支持非洲发展是国际社会的广泛共识和共同责任。

（二）非洲对中非"一带一路"合作成效的评估

由于非洲尚未从大陆整体的立场、以官方文件的形式发布对中非共建"一带一路"的成效评估，因此，本节试图从中方提出的共建"一带一路"的"五通"维度出发，整理总结近年来非洲各界对中非"一带一路"合作的成效评估。

1. 政策沟通

中非"一带一路"合作中的高质量政策沟通源自双方一贯

的平等相处风格。肯尼亚经济学家安泽斯·瓦里（Anzetse Were）在《外交学者》期刊上撰文表示，西方国家在自身暴露越来越多深层次治理问题的情况下，却仍自恃为非洲的发展典范，其对非"家长似的"合作模式已经过时。相比之下，中国在对非合作中一直以尊重的态度和务实的风格倾听非洲的诉求，从未强迫非洲领导人效仿中国发展模式，从未以干涉非洲国家内政为条件提供资金支持。① 中非友好合作最终转化为双方在国际上不断凝聚的政策共识。

中非"一带一路"合作中的政策沟通还有扎实的机制建设作为保障。中非合作论坛相关机制已成为中非有效开展并落实政策沟通的基础。在2021年12月举办的中非合作论坛第八届部长级会议成果解读高端对话会上，南非总统拉马福萨（Matamela Cyril Ramaphosa）、塞内加尔总统萨勒（Macky Sall）等与会非方领导人称赞中非合作论坛为双方提供了合作推动实现公平公正国际秩序、提升非洲话语权的重要平台。② 先前举办的第八届中非合作论坛部长级会议评估了2018年中非合作论坛北京峰会决定的落实情况，讨论了中非应对新冠疫情的措施，规划了中非关系未来三年乃至今后更长时间的发展方向。这体现出中非合作论坛的重要特点——内在的连续性，即借助有效的后续机制确保政策共识得到落实并转化为切实成果。在此次会议上，拉马福萨表示希望中非在相互尊重、相互扶持的基础上进一步加强中非合作论坛机制，进一步使中国和非洲人民受益。③

---

① Anzetse Were, "The Secrets of China's Economic Statecraft in Africa", *The Diplomats*, June 1, 2022.

② 《驻南非大使出席中非合作论坛第八届部长级会议成果解读高端对话会并作主旨发言》，中非合作论坛，2021年12月9日，http://www.focac.org/zfgx/zzjw/202112/t20211209_10465288.htm。

③ Gert Grobler, "Unleash potential for future cooperation", *China Daily Global*, December 20, 2021.

民间也为中非政策沟通贡献了积极力量。研究发现，中国民企为非洲城市建设政策提供了中国经验。它们与当地政府及其他行为主体持续开展谈判协商，不断弥合非洲当地工业发展与城市规划之间的差距。在这个过程中，工业园投资人或经理人广泛游说各级政府来影响政策法规，或与后者反复协调来推动城市发展规划整合，逢山开路、遇水架桥地推进工业化与城市化的联结，积跬步、汇小流地将中国的工业化与城市化政策经验在非传播、落地与转化。① 乌干达总统穆塞韦尼（Yoweri Kaguta Museveni）2021年12月接受采访时表示，与中国企业的优秀表现相比，西方企业持续地忽视非洲的发展诉求，西方应该即刻停止对中非"一带一路"合作的谣言中伤。②

2. 设施联通

"一带一路"全面改善非洲大陆的设施联通状况，不仅加强了交通联通，也提升了数字联通水平。一方面，非洲大陆的交通运输基础设施显著改善。2022年初的数据显示，自中非合作论坛成立以来，中国企业已在非洲大陆建设和改造铁路超过1万公里、公路近10万公里，共创造超过450万个就业机会。③另一方面，信息通信在非洲大陆经历了革命性发展。中国企业参建多条连接非洲和欧洲、亚洲、美洲大陆的海缆工程，承建非洲一半以上的无线站点及高速移动宽带网络，累计铺设超过

---

① Tom Goodfellow and Zhengli Huang, "Manufacturing Urbanism: Improvising the Urban – Industrial Nexus Through Chinese Economic Zones in Africa", *Urban Studies*, Vol. 59, No. 7, 2022, pp. 1459–1480.

② Elias Biryabarema and Karin Strohecker, "Exclusive Western companies are blind to Ugandan investments – President Museveni", *Reuters*, December 6, 2022.

③ 周楚昀、荆晶、白林、谢昊、许正、谢园、程露、魏董华：《调查显示非洲青年认为中国为当地带来积极影响》，《光明日报》2022年6月30日第12版。

20万公里光纤,帮助600万家庭实现宽带上网,服务超过9亿非洲人民。① 华为在非洲建设了60%以上的4G基站,将新基建带入非洲,提高了非洲信息通信的效率,促使非洲经济结构跳跃式改变。②

"一带一路"中非基建合作面向可持续发展,兼顾经济、环境和社会效益。由中国中铁资源集团投资建设并运营管理的布桑加水电站是刚果(金)第一座全部采用中国标准、中国设备、中国技术建设的水电站。在经济效益方面,布桑加水电站为当地矿企提供稳定的能源保障,极大改善了卢阿拉巴省矿山企业因长期停电不得不限产的窘境;在环境效益方面,建设者广泛利用中国建筑施工的绿色科技及先进筑坝技术,力求以"保绿"最大程度保护原生态,以"复绿"最快速度恢复原生态;在社会效益方面,布桑加水电站在建设过程中为当地创造3000多个就业岗位,搬迁安置7000余人,新建移民新村、学校、医院、饮水井等公共设施,极大改善了当地民众的生活条件。刚果(金)副总理兼环境和可持续发展部长马苏迪(Eve Bazaiba Masudi)称,布桑加水电站项目带动了刚果(金)绿色清洁能源发展,建成发电后对于缓解国家能源短缺具有重要意义,能极大促进作为国民经济基础的矿产行业发展。③

在助力非洲大陆基础设施"硬联通"的过程中,"一带一路"合作还促进了中非基建能力的"软联通",为当地社区提供了大量工程岗位和培训机会。比如,中国对尼日利亚铁路系统

---

① 颜欢、任皓宇、李琰:《推动共同创造世界更加美好的未来(谱写新篇章)》,《人民日报》2022年6月27日第6版。

② 刘继森:《非洲工业化进程中的制约因素》,《北京语言大学国别和区域研究简报》2022年6月。

③ 王建国:《"绿色电站"助力中非命运共同体建设》,海外网,2022年6月30日,http://m.haiwainet.cn/mip/3541089/2022/0630/content_32451345_1.html。

的投资就包括建立铁路技术培训中心。再如，2020年春节前夕，中国境外首所"鲁班学院"在埃及新行政首都中央商务区项目现场正式开课，为当地员工讲解安全管理知识、进行技能培训，推动中埃两国建筑业交流。① 肯尼亚非洲政策研究所政策分析师刘易斯·恩迪舒（Lewis Ndichu）表示，中非合作的不少项目涉及基础设施、数字技术等，可以为非洲国家提供宝贵的发展经验。②

3. 贸易畅通

中非不断提升的贸易畅通建立在双方不断发展的基建和产能合作的基础上。一方面，基础设施为贸易畅通筑基。南非国际事务研究所（SAIIA）的研究显示，中国在埃塞俄比亚、肯尼亚、尼日利亚等国建设中的许多基础设施项目会在将来产生广泛的积极影响，其中最重要的就是促进大宗商品和服务贸易的发展，而且，非洲大陆上领先的商品生产国和出口国将从"一带一路"创造的机会中持续获益。③ 另一方面，产能合作为贸易畅通赋能。中非产能合作不但直接对项目所在国家经济产生积极影响，而且通过空间溢出效应辐射拉动邻近国家经济增长，有效提高东道国及邻国的工业化水平，扩大就业，增加外资、促进外贸。④

中非贸易畅通直观地体现为中国商品和中国投资在非洲大

---

① 戴楷然：《"在共建'一带一路'平台上展现中国青年风采"（我们的新时代）》，《人民日报》2022年7月1日第17版。
② 车斌、谢亚宏、刘慧、闫韫明：《携手奋进，共创繁荣发展新时代》，《人民日报》2022年6月28日第15版。
③ Adedeji Adeniran, et al., "Estimating the Economic Impact of Chinese BRI Investment in Africa", SAIIA Special Report, June 2021.
④ 陈默、李荣林、冯凯：《中非产能合作能否照亮非洲经济腾飞之路：基于对外承包工程视角》，《世界经济研究》2021年第10期。

受欢迎。在非洲各国,中国产品广受非洲人民喜爱。无论是街边小店还是大型购物中心,货架上"中国制造"的商品琳琅满目。除了一般日用品,中国厂商的电子产品近年来也越来越受非洲年轻一代的喜爱。中国手机品牌传音在非洲市场畅销,2021年第四季度领跑非洲智能手机市场,市场占比达到47.9%。① 埃塞俄比亚驻广州总领馆副总领事吉玛尔(Abdurehman Jemal)期待,"一带一路"将进一步推动中非贸易往来和旅游交流,中国企业在非洲投资兴业将会变得更加便利。他在第三届"走进非洲"圆桌会议上为中国企业家列举出几十个欢迎中国企业投资的领域,包括食品加工业、服装纺织业、纸质品业、药品业等,他还列举了埃塞俄比亚至中国便利的空中和海上航线。②

中非贸易畅通的前景也被非洲商界普遍看好。国际律师事务所CMS发布的调查报告《"一带一路"的非洲观点》显示,非洲商界对"一带一路"的态度总体积极——对收获感到满意、对前景保持乐观。其中,62%的受访者表示对参与"一带一路"中非合资项目感到满意,并将继续参与共建"一带一路"。疫后复苏背景下,86%的受访者预期卫生健康项目投资将会增加,72%的受访者期待能有更多非洲国家扩大对"一带一路"项目的开放,也有70%的受访者相信升级后的"一带一路"更加绿色、透明、数字化,会对来自中国之外的市场主体更加开放。③

---

① 周楚昀等:《调查显示非洲青年认为中国为当地带来积极影响》,《光明日报》2022年6月30日第12版。

② 《非洲工商界期待"一带一路"促对非投资》,参考消息,2016年6月1日,http://www.cankaoxiaoxi.com/china/20160601/1178298_4.shtml。

③ CMS, "Belt and Road Initiative: The View from Africa", May 2021.

4. 资金融通

中国的对非投融资得到了非洲的广泛认同。在中非共建"一带一路"的背景下，中非发展基金（CADFund）、中国海外基础设施开发投资有限公司（COIDIC）等机构纷纷参与到对非基建投资中。[①] 非洲基础设施联盟（ICA）在《2018年非洲基础设施融资趋势》中指出，2018年中国承诺在非基础设施融资规模仅次于非洲各国政府的融资规模，占据融资总量的25.7%，这一占比在"一带一路"倡议提出后的五年中增长了22.6个百分点。尤其是在2016—2017年，中国为非洲能源和基础设施项目提供的贷款价值几乎增加了两倍，从30亿美元增加到88亿美元。[②] 尽管中国对非基建贷款规模在2017年达到峰值后连续几年相对减少，但到2020年中国各类银行对非洲能源基建项目的贷款数额再次上升，基于项目质量的贷款针对性也得到提升。[③]

中国的对非投融资在遭受外界抹黑时得到了非洲的鼎力维护。关于中非共建"一带一路"中的资金往来，部分西方势力持续谣传所谓的"债务陷阱论"，在非洲舆论场上煽动反华情绪，给相关项目进展制造压力。[④] 面对"债务陷阱论"，非洲学者从非洲国家的客观实际出发进行了驳斥。全球发展中心（CGD）研究员居德·摩尔（Gyude Moore）2022年5月在个人

---

① 杨宝荣：《"债务视角"看非洲"可持续发展议程"融资困境——兼论"一带一路"对非洲发展支持》，《学术探索》2021年第12期。

② Infrastructure Consortium for Africa, "Infrastructure Financing Trends in Africa – 2018", p. 4.

③ Baker McKenzie, New Dynamics: Shifting Patterns in Africa's Infrastructure Funding, pp. 6 – 7.

④ 孙红：《共建"一带一路"在非洲继续走深走实》，《世界知识》2022年第1期。

社交媒体账号就"中国债务陷阱论"发声：中国对非借款的60%以上流向了基础设施领域，这意味着如果没有所谓的"债务陷阱"，非洲大陆的发展状况将会更糟。仅仅指责所谓的"债务陷阱"却不为穷国填补基建缺口提出建设性方案的做法是虚伪的。比起债务问题，因缺少基础设施而导致的极端贫困问题才更值得关注。

此外，与"债务陷阱"相联系，还有批评声音认为中国因未加入巴黎俱乐部而处在国际债务重组谈判主流之外，损害了非洲国家的经济稳定。对此，睿纳新国际咨询公司（Development Reimagined）首席执行官芮婉洁（Hannah Ryder）反驳称，2000—2018 年间，中国取消了至少 20 个非洲国家的债务，相当于中国对非贷款总量的 1.5%。而中国之所以选择不加入巴黎俱乐部，一方面是因为巴黎俱乐部其实是一种陈旧的殖民安排，缺少对发展中国家的尊重——它把借款方排除在最终的磋商之外、将磋商结果强加于借款方；另一方面是因为中国的对非贷款有其特殊性，更符合南南合作的现实条件——贷款协议不附加干涉借款方内政的内容，并将注意力集中于基础设施建设上。因此，中非"一带一路"合作中的借贷关系管理虽未诉诸多边机制，但在一系列双边操作中维持了高水平的信誉。[1]

5. 民心相通

"一带一路"合作加强了非洲民众对于同中国伙伴关系的认同。皮尤研究中心 2019 年发布的全球态度调查显示，各国民众对中国的态度呈明显分化，美西方发达国家民众的对华态度整体上偏于负面，但撒哈拉以南非洲等广大发展中地区民众的对华态度积极，特别是尼日利亚受访民众中对中国表达肯定态度

---

[1] Hannah Ryder, "African borrowers must unite to seek best deals from China and the West", African Business, April 26, 2022.

的比例高达70%。① 在"一带一路"背景下,非洲社会对于中国对非提供的教育机会普遍赞赏。相比于美国赞助的少数竞争激烈的奖学金项目,中国提供了数千个奖学金来支付非洲青年的学位和培训项目。在埃塞俄比亚,几乎每个官员都去过或计划去中国学习,或者认识去中国学习过的人。他们渴望在全球主要国家学习第一手经验,中国往往是他们的最佳目的地。②

非洲知名民调机构"非洲晴雨表"(Afrobarometer)调查发现,中非共建"一带一路"以来中国形象在非洲社会持续向好。据"非洲晴雨表"2020年发布的中国形象调查报告,来自18个非洲国家的受访民众对中国给予的援助及其在非洲的政治与经济影响持正面看法、对中国持积极态度。具体来说,其一,23%的受访者更欣赏中国的发展模式。相比于2014—2015年的同类调查,这一数字在部分国家的受访者中快速上升,比如,布基纳法索民众欣赏中国发展模式的比例在五年间上涨了19个百分点。其二,59%的受访者认为中国的在非影响是积极的,给非洲带来了红利,这一数字超过了非洲民众对美国在非影响的积极认知比例。其三,在知晓中国对本国提供贷款或发展援助的受访者中,41%的人认为中国的援助附加条件"更少"或相比其他国家"少很多"。③ "非洲晴雨表"2021年发布的报告

---

① Laura Silver, Kat Devlin, Christine Huang, "People around the globe are divided in their opinions of China", Pew Research Center, December 5, 2019, https://www.pewresearch.org/fact-tank/2019/12/05/people-around-the-globe-are-divided-in-their-opinions-of-china.

② Maria Repnikova, "The Balance of Soft Power: The American and Chinese Quests to Win Hearts and Minds", *Foreign Affairs*, July/August, 2022.

③ Josephine Appiah-Nyamekye Sanny and Edem Selormey, "Africans regard China's influence as significant and positive, but slipping", Afrobarometer Dispatch No. 407, November 17, 2020; Mogopodi Lekorwe, Anyway Chingwete, Mina Okuru, and Romaric Samson, "China's growing presence in Africa wins largely positive popular reviews", Afrobarometer Dispatch No. 122, October 24, 2016.

显示，中国在非洲影响力排名第一，63%的受访者认为中国对本国的政治经济影响"非常"或"比较"积极，66%的受访者认为中国在非洲的政治经济影响是正面的。[1]

中国形象在非持续向好主要得益于中非传统友谊、中国经济发展和中非合作实效。[2] 约翰内斯堡智库伊奇科维茨家庭基金会（Ichikowitz Family Foundation）发布于2022年6月的一项调查显示，在来自15个非洲国家的逾4500名青年受访者中，有77%的人认为中国是对本国最具影响力的外部力量，这一比例高于美国、欧盟，甚至高于非盟。而且，有76%的人认为来自中国的影响是积极正面的。报告称，物美价廉的中国商品、中国对非洲基础设施建设的投资与支持、中国市场为非洲产品提供的出口机会、中国投资者为当地人民创造的就业机会等是非洲青年肯定中国对非积极影响的主要原因。[3]

（三）域外发达国家对中非"一带一路"合作成效的看法

对于中非"一带一路"合作，发达国家普遍表现出一定程度的战略敌意；部分政客不直接点名中国，但热衷于炒作所谓"新殖民主义""债务陷阱论"抹黑中非合作。例如，美国驻津巴布韦大使馆在2018年中非合作论坛闭幕之际转载题

---

[1] Josephine Appiah-Nyamekye Sanny and Edem Selormey, "Africans welcome China's influence but maintain democratic aspirations", Afrobarometer Dispatch No. 489, November 15, 2021.

[2] 李洪峰：《中国国家形象在非洲的构建与传播：挑战与应对》，《对外传播》2021年第3期。

[3] Ichikowitz Family Foundation, African Youth Survey 2022, June 2022.

为《美国援助如何避免"债务陷阱外交"》的文章①；美国时任国务卿蓬佩奥在2020年2月访非时暗指中非合作是"空洞的承诺""滋长腐败和对华依赖"②；美国国务卿布林肯在2021年4月访问尼日利亚时称"其他国家"的基础设施交易是"不透明、强制性的、债务难以管理的，对环境具有破坏性，并不总是使实际生活在那里的人们受益"③；在2022年3月的非洲发展国际会议部长级会议上，日本外相林芳正影射中国在非制造"债务陷阱"，日本外务省同月发布的白皮书则明确批评中国在非基建项目④；部分欧洲政客和媒体也是"债务陷阱论"的积极鼓吹手。

部分政府官员的表态反映出美西方多国决策圈对于"一带一路"的负面看法多于正面。特朗普时代的美国强调"一带一路"在战略布局领域的意义，甚至将其称为"特洛伊木马"。在2017年的APEC首席执行官峰会上，特朗普将"一带一路"称

---

① "America's Claptrap about China's Debt Trap", *Zimbabwe Today*, September 7, 2018, https://zimbabwe-today.com/americas-claptrap-about-chinas-debt-trap/.

② "Pompeo's Africa Trip Reinforces Message of Competition", *The Diplomat*, Feb 24, 2020, https://thediplomat.com/2020/02/pompeos-africa-trip-reinforces-message-of-competition-with-china/.

③ Eric Olander, "Blinken Warns of Chinese Debt Traps and Imported Labor in Q&A With African Youth", China Global South Project, April 28, 2021, https://chinaglobalsouth.com/2021/04/28/blinken-warns-of-chinese-debt-traps-and-imported-labor-in-qa-with-african-youth/.

④ "Japan to help African countries escape China's 'debt trap'", Kyodo News, Mar 26, 2022, https://english.kyodonews.net/news/2022/03/eb372bebf50b-japan-to-help-african-countries-escape-chinas-debt-trap.html.

为"有很多政治牵连的政府引导型投资"①。而拜登上台后，更加强调中美科技与规则主导权等长期竞争，强调"一带一路"对国际经济标准的挑战。2021年3月，美国外交委员会（CFR）发布关于"一带一路"的报告，该报告认为，尽管"一带一路"的基础设施建设在理论上有助于美国企业开展海外投资，但倡议提出以来的影响对美弊大于利。该报告重点从四个方面攻击"一带一路"沿线合作，包括损害国际宏观经济稳定、不公平竞争、推广中国技术标准、增加碳排放。报告着重炒作所谓"债务陷阱"，声称部分"一带一路"沿线国家，尤其是非洲发展中国家的债务问题被疫情放大，并将潜在人道主义危机归因于中国的经济活动。CFR报告声称中国政府在新冠疫情期间对"一带一路"发展方略进行调整，认为"一带一路"自新冠疫情暴发以来由基建投资转向技术投资，尤其是推广5G通信、高铁、太阳能和风能等产业的技术出口；CFR报告认为上述技术合作对美技术霸权形成挑战，在借此批判特朗普孤立主义、排外主义思想的同时，呼吁美国加强同盟体系内合作。

总体而言，西方对"一带一路"的攻击集中在如下几方面：其一是"债务陷阱"问题。美西方将部分发展中国家的高负债归咎于中国政府的"掠夺性"海外投资，并认为中国海外投资带来的债务降低了投资所在国对新冠疫情等突发风险的应对能力。例如，西方将斯里兰卡近期的外汇匮乏、必需物资短缺归因于"债务陷阱"②。其二是透明度、腐败和公平性问题。美西

---

① "Remarks by President Trump at APEC CEO Summit ǀ Da Nang, Vietnam", Nov 10, 2017, https：//trumpwhitehouse. archives. gov/briefings - statements/remarks - president - trump - apec - ceo - summit - da - nang - vietnam/.

② Nicholas Gordon, "How COVID and a nationwide pivot to organic farming pushed Sri Lanka's economy to the brink of collapse", Forbes, Apr 9, 2022, https：//fortune. com/2022/04/09/sri - lanka - debt - crisis - inflation - rajapaksa - protest - imf - ukraine/.

方长期指责"一带一路"项目在投议标、事故问责、所在国政府采购等方面不透明，批判中国企业仅仅与所在国政府对接而忽略其他利益相关方。一些非政府组织和学者进而妄称中非合作"助长威权主义"[①]。其三是所谓"对外依赖度"问题，美西方认为"一带一路"合作强化非洲国家对中国经济依赖，并炒作所谓中国对非"新殖民主义"。在新冠疫情暴发后，美西方强调所谓"债务陷阱"是缺乏开发性投资"高标准"的结果，因此必须规则先行，在项目评估、审议上严格执行美西方高标准，同时对投资所在国附加民主化、反腐败等政治条件。这种逻辑导致美西方应对"一带一路"的方案以竞争为主。

（四）域外新兴经济体对中非"一带一路"合作成效的看法

与域外发达国家不同，域外新兴经济体对"一带一路"合作成效更为积极正面，认为"一带一路"倡议带来了实实在在的合作收益。

俄罗斯自上至下均对"一带一路"的合作成效评价较高。在官方发言中，俄罗斯多次表示对"一带一路"的推崇。普京曾表示，"我们发现'一带一路'倡议是行之有效、举足轻重和前途无量的，……它意味着扩大与所有国家和大陆的合作"[②]。

---

① Onyalo Paul Otieno, "Authoritarian regimes and democratisation in Africa: China and Russia compared", Democracy in Africa, Sept 23, 2021, https://democracyinafrica.org/authoritarian-regimes-and-democratisation-in-africa-china-and-russia-compared/.

② Russia's president comments on One Belt, One Road concept's prospects, TASS, July 6, 2018, https://tass.com/economy/1008158.

普京也认为这一倡议"为欧亚合作的新阶段铺平了道路"。① 俄罗斯媒体也认为,"中国正在与非洲建立平等的伙伴关系,并积极投资于非洲国家的发展"②。面对西方攻击中国在非洲"一带一路"建设的有关言论时,俄罗斯帮助中国进行有力批驳。2018年3月,俄罗斯外长称时任美国国务卿雷克斯·蒂勒森(Rex Tillerson)关于中国在非洲扮演的角色的言论是"不恰当的",并对他所说的中国贷款将损害非洲国家主权的说法提出了质疑。③

印度尼西亚官方将中国视为重要的经济伙伴,对中国"一带一路"倡议非常热情。印度尼西亚政府多次表示愿同中方加快共建"一带一路",推进"区域综合经济走廊"建设,推动雅万高铁、"两国双园"等重大项目不断取得新进展。④ 在"一带一路"倡议初期,印度尼西亚媒体对其报道不多。随着倡议的稳步落实,由于长期以来的反华情绪、中国投资产生的一些负面影响和当地对所谓"中国人权问题"的强烈不满,印度尼西亚民间对中国的"一带一路"项目逐渐产生了一些负面情绪。

---

① China's Massive "One Road" Project Largely Bypasses Russia, But Moscow Still On Board, *Radio Free Europe/Radio Liberty*, June 26, 2017, https://www.rferl.org/a/russia-china-one-belt-one-road-project-putin-xi/28579849.html.

② Ian Taylor, "Hysteria about China in Africa to Grow as US Always Needs an Enemy – Professor", *Sputnik International*, March 27, 2018, https://sputniknews.com/analysis/201803271062957831-us-china-africa-hysteria.

③ "Lavrov Calls Tillerson's Remarks about China-Africa Relations 'Inappropriate,'" *TASS News Agency*, March 8, 2018, https://tass.com/politics/993308.

④ 《王毅会见印度尼西亚对华合作牵头人、统筹部长卢胡特》,新华网,2021年1月3日,http://www.xinhuanet.com/world/2021-01/13/c_1126977822.htm。

但是当部分批评人士对中国"一带一路"提出批评建议时，官方总是积极回应，力挺中国。① 在官方引导下，印度尼西亚媒体对"一带一路"的报道也以积极态度为主。2018年10月，印度尼西亚发行量最大的报纸《罗盘报》甚至刊登了"一带一路"五周年专版，驻印度尼西亚大使肖千在专版发表题为《"一带一路"倡议为世界带来共同发展的机遇》的署名文章。② 也有部分印度尼西亚学者赞成政府的态度，认为"一带一路"不仅给印度尼西亚经济带来了好处，增加了对华出口，也为印度尼西亚基础设施建设提供了资金。③

土耳其主流报纸对"一带一路"倡议普遍持乐观态度，认为其为土提供了许多经济和政治发展的机遇。与土耳其政府关系密切的《新曙光报》（YeniSafak）就表示，土耳其将因"一带一路"项目而变得更加强大。埃布贝基·索福格卢（Ebubekir Sofuoglu）教授表示，"通过新丝绸之路项目，土耳其将重新获得地理大发现后失去的经济和政治优势"。④ 即便与土政府立场

---

① 比如，在印度尼西亚筹备建设新首都时，有人表示如果中国参与建设，新首都将变成"新北京"。印度尼西亚国家发展计划部部长苏哈索·莫诺阿尔法立即予以驳斥，支持中国加入这一项目。Muhammad Zulfikar Rakhmat and Yeta Purnama, "The China Factor in Indonesia's New Capital City Plan", *The Diplomat*, February 11, 2022, https：//thediplomat.com/2022/02/the-china-factor-in-indonesias-new-capital-city-plan/。

② 《驻印度尼西亚大使肖千："一带一路"倡议为世界带来共同发展的机遇》，中国外交部，2018年10月，https：//www.mfa.gov.cn/chn/pds/wjdt/zwbd/t1603619.htm。

③ Diah Ayu Wulandari and Asmia Inayah, "The Impact Of China's Belt And Road Initiative On Indonesia's Export To China", *Journal of World Trade Studies*, Vol.6, No.1, 26 July 2021.

④ "Ipek Yolu ile Turkiye muazzam konuma gelecek", *YeniSafak*, http：//www.yenisafak.com/ekonomi/ipek-yolu-ile-turkiye-muazzam-konuma-gelecek-2696251.

相悖的报纸《自由报》(*Hurriyet*) 在其刊登的题为《等待土耳其的新丝绸之路》一文中也指出,"新丝绸之路项目对土耳其来说是一个很好的机会,因为我们的国家处于通往欧洲的'大门'位置"。① 尽管土耳其自 1963 年以来一直试图成为欧盟的成员,但谈判一直没有成功。因此,土耳其正在寻找新的选择,而中国被视为欧盟的替代者。

印度认为"一带一路"倡议的建设对印度洋地区会产生更广泛的地缘政治影响,因而将"一带一路"倡议视为来自中国的威胁。尽管印度参与了亚洲基础设施投资银行(AIIB)、上海合作组织(SCO)和金砖国家(BRICS),但这对印度对"一带一路"倡议的认知影响相对较小。大量独立分析师主张选择性地参与"一带一路"倡议,但这在印度政府政策中几乎没有体现。随着"一带一路"倡议的推进,印度的重点更多地放在研究自己的连通性计划方面(单独或与其他合作伙伴),以及展示一些"一带一路"项目如何给受援国制造困难。印度从早期对该倡议地缘政治影响的关注,重点转向对参与国政治经济影响的分析。印度在分析"一带一路"项目时更多关注所谓"债务陷阱""腐败""政治争议""负面环境影响"和项目整体可持续性方面的问题。

巴西对"一带一路"倡议的成效评估较为积极正面。自 2009 年以来,中国一直是巴西最重要的贸易伙伴,在贸易领域巴西严重依赖中国。有数据显示,在巴西 15 种最重要的商品出口中,中国是其中 11 种商品的主要进口国。② 因此,巴西对

---

① Gila Benyamor, "Yeni Ipek Yolu Turkiye'yi Bekliyor", *Hurriyet*, http://www.hurriyet.com.tr/yazarlar/gila-benmayor/yeni-ipek-yolu-turkiye-yi-bekliyor-29008098.

② Hussein Kalout, "How Will Brazil Handle the US-China Rivalry?", *Americas Quarterly*, July 13, 2021, https://www.americasquarterly.org/article/how-will-brazil-navigate-the-us-china-rivalry/.

"一带一路"倡议的各类活动参与相对积极。2020年，巴西正式加入了为"一带一路"建设提供大量资金的亚投行。2021年，巴西同古巴、阿根廷等国一道参加了"云"上设立的"一带一路"·国际馆。巴西学者认为"一带一路"倡议将惠及巴西[1]，也给世界各国带来机会[2]。巴西有专门研究巴西与"一带一路"关系的"Belt and Road & Brazil"葡语网站[3]。

---

[1]《巴西学者认为"一带一路"倡议将惠及巴西》，中国商务部，2019年5月11日，http://www.mofcom.gov.cn/article/i/jyjl/l/201905/20190502861982.shtml。

[2]《巴西学者："一带一路"倡议给各国带来机会》，人民网，2017年5月12日，http://world.people.com.cn/n1/2017/0512/c1002-29272424.html。

[3] 网址为https://beltandroadbrazil-direitorio.fgv.br/。

四 中非"一带一路"合作方案与应对

(一) 中国推进中非"一带一路"合作的愿景

随着"一带一路"倡议与非盟《2063年议程》进一步对接,中非合作正处于新的历史机遇期。双方在人才、技术和资金等方面的高度互补性为中非"一带一路"对接提供了巨大的发展潜力。如何抓住机遇,妥善管控风险,将合作潜力转化为中非合作的可持续动力具有重要意义。未来推进中非"一带一路"建设应在以往中非合作经验的基础上,结合非洲发展的趋势特点,切实将"一带一路"建设融入非洲自主发展的进程。

1. 优化基础设施建设,长短期效益相结合

遵循基建先行、由边入内的原则。非洲发展的最大问题和瓶颈就是基础设施如交通运输、电力等十分落后。没有基础设施,其他的所有经济发展问题就无从谈起,而基础设施建设正是中国优势之所在。为此,首先解决基础设施建设问题,这不仅是非洲国家的需要,也是中国企业在非洲长期经营的需要,而且是中国的产业优势。从资源运输的角度考虑,需要先从沿海建设,再逐步推向内陆。由于非洲绝大多数国家交通、电力等基础设施十分落后,若不考虑地域差别而盲目投资建设,则内陆资源开发因运输不畅且无电力保障而难有成效。而沿海有港口作保障，基建、运输相对难度较小，若从沿海开始建设基础设施，将互联互通逐步推至内陆，则效费比高且可有序、持续发展。

对非的"一带一路"建设，要从全局和长期利益考虑，而不仅仅着眼于短期利益。对具体的项目投资建设，同样也要既考虑当前效益，又考虑远期收益。比如，某国资源丰富，但该国交通设施太差，即使开采也无法运出（如中国水电建设集团国际工程有限公司投资建设加蓬布巴哈水电站，因没有相应电力网输运，其所发大量电力无法输出而陷入长期亏损），这就需要中国政府通盘考虑、长远规划，与该国就交通、电力等基础设施建设与资源开发一并统筹考虑、达成协议。这样，既可解决其基础设施建设问题，改善其民生，又能使其在资源上有收益。对中国而言，则解决了资源的长期开发获取问题。

中国在非洲的建设主要是一些工程项目，大都是一次性建设行为，这些建设基本都能获得利润，但利润较少。由于这些项目建设完成后中国并没能参与其后续运营，考虑到后续运营可获得长期丰厚利益，这造成了先把"累活、脏活"干完而获利较少，他人则获大利、长利。比如，中国港湾工程责任有限公司承包了科特迪瓦阿比让港口扩建工程项目，承包额为9.3亿美元，但后续港口营运权为法国掌握，此港口每年运营产值占科特迪瓦GDP的50%以上，达百亿美元。不仅基建工程项目如此，其他项目如电力、电信等，也应在承包建设时努力争取获得运营权。因此，除了建设基础设施以外也注重掌握运营权，从而使收益不仅局限在经济方面。

2. 尊重非洲自主权，助力非洲国家能力建设

尊重非洲自主权一向是中国的政策特色与优势，也是中非合作取得巨大成功的宝贵经验。在非洲追求更多自主权与本土

化趋势背景下，中方可以从两个方面着手，坚持并扩展这一经验。其一，加大对非洲能力建设的对接支持。能力建设处于非洲经济转型的核心位置，北京峰会提出的八大行动计划中特别提出了能力建设行动。具体操作层面，应支持非盟与"非洲发展新伙伴计划"的"能力开发战略框架"的实施，加大非洲人力资源培训力度，鼓励与支持非洲各个层次的本土融资动员倡议，加强对非洲国家、次区域组织和非盟的制度能力的支持。鉴于青年与妇女是非洲能力开发的重点，还应该在各个层次增加对非洲的青年和妇女赋权运动的支持。

其二，对接非洲发展的优先事项与本土规划，加强非洲自身的发展。非洲的优先事项包括工业化与技术转让、非洲内部贸易、中小微企业发展、直接投资和财政资源动员等。非洲发展本土议程在大陆层面即体现为非盟《2063年议程》、12个旗舰项目以及其他各类行业项目，包括非洲基础设施发展计划（PIDA）、非洲农业发展综合计划（CAADP）、非洲矿业愿景、非洲治理架构、非洲水资源愿景等。在次区域层面体现为非洲次区域经济共同体的发展规划和其他各类区域或跨区域经济合作，在国家层面则体现为非洲各种国家发展战略。中方需将"一带一路"建设融入各层次的非洲发展本土规划框架中，切实满足非洲发展需求。

其三，支持非洲的一体化发展，助力非洲区域国际影响力的提升。在政策层面的对接中，非盟重视大陆层面而相对轻视了次区域层面的经济共同体组织，如与非盟启动编制《中非基础设施合作规划》，但次区域层面几乎没有任何具体计划；重视国别对接而相对忽视了十分活跃的次区域经济合作安排和经济发展走廊。因此，有必要适时强化与非洲次区域组织的对接水平，积极推进与次区域组织的合作关系，建设和强化企业在非的区域合作网络。具体措施上，包括安排专题讨论会增进中国与次区域组织之间的相互理解，为双方合作对接发现潜在的机遇；积极推进与非洲经济走廊的对接策略，对非洲经济走廊进行专题研究，摸清众多发展走廊的发展度、成熟度、前景及存在问题；与非洲经济走廊管理联盟建立制度化联系，将中国在非洲经贸区发展规划、基础设施投资与非洲经济走廊相结合。

3. 加强经贸合作区建设，推动项目走深走实

中非经贸合作区建设是非洲国家加快工业化进程的重要组成部分，需要所在国中央政府部门的支持。目前，在有条件的非洲国家，可尝试建立双边高层协调委员会工作机制，集中各个职能部门的权力，成立高于部委级别的"中非经贸合作区管理委员会"，专门负责协调和处理涉及中非经贸合作区发展的重大问题，包括制定产业发展规划、税收优惠补贴政策、园区行政管理制度等。

其一，中非经贸合作区的投资运营方具有中国企业和非洲企业的双重属性，需要根据当地的资源禀赋和市场需求，实现属地化管理与运营。属地化管理与运营因国而异，涉及规划设计、招商促进、项目融资、本土人才团队建设等诸多方面，投资运营方需要充分考虑差异性、复杂性及接受程度等方面因素，针对非洲不同国家制定有针对性的策略，因地因时因势采取"一国一策"。其二，中非经贸合作区的投资运营方需要进一步明确发展定位，加强对项目的规划与可持续性研究，将基础设施建设与产业发展并重，充分发挥自身的主动性与能动性。其三，加强自身能力建设是合作区入驻企业长期经营的必修课。尽管中非经贸合作区提供了一个相对稳定和安全的生产经营环境，但是入驻企业对所在非洲国家政治风险、安全风险及宏观环境的研判难度较大。入驻企业需要增强自身业务风险防范能力，充分认识和识别可能出现的困难和风险。

4. 发扬已有机制优势，探索多元合作路径

其一，进一步发挥中非合作论坛机制的优势。中非合作论坛成立以来，已经发展成为中非合作的有效机制平台，引领国际对非合作迈向更加公正、合理与互利共赢的方向。为使中非合作论坛更具影响力，一是提高中非合作论坛的开放性和代表性，鼓励更多的中非双方利益相关者参与论坛的谘商进程。尤其是鼓励次区域组织在区域发展重点和整合方面提出计划，参与中非合作论坛具体项目设计。二是制定《中非共建"一带一路"战略行动规划》。当前三年为一个周期的行动计划合作模式在长期性和战略性方面有所欠缺，可考虑制定一个为期10年或更长周期的战略计划，在中非合作的各个领域进行总体谋划，与非盟《2063年议程》的10年执行计划相呼应，以便为推进中非"一带一路"对接提供战略指导。

其二，鼓励和支持其他各类行为体参与"一带一路"合作。尽管非洲一体化是国家或国家间组织主导的进程，但中非双方的地方政府、私营部门、企业、非政府组织、智库、个人等非国家行为体近年来日益成为中非合作的活跃力量。因此，加大与非洲公民社会、工会等组织的对话接触，有助于应对中国企业在非洲存在的问题，打造全球现代企业，塑造中国在非洲的良好国家形象，提升中国在非洲的软实力。同时，进一步支持中国的各类民间组织参与对非交流合作，鼓励其在中非民心相通工程中发挥独特作用。在坚持对民营企业指导和监督的同时，也加强为其走进非洲提供更好的支持和服务。

其三，推进落实中非"一带一路"对接的多层协同。所谓多层协同，即在推进中非"一带一路"对接时，将联合国2030年可持续发展议程、非盟《2063年议程》和非洲各国发展战略三个层次的对接相协调，形成合力。中国与非洲各国的双边对接合作是中非共建"一带一路"的基点，与联合国2030年可持

续发展议程及非盟《2063年议程》的协调对接则有助于推进国家层次的对接合作。在全球层面与联合国2030年可持续发展议程对接，有助于减少国际社会对中非共建"一带一路"的担忧，在全球发展治理中争取话语权，强化中非合作对南南合作的示范引领效应。在非洲发展伙伴关系多元化的趋势背景下，多层协同可以实现互利多赢，提升非洲发展的效率效益。

（二）非洲对与中国共建"一带一路"的希望

非洲与中国共建"一带一路"的未来方案主要沿着三大建设方向展开：机制建设、关系建设、能力建设。其中，机制建设着眼于完善合作机制，进一步明确非方从"一带一路"合作中获益的预期。关系建设着眼于调整合作关系，进一步拓展非方从"一带一路"合作中获益的份额。能力建设着眼于培育合作能力，进一步开发非方从"一带一路"合作中获益的空间。

1. 机制建设

一方面，充分用好已有的合作机制。为了充分用好中非共建"一带一路"的主平台——中非合作论坛，非洲内部的整合机制也应得到进一步加强。非洲国家在参与中非合作论坛、共话中非合作前，会在彼此之间先行协调。不过，当前的非洲内部协调主要局限于各国的外交谈判，协调过程相对仓促和粗糙，对非洲大陆各地诉求的回应有所欠缺，导致多处中非合作项目中的多种实际问题难以被反映在最终方案中。据一位贝宁外交官所说，各国在亚的斯亚贝巴（非盟总部）形成的外交方案留给各地建言修订的时间总是不够，这导致很多地方性诉求难以在论坛召开前得到充分讨论和整合。针对此，应在论坛召开前的筹备过程中广泛搭建研讨机制，充分吸收各地对基建、融资等各类议题及其中的合规性、透明性、可持续性等各类问题的意见，并抽取出共同关切输入论坛的非洲议程中，争取超越一般性的外交对话。为此，应对非洲大陆内的各类次区域合作组织，如西非国家经济共同体（ECOWAS）更多地赋权。①

另一方面，积极探索新兴的合作机制。非洲大陆自由贸易区（AfCFTA）于2021年正式启动。SAIIA评估了未来AfCFTA建设与中非共建"一带一路"之间四种可能的对接路径：一是中非贸易及中国对非投资仍按之前的方式继续发展。沿着这种路径，中非经贸合作虽不会形成新的正式机制，但在合作规模上将不断增长，中国有望在未来几年内成为非洲大陆最大的投资来源国。二是AfCFTA与"一带一路"实现高水平协调。沿着这种路径，非洲将更主动地通过AfCFTA与"一带一路"的机制对接推进本地区的工业化进程，引导中国对非投资优先方向，并在非洲建立更多工业园、经济特区、经贸合作区。三是AfCFTA与"一带一路"实现一体化发展。沿着这种路径，中非经贸合作将形成特惠贸易框架等正式机制，优先开放与非洲发展规划密切相关的贸易部门并对其进行有效管理。这种机制化的经贸合作可以吸取此前美国制定《非洲增长与机遇法案》（AGOA）的经验教训。四是AfCFTA与"一带一路"全面对接。沿着这种路径，AfCFTA将与中国签订自贸协定。中国与毛里求斯签订的双边自贸协定以及中国签订的其他区域自贸协定可以为此提供参考。其中，第二种和第三种路径被认为更符合中非经贸机制对接的现实。非盟和AfCFTA秘书处可主动寻求与中国就重点对接领域、工作会议安排等事项签订备忘录、组建联合推进小组。②

---

① Folashadé Soulé, "Mapping the Future of Africa – China Relations: Insights from West Africa", SAIIA Occasional Paper 330, September 2021.

② Yike Fu & Ovigwe Eguegu, "Mapping the Future of China – Africa Relations: How the Continent can Benefit", *SAIIA Occasional Paper* 333, October 2021.

2. 关系建设

第一，调整中非贸易关系。当前，中非贸易处于不平衡状态，非洲整体存在较大的对华贸易逆差。在"一带一路"提出之前，非洲在与中国的贸易中处于出超地位，而在共建"一带一路"之后，非洲在对华贸易中逐渐转变为入超地位。2012年，非洲整体对华贸易顺差约为390亿美元。到2018年时，非洲整体对华贸易逆差约为250亿美元。这一变化部分是因为在中非贸易畅通升级的背景下，非洲自中国主要进口资本设备、工业制成品等高附加值产品，出口矿藏、原材料、金属资源等低附加值产品。部分非洲学者认为，贸易逆差虽有利于非洲民众享受中国的廉价产品，但会对竞争力发育不足的当地工业形成挤出效应。研究表明，从中国进口工业制成品对非洲国家地方产业发展产生了一定的负面影响。[①] 因此，在推动"一带一路"贸易畅通的过程中，非洲国家还希望能进一步调整中非贸易结构，对华减少消费品和资本品进口并减少初级产品出口。

第二，调整中非借贷关系。一是追求更高的资金使用效率。众多非洲国家的债务水平高企，超出国际货币基金组织划定的债务占GDP比值门槛和债务占出口比值门槛。因此，尽管中国资金对于债务表现出更多宽容的特征，同中国存在借贷关系的非洲各国仍需重视财政可持续性。如何借助中国资金刺激出口、发展基础设施、增加国民产值是各国应该重点考虑的问题。二是争取更多的借款优惠条件。非洲各国在经济状况、治理政策等方面各不相同，很难明确判断中国资金如何影响各国的财政可持续性。因此，非洲国家普遍希望在对华借款谈判中争取更

---

① Sylviane Guillaumont Jeanneney and Hua Ping, "China's African financial engagement, real exchange rates and trade between China and Africa", *Journal of African Economies*, Vol. 24, No. 1, 2015, pp. 1 – 25.

有利的优惠条件，比如，通过更少地出让资源或基础设施收益来换取更优惠的贷款利率。三是整合更大的规范构建能力。非洲各国开始意识到，不应停留在双边层面上彼此竞逐中国资金，而应共同确定更具区域性、战略性的对华相处之道，比如，可以基于区域合作组织形成合力、共同影响中非借贷规范的构建，以一个整体的姿态增强在谈判过程中的影响力。

第三，调整中非运营关系。项目运营过程中的法规风险等问题是中非共建"一带一路"不可回避的现实挑战。目前，中非"一带一路"合作主要建立在备忘录、声明、原则、协定等一系列"软法"之上，并不存在"一带一路"法规或"一带一路"条约作为正式法律工具。这在给中非"一带一路"合作带来灵活性的同时，也使项目参与方以及当地利益相关方之间的关系处理变得更加不确定。针对此，应制定合适的方案管控项目运营中的分歧，并综合运用多种手段缓解运营风险。具体来说，一是强化本地顾问公司在尽职调查中的作用，超越简单的"红灯行绿灯停"似的调查结论，做到尽早识别和分析潜在风险、促成合适的风险管理战略。二是增强争端解决机制效力，提升中非联合仲裁中心（CAJAC）的认可度。三是更新科技手段来提升交流、协调、规划、管理的效率，提高中非合作项目实施各阶段的监管水平。[①]

3. 能力建设

非洲能力建设基金会执行秘书特别顾问尼亚米特韦（Alain Aimé Nyamitwe）指出，非洲大陆的人员和机构有四类能力亟须进一步加强：运营能力、综合能力、关键技术能力和变革领导能力。运营能力关注组织架构和政策过程，用于确保在国家和

[①] CMS, Belt and Road Initiative: The View from Africa, May 2021, pp. 27 – 33.

地区各层面成功实施《2063年议程》；综合能力包括战略规划和管理协调能力，用于保证及时且高质量地实现《2063年议程》各项目标和任务；关键技术能力取决于贸易、工业等领域内公共和私营部门的专业技术知识；变革能力则指应对变革的能力、转变思维的能力以及为实现《2063年议程》所需的创新能力。着眼于长远未来和总体发展，非洲需要一项全面的能力建设计划来支持"一带一路"倡议。可以通过一种联合机制，对非洲国家面临的重大挑战和优先需求做出更准确的判断，进而形成更具针对性的解决方案。

各种能力中，关键技术能力建设最具现实紧迫性。一是促进技术转让、技能共享。技术落后仍是制约非洲国家发展的瓶颈，技术转让对于非洲实现工业化和经济社会转型至关重要。非洲需要中非企业之间加强结构性合作伙伴关系、加速技术转让进程，也需要中国在非企业扩大设备和零部件本地采购，逐步实现人员和管理本地化。二是升级产能合作、产能培育。非洲学者认为，需升级工业园区建设合作和产能培育，改变非洲企业在中国产业链中定位不清晰、地位不突出的局面。[1] 目前，在非洲的中国境外合作区仍存在基础设施和优惠政策不足、产业关联效应偏弱、对工业化带动作用不明显等问题。为有效解决这些问题，东道国政府应积极扶持工商业发展，提升长期发展能力。同时，地方政府应完善合理的产业政策，增进中非企业的互动。[2] 三是把握数字技术、数字机遇。数字经济是非洲实现疫后复苏的关键，也为创新发展、改善民生提供了巨大机遇。非洲希望借鉴中国的数字技术和数字经济发展经验。一些中国企业已经深度参与非洲大陆的数字发展，在基础设施建设和人

---

[1] 阿兰·尼亚米特韦等：《"一带一路"倡议与非洲能力建设》，《中国非洲学刊》2020年第2期。

[2] 刘晨、葛顺奇：《中国境外合作区建设与东道国经济发展：非洲的实践》，《国际经济评论》2019年第3期。

才培养方面产生了实效、实现了双赢。① 非洲期待中非双方能继续协商、尽快制定并实施"中非数字创新伙伴计划",共同设计合作举措、推进更多项目落地,将数字合作培育成中非合作的新亮点。

(三)域外发达国家应对中非"一带一路"合作的行动

域外发达国家主要包括美国、日本和欧洲国家,即通常意义上的美西方国家。在上述国家中,日本是海外发展援助和经济外交的大国,拥有国际协力银行(JBIC)等国家背景的、参与海外经济合作的金融机构,在合作伙伴、产业、项目上与中国存在一定重合,在非洲也与中国形成一定竞争。近年来日本加速国有金融机构市场化改革,但对海外经济合作仍给予政策支持。而欧美对非经济合作包括商业合作与发展援助等部分,在非援助类项目中强调经济合作的市场化,在国有机构、欧美主导国际机构的援助类项目中则往往附加促进市场化的条件。综上所述,美西方海外经济合作往往以所谓"高标准"和市场支持为特征,与中国存在"发展模式之争",但在实践中又有一定互补性。

美国是全球性超级大国,欧洲是非洲的旧日殖民者和传统经济伙伴,日本则积极发展对非经济往来,这导致三者均对中非"一带一路"合作带有一定警惕。在"一带一路"提出后,一些美西方国家和企业也看到中非"一带一路"合作的正面外溢效应,显露出与"一带一路"共存、甚至参与相关项目的意愿;欧洲主要国家对亚洲基础设施投资银行(AIIB)

---

① Gert Grobler, "Tech bonding", *China Daily Global*, October 10, 2021.

的积极态度、日本安倍政府在2017年后对"一带一路"的态度转暖都是例证。但总体而言，美西方部分战略界人士强调"一带一路"沿线项目的"国家属性"，提出与中国竞争海外影响力的发展援助计划，甚至破坏"一带一路"合作。随着中美竞争在近年来激化，美国政府意图通过联合盟友对抗"一带一路"，导致域外发达国家对该倡议的竞争加剧。美、欧、日通过七国集团（G7）等场合进行协调，计划提供"一带一路"的替代方案，美部分战略家计划以此推动美西方对中国"供应链脱钩"。

1. 美国的应对方案

美国日益将中国视作其战略竞争对手，因此对于"一带一路"抱有较重的战略敌意。在2015年游说盟友不加入AIIB未果后，美对抗"一带一路"的外交工作日益升级。美应对"一带一路"的总体策略包括两个方面，一是抢占海外投融资的规则主导权，通过设立经贸投资规则限制中国对非活动，二是带领其"基于共同价值观的同盟"提出"一带一路"的替代方案。尽管美计划利用一些单边外交渠道加强对第三世界的外交工作和发展合作，但美对非经济投资在规模上无法与"一带一路"经济合作相比，而且近年来美社会涌现反对对外经济纠缠、主张削减外交支出的孤立主义思潮。因此，以拜登为代表的美决策圈更倾向于向盟友分摊外交成本，通过多边倡议制衡"一带一路"。

美单边应对中非"一带一路"合作的政策可分为以下方面。其一是增强本国政府对非发展援助能力。美国通过基础设施交易援助网络（ITAN）促进跨部门协调，并为发展援助提供评估建议。2018年美国国会通过"更好利用投资指引发展法案"（BUILD），计划合并发展署旗下的发展信贷管理局和联邦政府的海外私营投资公司（OPIC），建立美国国际开发性融资公司

(USIDFC)，该机构于2019年投入运行，计划为美国机构提供600亿美元的贷款、担保和保险，用于鼓励私人资本对包括非洲多国在内的中低收入国家投资，并维持美元贸易的霸权地位①。截至2022年，该机构对美非经贸合作的供资已达85亿美元②。2019年5月，在奥巴马时期被参议院取消新授权的美国进出口银行（USEXIM）被特朗普政府正式恢复；该银行长期指责中国金融机构不公平竞争③，但实际上与东亚诸国的政策性银行类似，对本国企业的海外贸易提供融资和保险。USEXIM的主席在2018年的采访中将撒哈拉以南非洲投融资称为该行的"绝对重点"④。其二是提出美非合作计划，例如，奥巴马在2014年召开美国—非洲领导人峰会，提出扩大贸易合作、强化治理合作、

---

① "Trump Targets Belt And Road Initiative With US＄60 Billion International Finance Development Corporation", *Silk Road Briefing*, Oct 22, 2019, https：//www.silkroadbriefing.com/news/2019/10/22/trump-targets-belt-road-initiative-us60-billion-international-finance-development-corporation/.

② Julian Pecquet and Nicholas Norbrook, "Africa in 2022：US and China battle over 5G, vaccines, cobalt and ports", *The African Report*, Dec 21, 2021, https：//www.theafricareport.com/154018/africa-in-2022-us-and-china-battle-over-5g-vaccines-cobalt-and-ports/.

③ "EXIM Debuts 2019 Competitiveness Report, Finds that China's Predatory Practices are Fundamentally Changing Nature of Export Credit Competition", *USEXIM*, June 30, 2020, https：//www.exim.gov/news/exim-debuts-2019-competitiveness-report-finds-chinas-predatory-practices-are-fundamentally.

④ Chris Devonshire-Ellis, "The United States Answer To China's BRI In Africa：Finance ISIS In Mozambique As An Alternative To Russian LNG", *Silk Road Briefing*, Oct 09, 2020, https：//www.silkroadbriefing.com/news/2020/10/08/the-united-states-answer-to-chinas-bri-in-africa-finance-isis-in-mozambique-as-an-alternative-to-russian-lng/.

面对共同威胁等目标①。特朗普提出繁荣非洲倡议（PAI），具体措施包括金融工具、立法促进对非贸易、发展署提供援助、USIDFC 和 USEXIM 提供保险、农业与能源领域特殊优惠等。拜登政府计划于 2022 年召开第二次美国—非洲领导人峰会，此外拜登政府也通过将非洲国家——包括民主评分较低的家国——纳入其"民主峰会"框架来增强美国对非影响力。其三是强化美非安全与治理合作。美国军方将中国列为美在非利益的主要挑战，此外也有美国智库将中国列为对非洲国家治理，以及非传统安全的挑战②。事实上中美在非洲反恐、维和、治理等领域具有一定共同利益，但在意识形态偏见影响下，美国将中美意识形态差异与非洲安全挂钩，意图强化对非军事、政治影响。在拜登上台后，其国务卿布林肯在上任之初就访问肯尼亚、尼日利亚与塞内加尔三国，提出加强美非合作。其四是诋毁"一带一路"合作，在双多边场合抨击"一带一路"债务问题，例如汉班托特港项目就成为美国官员、媒体攻击对象。由于非洲债务约 17% 来自中国，而新冠疫情加剧了非洲国家债务风险，部分非洲国家也成为美西方"债务陷阱论"者的重点关注对象。

美国多边应对"一带一路"的主要策略是在"一带一路"共建国家推广美国基础设施和数字标准，建立以美国及其盟友为核心的规则体系，并通过长臂管辖等手段将其"高标准"强

---

① "President Obama Engages with African Leaders on Final Day of the U. S. - Africa Leaders Summit", *White House - President Barack Obama*, Aug 6, 2014, https://obamawhitehouse.archives.gov/blog/2014/08/06/president - obama - engages - african - leaders - final - day - us - africa - leaders - summit.

② Stephen Watts, Trevor Johnston, Matthew Lane, Sean Mann, Michael J. McNerney, Andrew Brooks, "Building Security in Africa", *Rand Cooperation*, 2018, https://www.rand.org/content/dam/rand/pubs/research_reports/RR2400/RR2447/RAND_RR2447.pdf.

加于"一带一路"经济合作。美国具体政策包括以下几方面。其一是加强与盟友协调,提供政治声援。美国计划对日本"亚非增长走廊"(AAGC)提供支持,并在G20等多边场合支持欧盟、日本推广海外投资的"高标准"。在中亚、南亚和非洲等地,美国支持印度基础设施建设方案与"一带一路"竞争,并暗示接受印度方案可获得美国政治支持。其二是带领盟友制定与"一带一路"竞争的计划。美国在2019年11月的印太商业论坛上宣布其"蓝点网络"(BDN)倡议,并发布《自由与开放的印太:推进共同愿景》报告,宣称将在"公开且包容"的框架下推进"高质量、可信任"的标准。美国国际发展金融公司(DFC)将供资8亿美元支持该项目,此外日本协力银行、澳大利亚外交贸易部等盟国机构也参与BDN的建设[1]。拜登上台后,又联合七国集团提出"重建更美好世界"(B3W)倡议,其核心是以价值观驱动的合作,并提出"善治"和"高标准"等口号[2]。其三是直接对中国海外投资进行长臂管辖。在2020年拜登竞选美国总统前后,作为其"价值观外交"的重要组成部分,美国内部展开了关于阻止"盗贼政治"(kleptocracy)的讨论,其核心内容是建立一个对外国投资进行管辖,受理海外当事方对政府、投资项目发出的腐败指控的机制,以便于美国政府对中国企业进行制裁。美国发展署的新任长官鲍尔(Samantha Power)在2021年上任之初就针对中国海外投资发出

---

[1] 毛维准、戴菁菁:《对冲"一带一路":美国海外基建"蓝点网络"计划》,《国际论坛》2021年第23(5)期。

[2] "FACT SHEET: President Biden and G7 Leaders Launch Build Back Better World (B3W) Partnership", *White House*, June 12, 2021, https://www.whitehouse.gov/briefing-room/statements-releases/2021/06/12/fact-sheet-president-biden-and-g7-leaders-launch-build-back-better-world-b3w-partnership/.

威胁，将中国作为其"反腐计划"的主要攻击目标①。其四是发展和扩充"民主峰会"的多边治理功能。"民主峰会"是拜登竞选美国总统时期的核心口号之一，也是欧美中左派所谓"价值观同盟"外交战略的核心部分，未来美国将在峰会的基础上建立各类常驻机制和"民主标准"。前述反腐问题是民主峰会的核心议题之一，但除此之外，美国还计划利用该峰会推广"数字人权"、选举正义等美西方价值观和标准，并通过峰会平台邀请美、欧、日企业参与对发展中国家的开发性援助和标准推广。

2. 日本的应对方案

日本对于"一带一路"合作的应对方案从"对抗"逐步转向"竞争加接触"，但在近年来仍以竞争为主。在2013年该倡议提出之后，日本试图通过单边、多边手段对抗其影响，其手段包括参与跨太平洋伙伴关系协定（TPP）②、加强在"一带一路"沿线国家的政府开发援助③、挑动沿线国家对华冲突等。但总体而言，日对抗"一带一路"的初期手段主要集中于亚太地区和中亚地区，一方面承接桥本龙太郎1997年提出的"丝绸之路计划"、对抗"丝绸之路经济带"，另一方面发挥日本对于东南亚国家的传统外交影响力、对抗"21世纪海上丝绸之路"。

---

① "USAID Administrator Samantha Power's Remarks at the Democracy in Action: Zero Corruption Conference", Jun 7, 2021, https://www.usaid.gov/news-information/speeches/jun-7-2021-usaid-administrator-samantha-power-remarks-democracy-action-zero-corruption.

② 王广涛：《当TPP遭遇"一带一路"：日本的战略困境与政策选择》，《国际关系研究》2017年第3期。

③ Ministry of Foreign Affairs of Japan, "White Paper on Development Cooperation 2015 Japan's International Cooperation", March 30, 2021, http://www.mofa.go.jp/policy/oda/white/2015/html/menu/m_honbun.html.

在2017年1月之后，日本由单方面的对抗策略转为更加平衡的"竞争加接触"，谨慎地表达参与"一带一路"相关经济合作的意愿。

日本与中国的竞争策略包括多边制衡和单边倡议。在多边方面，"四国同盟"（四方安全对话，简称QUAD）的建设自特朗普时代以来不断稳步推进，美、日在此基础上建立"四国同盟+"机制，以加深对特定目标国家的合作。但受到美国战略重心调整、新冠疫情等国际议题影响，该同盟的合作议题大多集中在亚太领域；由于四国对"一带一路"的态度存在内部差异，当前"四国同盟"并没有直接与"一带一路"对抗的方案[1]。另一个日本倡导并参与的多边合作框架是《全面与进步跨太平洋伙伴关系协定》（CPTPP），该框架脱胎自带有"超主权自贸区"性质的TPP，与相对尊重当事国主权、附加条款较少的"一带一路"经济合作框架既竞争又有一定互补性[2]，日方也在2017年表达过整合两者的倡议[3]。此外，日本与印度于2016年讨论并提出AAGC倡议，以此抗衡"一带一路"，该倡议目前仍在推进中。在单边方面，日本通过推行高质量基础设施伙伴关系与"一带一路"竞争。日本是经合组织（OECD）政府发展援助的主要提供方之一，其发展援助主要集中于亚太，但近年逐步增加对于非洲的供资。日本设有非洲发展问题东京国际会议（TICAD）等日非经济合作论坛，此外安倍等领导人

---

[1] Anushka Baruah and Prarthana Puthran, "QUAD: A rival or an alternative to BRI?", *The Parley Project*, Sep 3, 2020, https://www.parley-project.org/post/quad-a-rival-or-an-alternative-to-bri.

[2] Min Ye, "China and Competing Cooperation in Asia Pacific: TPP, RCEP and the New Silk Road", *Asian Security*, Vol. 11, No. 3, 2015.

[3] 卢昊：《日本对"一带一路"倡议的政策：变化、特征与动因分析》，《日本学刊》2018年第3期。

也通过有针对性的非洲访问来制衡中国①。近年来，随着日本强化"四国同盟"合作，日本又提出"自由开放的印太地区"战略，计划加强亚洲与非洲之间的经济联通，同时加强在治理和基建领域的对非投资。在新冠疫情暴发后，日本计划建立一系列旨在提供基本公共卫生服务的倡议，非洲是其卫生援助的重点。例如，日本于2022年6月召开的健康与医疗战略促进会议上提出其"全球健康战略"②。此外，日本也计划加强对非洲国家的财政纾困援助，这种合作倡议也有影射所谓中国"债务陷阱"的意味③。

应该指出，日本企业对参与"一带一路"相关合作表现出一定积极性。中日之间设有中日第三方市场合作论坛等对话机制。根据日本出口贸易委员会（JETRO）2019年的调查，中国被在非日企列为第四大潜在合作对象，排在南非、印度和法国之后。具体而言，日企希望中企能够提供基础设施等投资，以降低日企对非投资的潜在风险和成本④。截至目前，中日两国民间合作仍受政府间竞争的影响，在规模、深度、广度上遭到

---

① 有学者详细研究了安倍晋三的对非政策，认为其对"关键"国家的选择、对西方投资模式的推广、对"华盛顿共识"的维护都显示安倍政府将中国视为竞争对手。参见 Seifudein Adem, "Sino–Japanese Rivalry in Africa?", *Asia Pacific World*, Vol. 6, No. 2, Autumn 2015, pp. 90–102; Seifudein Adem, "The Paradox of China's Diplomacy in Africa", *African and Asian Studies*, Vol. 9, No. 1, 2015, pp. 34–355。

② "Japan Outlook", *Donor Tracker*, https://donortracker.org/country/japan.

③ "Japan to help African countries escape China's 'debt trap'", *Mainichi Japan*, Mar 27, 2022, https://mainichi.jp/english/articles/20220327/p2g/00m/0in/004000c.

④ Shinozaki Natsuki, "Japan and China in Africa: from competition to collaboration", *NHK World*, Sept 6, 2019, https://www3.nhk.or.jp/nhkworld/en/news/backstories/662/.

限制。

在中日竞争中,日方主要强调其经济合作项目的"高标准",并提出所谓"高质量基础设施合作伙伴关系"对标"一带一路"。日本当前在G20推动高质量基础设施投资(QII)标准。尽管除南非外的非洲国家都不是G20成员国,日本仍试图通过推广发展理念为QII争取非洲受众的"场外支持";日本又在日非双多边合作中探索和完善日本主导的经济合作标准。早在2008年的第四次TICAD会议上,日本就开始通过非洲发展新伙伴(NEPAD)等项目推销日本发展标准,并提供大量政府发展援助。2013年"一带一路"倡议提出的前夕,安倍政府在第五次TICAD会议上宣布向非洲国家提供320亿美元供资,并提出全民健康覆盖(UHC)等具体发展目标。2015年,安倍政府正式提出"高质量基础设施合作"概念。2016年,TICAD首次在非洲(内罗毕)举办。相比同期的"一带一路"合作,日本从TICAD-6开始更加强调私人企业在经济发展中的作用,日本对非供资由援助为主转为商业贷款为主[1]。与此同时,由于TICAD有联合国和非洲联盟两大机构参与,日本更加注重将其"高质量"投资与它们的发展目标相融合,例如将非盟的五十年发展规划《2063年议程》以及联合国的"可持续发展目标"融合到日本以"企业家、企业、投资、创新"[2]为主要卖点的发展计划中来。2019年日本成为G20轮值主席国,同年日本召开

---

[1] UN Office of the Special Advisor on Africa, Sixth Tokyo International Conference on African Development (TICAD VI, 27 – 28 August 2016), https：//www.un.org/en/africa/osaa/events/2016/ticad6.shtml.

[2] "Keynote Address by Mr. Shinzo Abe, Prime Minister of Japan at the Opening Session of the Seventh Tokyo International Conference on African Development (TICAD7), August 28, 2019, at Pacifico Yokohama", *Japan Ministry of Foreign Affairs*, https：//www.mofa.go.jp/af/af1/page4e_001069.html.

第七次TICAD会议。日本在会议上继续力推以日企为主导的非洲发展计划，正式将私人企业列为TICAD合作伙伴，并建立日本在非商会；TICAD-7所讨论的投资标准主要为日企打造，因此比G20的发展标准更加激进。会议后的《横滨宣言2019》第3章第4条明确提出与会各方欢迎G20草拟的QII标准，这在会议前后被视作日本在发展规则领域的重大胜利[①]。当然，当前日本提出的非洲开发标准仍存在一定不确定性，QII本身也主要停留在倡议阶段，且并未在G20内部取得共识。尽管如此，日本仍积极增加其发展理念的受众，逐步将倡议转化为规范，将个案转化为经济合作规则，通过在非推广"高标准"对中国形成竞争压力。

具体而言，日方的"高标准"包括经济性、安全性、抗灾能力、对环境和社会友好性、对当地经济贡献等指标[②]。在与中国政府提出的"一带一路"的竞争中，日方主要通过几方面手段推广其发展理念：其一是援助与其他供资相结合。遵循OECD相关标准、由外务省直辖的非营利机构日本协力机构（JICA）提供的ODA在对外贷款中占有显著地位，ODA和其他贷款的分离使得日方可以强调非ODA供资的商业属性，即使日本协力银行（JBIC）这类经常面向高风险项目提供政府融资[③]的金融机构也可声称其遵循市场规则进行投资，体现日本海外投资以私有化为主。相较之下，美西方企业经常强调"一带一路"投资

---

① Reiji Yoshida, "Abe Pledges to Push Japanese Investment in Africa but Steers Clear of Target at TICAD", *Japan Times*, August 28, 2019, https：//www.japantimes.co.jp/news/2019/08/28/national/politics-diplomacy/abe-pledges-private-investment-africa-ticad/#.Xb2cjkUzY1g.

② 姚帅：《解析日本"高质量基础设施"援助》，《世界知识》2019年第14期。

③ 孟晓旭：《日本调整高质量基础设施合作伙伴关系战略及对"一带一路"倡议的影响》，《东北亚学刊》2021年第5期。

的政治属性，进而要求中国政府为所谓"债务陷阱"、环境社会问题负责。其二是对投资所在国发展政治联系。这种现象常见于日本长期投资的东南亚地区，曾促成大量基础设施投资，但在非洲也越来越常见。除借助当事国规避政治风险外，日本也利用其长期经营的"和平国家""科技国家"形象推广日本产品，尤其是在数字、卫生、先进制造业等方面的对外合作。其三是与美西方共同打造针对中国的同盟，借助美、澳、印等第三方扩大影响力。除 AAGC 项目外，日逐步强化与印度在非洲等第三方市场的合作。日本在"四国同盟"内部参与日美数字经济战略伙伴关系（JUSDEP）、日本能源战略伙伴会议、BDN 倡议等。由于四国在技术、资源、产业等方面具有一定互补性，可以提供涵盖范围极大的各种商品，日本计划借助"四国同盟"合作向第三方提供替代贸易，削弱"一带一路"经济合作，甚至配合美国切断中国海外供应链。当前发展中国家市场巨大，中日在数字等产业有合作空间，两国也有着能源转型、管控投资风险、探索可持续基础设施投资等方面有许多潜在合作点；但在中美角力的大背景下，两国在"一带一路"沿线的合作可能很难超出企业合作。

3. 欧洲国家的应对方案

欧洲对"一带一路"倡议展现出一定的合作兴趣，但在 2019 年欧盟委员会改组后对中国敌意加剧。"一带一路"倡议提出之初，欧盟面对两方面挑战：首先，尽管欧洲整体拥有雄厚的经济实力、技术积累和议题引导能力，欧洲的政治一体化进程并不顺利，各国内部都存在一定的反一体化声音，在对待"一带一路"、一体化谈判等问题上没有共识。其次，"一带一路"的提出和发展也伴随着俄欧地缘竞争加剧，2015 年建立、由俄罗斯主导的欧亚经济联盟（EAEU）对欧盟形成直接的经济竞争。但与此同时，欧盟相比美、日具有以下几方面的优势：

它本身有着 4.5 亿人的大市场，高度参与海外贸易，同时有着大陆法系的完善法规体系。在过去若干年中，欧盟成功将 GDP2、碳边境调节机制（CBAM）等内部原则在全球推广，其规则制定能力相当可观。因此欧洲国家主要通过参与发展对话、在对话中推广其"高标准"来应对"一带一路"倡议，争取用欧洲标准打开中国与第三世界市场。在中欧市场竞争中，欧盟经常要求中国经济合作"符合市场规律和国际标准"[1]。

"一带一路"提出后，欧洲逐步加大对全球开发援助的支持和参与力度。欧盟在 2017 年提出欧洲发展共识计划（ECD），对发展路线图和行动框架进行内部协调；该计划以消除贫困为出发点，试图将合作范围扩展至欧盟具有优势的社会、环境等治理领域，并提出了包括人类、地球、繁荣、和平、伙伴关系的 5P 倡议。在该计划指导下，欧盟发展形成欧洲队（Team Europe）合作框架，以及若干项欧洲队合作倡议（TEI），这些倡议成为欧洲海外经济战略的基础。

欧洲首个对标"一带一路"和 EAEU 的整体性发展战略是 2018 年 9 月欧洲议会、理事会、欧洲经济与社会委员会、区域委员会和欧洲投资银行的联合公报（joint communique）。该公报不排除国际发展协作与大国间政治对话的可能性，但同时不点名地攻击"一带一路"在环保领域"不可持续"以及可能造成债务问题，并对中国政府供资的发展援助项目提出有限批评[2]。总体而言，该公报并未提出一整套投资方案，同时也没有直接

---

[1] "Speech by Jyrki Katainen, Vice President of the European Commission at the Leaders' Roundtable of the Belt and Road Forum for International Cooperation", *European Commission*, May 15, 2017, https://ec.europa.eu/commission/presscorner/detail/en/SPEECH_17_1332.

[2] "BRI: Responses of the US and EU", *Global Village Space*, Nov 2, 2018, https://www.globalvillagespace.com/bri-responses-of-the-us-and-eu/.

与"一带一路"冲突,而是强调欧盟将致力于强化区域间连接。出于欧盟政治需求,该公报主要着眼于东欧、欧亚连接部等区域,对撒哈拉以南非洲则关注相对较少。这一阶段的欧洲国家对于"一带一路"持开放态度,一些国家希望通过参加该倡议扩大对中国和第三世界的贸易。一些并未官方宣布加入"一带一路"的国家也展现出开放姿态,例如法国于2019年先后在巴黎、马赛举办"丝绸之路"论坛。在此阶段,欧洲内部仍然存在一定分歧,以法、意为代表的欧洲部分国家对中国在非洲的"战略意图"持警惕态度。受到欧盟内部机构换届等因素影响,中欧联合对话并未取得实质成果。

随着美国政府对欧开展"价值观外交",欧洲部分强硬派政客开始炒作"一带一路"的负面影响,在政治上更加倒向美国。以中国与中东欧"17+1"对话为例,2019年罗马尼亚与美国签订合作备忘录,限制中国企业参与其数字投资,大量中东欧国家随后跟进。2021年,立陶宛退出"17+1"机制并在欧盟内部频繁发声反对中欧合作,欧洲对于"一带一路",以及中欧经济合作的警惕与日俱增。与此同时,2019年上台的以冯德莱恩为主席的欧盟委员会高度强调"价值观外交",对中国显露出战略敌意。在这种背景下,欧洲开始寻求对标"一带一路"的竞争方案。冯德莱恩委员会于2021年底提出"全球门户"(Global Gateway)倡议,计划直到2027年动员3000亿欧元的政府和私人资本,在数字基建、气候变化、公共卫生等治理领域进行海外开发性投资。这些资本包括欧洲可持续发展+基金(EFSD+)的1350亿欧元,欧洲开发性金融机构的1450亿欧元,欧盟预算基金捐赠的180亿欧元,"地平线欧洲"计划的科教资金等。为统筹欧盟政策,欧盟还计划建立新的出口信用机构取代各成员的国家级机构。尽管欧盟官员在讲话中强调该倡议的目标是新冠疫情背景下的全球经济复苏,冯德莱恩在记者会上暗示这一"以民主价值为导向"的倡议是为了提出"一带一路"的"替代方案"①。该倡议也强调与美国 B3W 和英国"清洁绿色倡议"的对接。

欧盟的"全球门户"倡议主打欧洲标准,计划通过携带性资助基金和优惠贷款、保险等工具扶持开发性项目,通过高投资、管理标准确保资产增值,进而避免"债务陷阱"。该倡议提出五个优先投资方向,即数字、气候与能源、交通、卫生和教育,这些都是欧洲具有技术优势或规则影响力的领域。欧盟计划利用倡议严格推行欧洲行业标准,在投资之前就由"指导委员会"对潜在合作伙伴进行严格审查,在项目执行期间完全采用欧洲标准;该倡议下的投资项目需欧盟成员一致通过,欧盟随时保留收回投资的权利,借此确保欧盟可以影响投资所在国的"民主化进程"②。在对非合作方面,欧盟提出一系列具体措施:其一是能源投资,欧盟计划为北非和撒哈拉以南非洲分别赠款 10.8 亿和 24 亿欧元用于能源基建,推进"非洲—欧盟绿色能源倡议",并推动非洲电网一体化。其二是卫生投资,欧洲疾病预防控制中心将为非洲提供技术支持,欧洲也将在非进行药物生产投资。其三是交通基建投资,欧洲计划进一步加强撒哈拉以南非洲与其他区域的联通性,并推广欧盟技术标准。其四是科教投资,包括"地平线欧洲"计划之下的联合科研项目、吸引非洲留学生和加强非洲的科教基建。

需要指出的是,"全球门户"同样涉及欧盟内部的开发投

---

① "EU Infrastructure Fund Challenge China Global Influence Asia Africa Eastern Europe Gateway", *The Guardian*, Dec 1, 2021, https://www.theguardian.com/business/2021/dec/01/eu-infrastructure-fund-challenge-china-global-influence-asia-africa-eastern-europe-gateway. 冯德莱恩原文见:https://ec.europa.eu/commission/presscorner/detail/en/IP_21_6433。

② 刘军:《想当"全球门户",须忘掉"民主阵营"》,《光明日报》2022 年 1 月 23 日第 8 版。

资。当前大量欧盟成员国存在基建投资缺口，这些成员国的投资风险比发展中国家更低。此外，当前欧盟对外投资政策也存在一些问题，例如 TEI 主要由法、德主导，其他国家参与度低；各国 TEI 之间的标准不完全匹配；私人资本对外投资意愿不足；各国在发展问题、价值观问题立场不一致等。因此，当前的"全球门户"并非意在发展中国家广泛开展合作，而是重点向内推动统一标准，加强欧盟的内部一体化。尽管欧盟是非洲最重要的经济伙伴，中欧在非未必会发生激烈冲突。

4. 总结

在发展领域，美、欧、日的"高标准"投资客观上与中国政府提出的"一带一路"存在互补性，可以共同填补全球治理赤字。但当前美西方强调建立"价值观同盟"和所谓的限制中国地缘影响力，因此美、欧、日都急于提出替代发展方案，企图在新冠疫情后的第三世界的发展性投资中占据主动。总体而言，欧盟"全球门户"和日本 QII 都是千亿美元级别的倡议，反观美国的 B3W 计划出资还要更少，但这些投资计划在体量上都要小于"一带一路"。当前无论是美、欧、日都没有能力和工具进行大规模政府主导的海外投资。与此同时，由于欧美投资高度依赖私人资本，而私人资本天然不愿意参与风险高、回报周期长的第三世界基础设施建设，美西方很难为其开发倡议募集足够多的资金，昔日欧盟的"容克计划"就曾经遭遇类似的资金短缺问题。此外，包括非洲在内的第三世界国家受到疫情和全球经济下行的严重影响，普遍处于经济困难时期；美西方投资设定不切实际的所谓"高标准"、设置冗长评估审议周期、强行附加能源转型等要求，这类投资项目的市场很可能有限。因此，美西方的"高标准"应对方案很可能不是为了展开对标"一带一路"的开发，而是煽动第三世界反华情绪，为"一带一路"投资设置障碍，增加中国海外投资风险的政治行为。

在中非"一带一路"合作中，中国应以积极和建设性的态度应对与美西方国家的客观竞争。中国与发达经济体的竞争不仅有利于非洲国家，同时也是中国企业和金融机构探索可持续海外投资模式的必经之路。为了应对美西方的竞争，中国企业和金融机构应继续以"争取民心"为原则，更加准确地把握投资所在国的政治生态和社会需求，通过回应所在国重大关切、帮助所在国解决民生问题来增强投资的可持续性。为了鼓励美西方展开良性竞争，中国可在多边场合拓展与发达国家在援助议题上的合作，利用中国既是供资方又是发展中国家的双重身份促进南北对话。与此同时，中非双方应继续发出倡议，谴责将发展问题过度政治化的恶性竞争。

当前美、欧、日三方在"高标准"上存在规则制定权之争，在募集资金方面同样存在竞争；发达国家之间的分歧是中国展开工作、避免形成美西方"价值观同盟"垄断投资规则制定权的不利局面的关键。当前美西方通过多个渠道推广其"高标准"，例如 QII 在 G20 会议期间被包装为自愿参加的"倡议"，而一旦主要国家接受该"倡议"，美西方可通过其他双多边合作将其落实为硬性标准。这种多管齐下、美欧日彼此配合的外交攻势对中国不利。但从长期来看，美西方难以在维持"高标准"的情况下解决发展中国家的治理赤字，同时标榜自己"依靠市场力量"的美西方政府也难以约束海外企业实施统一的"高标准"。随着发展中国家治理问题深化，美西方高调展开却难以落实的外交攻势将遭到更多质疑，而"一带一路"也将继续证明中国投资模式的合理性。

（四）域外新兴经济体应对中非"一带一路"合作的政策反应

与美西方国家对中非"一带一路"合作整体上持负面认知

且普遍采取偏向敌视与竞争的政策相比，域外新兴经济体在面对中非"一带一路"合作时所采取的应对方案有所差异，这与上文所述的不同认知高度相关。整体上，新兴国家对中国"一带一路"倡议偏向支持或适当制衡，一是由于他们与中国在反对美西方霸权主义方面存在共同利益，二是希望借助中国"一带一路"倡议实现自身发展。

1. 俄罗斯的政策反应

近年来，俄罗斯开始重视发展对非洲关系，并将其视为针对西方遏制的一种对冲策略。凭借其联合国安理会常任理事国地位、强大的军事实力以及俄非的历史合作基础，俄已着手制定对非政治、经济、军事、人文等多领域合作的中长期规划。2019年10月23—24日，首届"俄罗斯—非洲"峰会在俄罗斯索契召开，非洲大陆54个国家中的43个国家的领导人出席了此次峰会。普京在峰会上表示，俄罗斯希望扩大在非洲的存在，系统性地支持非洲大陆的发展，包括向非洲提供贸易优惠、免除非洲国家的债务负担、共同抗击传染病、开展教育合作等。

针对西方媒体炒作"中俄争夺非洲"的论调，俄专家表示，中俄在非洲将成为伙伴，而非竞争对手，这符合中俄两国与非洲国家的利益。这与俄罗斯对中非"一带一路"合作的积极战略认知和正面评估相匹配。俄罗斯和中国在共同应对西方规范、削弱美国发起的单边制裁和支持不干涉国家内政方面进行协调。

中俄在对非政策的原则方面具有相似性，不存在根本的政治利益分歧，对非经贸合作亦不存在结构性冲突，双方在对非关系领域可以进行合作。[①] 2020年12月23日，外交部非洲司司长吴鹏与俄罗斯外交部非洲局局长特卡琴科通过视频方式举行

---

① 徐庆国：《俄罗斯对非洲政策的演进及中俄在对非关系领域的合作》，《俄罗斯学刊》2017年第4期。

中俄第三轮非洲事务磋商。双方重点就非洲形势和热点问题、各自对非合作、涉非三方合作等交换意见。吴鹏表示中俄是非洲重要合作伙伴,在助力非洲实现和平发展方面拥有共同目标和广泛共识。中方愿同俄方就非洲事务保持经常性沟通,在充分尊重非方意愿的基础上,积极发挥各自优势,共同促进非洲经济社会发展。特卡琴科高度评价中国抗疫取得非凡成就,赞赏中方积极支持非洲国家抗击新冠疫情,称赞中非合作论坛务实高效,表示俄方愿同中方加强各自对非合作机制的交流互鉴,探讨在卫生健康等领域共同开展对非合作,进一步就国际和地区问题加强协调配合。

印度洋海上安全是中俄两国的新兴合作领域。俄罗斯和中国都对印度洋海盗的威胁感到震惊,出于应对西方国家安全威胁的愿望,两国定期参加与伊朗的三边演习。俄中印度洋安全合作源于2019年11月的俄罗斯—中国—南非联合演习。此外,中国在吉布提的海军基地和俄罗斯在苏丹港的设施都有助于在印度洋营造真正的多极安全环境,并促进两国之间的安全合作。这种安全合作,能够同时提升中非"一带一路"合作与俄非双边合作的安全保障水平。

2. 印度尼西亚的政策反应

数十年来,印度尼西亚和非洲之间的关系一直牢固而充满活力。根据亚洲日经指数和普华永道的报告,印度尼西亚有望在2050年成为世界第四大经济体。为保持其高速经济增长,印度尼西亚已在出口基础多元化方面取得进展,以涵盖更复杂的行业。自2014年佐科·维多多总统上任以来,印度尼西亚的非洲政策将经济参与与合作放在首位。根据印度尼西亚贸易部的数据,2017年该国对非洲国家的出口总额为48.6亿美元,比2016年的41.6亿美元显著增加。印度尼西亚对非洲大陆的主要出口产品包括棕榈油、服装、加工食品和饮料。从非洲进口的主要是原油、可可豆、棉花以及化肥和工业用化学品。

在此背景下，印度尼西亚总统佐科·维多多一再敦促印度尼西亚商界扩大与非洲国家的接触，在 2017 年汉堡 G20 峰会上，他表示印度尼西亚支持 G20 非洲伙伴关系并通过与非洲的合作助力其实现《2063 年议程》。印度洋联盟（IORA）也强调了非洲国家和印度尼西亚之间经济伙伴关系的重要性，以实现所有人享有可持续与公平的增长。2018 年 4 月，印度尼西亚政府在巴厘岛举办了首届印度尼西亚—非洲论坛（IAF）。双方高级代表和商界人士齐聚一堂，探索投资机会，加强经济联系。论坛促成的商业交易总额超过 10 亿美元。2019 年 8 月，印度尼西亚—非洲基础设施对话（IAID）在印度尼西亚巴厘岛举行。伊斯兰发展银行（IsDB）负责人参加了关于融资计划的小组讨论，并就该行如何帮助印度尼西亚和非洲之间的融资和投资进行了发言。在为期两天的活动中，双方就战略产业和经济外交、互联互通、融资计划、贸易和发展合作进行了小组讨论。活动期间，印度尼西亚与非洲国家签署了价值 8.22 亿美元的 22 项协议。

就中非"一带一路"倡议而言，印度尼西亚可能凭借上述既有印非合作项目进行参与，重点包括基础设施建设与数字经济等领域。随着非洲经济的成熟，不乏可以吸引东盟投资者的基础设施项目。索马里已邀请印度尼西亚投资发展道路、港口和农业。加纳还呼吁印度尼西亚帮助发展其 100 万套住房计划。印度尼西亚外交部部长雷特诺·马苏迪（Retno Marsudi）在 2018 年 IAF 论坛上表示，"印度尼西亚希望成为非洲发展的一部分，也希望非洲成为其发展的一部分"。[①] 此外，印度尼西亚已

---

① The Concrete Result of IAF 2018：Strengthening Indonesia – Africa Partnership, *Tralac*, April 2018, https：//www.tralac.org/news/article/12927 – the – concrete – result – of – iaf – 2018 – strengthening – indonesia – africa – partnership.html.

成为世界上最热门的创业中心之一,而非洲的互联网用户增长速度是世界上最快的。加强合作可以促进企业家之间的伙伴关系,促进双方数字经济的发展。

3. 土耳其的政策反应

近年来,土耳其与非洲国家在贸易、商业和外交方面的互动非常活跃。土耳其在非洲是一个更加引人注目的角色,在过去15年中,非洲在土耳其的多维外交政策中具有独特的地位。土耳其正寻求通过利用外交、贸易、投资、教育、卫生、安全和军事合作的各个渠道以及文化和历史等软实力工具来增加其在非洲大陆的影响力。[1]

土耳其正在凭借其"第三条道路"(Third Way)的独特模式进入非洲市场。土耳其的"第三条道路"将商业发展与建设和平相结合;倾向于通过双边而非多边渠道提供援助;拒绝政治条件;强调国家自主权。[2] 虽然土耳其建筑公司大多是私营企业,但这些企业成功打入非洲市场是由"正义与发展党"(AKP)时代的土耳其政府发起、塑造和引导的。尽管土耳其企业在非洲的建设项目大多是独立商业活动,但它们仍然与土耳其政府的全面战略交织在一起并相互补充。[3] 这反映了土耳其在非洲大陆寻求市场、投射实力以及提升国家地位和声望的努力,

---

[1] Burak Ünveren, "Turkey seeks to strengthen Africa relations with 'benevolence'", *DW*, 4 February 2021, https://bit.ly/3q7Kvta.

[2] Alican Tekingunduz, "From Building Schools to Wells: Ordinary Turks Lend a Hand in Africa", *TRTWorld*, November 2020, https://www.trtworld.com/magazine/from-building-schools-to-wells-ordinary-turks-lend-a-hand-in-africa-41620.

[3] David Shinn, "Turkey's Engagement in Sub-Saharan Africa Shifting Alliances and Strategic Diversification", *Chatham House*, September 2015, https://www.chathamhouse.org/sites/default/files/field/field_document/20150909TurkeySubSaharanAfricaShinn.pdf.

以及与域外大国之间的动态竞争。在对非外交和企业进军非洲的过程中,土耳其在一个拥挤的战略空间中进行运作,这个空间包括西方大国和俄罗斯,还包括中国、日本和印度,以及阿拉伯海湾国家。鉴于对在非洲大陆的存在和影响力的争夺,土耳其试图将自己定位为一个新兴的全球大国,致力于挑战那里既定的关系模式。土耳其"第三条道路"实际上将自己展示为西方和中国模式的可行替代方案。

在中土建筑企业在非投资竞赛中,财力雄厚、起步较早的中国投入了比土耳其更多的资源,尤其是自2013年"一带一路"倡议启动以来。中国政府企业已经拥有了巨大融资能力。相较而言,融资一直是土耳其的主要劣势。尽管很难弥补融资缺口,但土耳其建筑公司还是采取了措施以缩小缺口:选择建设—运营—转让(BOT)和项目融资模式;与可以获得私人资源的外国公司建立合资伙伴关系;从非洲开发银行(AfB)和世界银行等金融机构获得资金等。[1]

除此之外,土耳其在非洲开展的第三方合作也颇具亮点。土耳其—日本在非洲建筑服务领域的合作是这方面的重大发展。日本国际协力银行(JBIC)和日本贸易振兴机构(JETRO)与土耳其进出口银行一直在探索加强日土两国公司在非洲基础设施建设方面的合作。土日合作可能为其公司和非洲合作伙伴带来潜在切实利益。[2] 土耳其政府还与一些阿拉伯海湾邻国在和解

---

[1] Andrea Ayemoba, "Turkish Builder Signs ＄1.9b Railway Construction Deal with Tanzania", *Africa Business Communities*, December 2021, https：//africabusinesscommunities.com/news/turkish-builder-signs-＄1.9b-railway-construction-deal-with-tanzania/.

[2] "Turkish, Japanese Business Circles Eye Further Cooperation in Africa", *Daily Sabah*, June 2019, https：//www.dailysabah.com/business/2019/06/20/turkish-japanese-business-circles-eye-further-cooperation-in-africa.

上取得了进展，这不仅可以促进土耳其在中东建筑业的复苏，并吸引海湾资金用于国内项目，而且可以促进在非洲之角和非洲大陆其他地方从代理政治军事冲突转向第三国合作。土耳其与欧盟之间也存在第三国合作的空间。将土耳其在建筑行业的高质量和具有成本效益的技能与欧盟的技术和财政能力相结合，有助于在北非开展具有气候适应能力的公共基础设施项目建设。①

4. 印度的政策反应

在过去的二十年里，非洲国家一直是印度通过优惠信贷额度、赠款和能力建设举措等进行发展援助的重点地区。印度的信贷额度被标榜为"需求驱动的、咨询性的、透明的和无条件的"。② 从2002年1月到2021年2月，印度累计向非洲大陆提供了110亿美元的贷款。与此同时，印度与非洲的贸易和投资不断发展，双边贸易从2011年的517亿美元增长到2020年的667亿美元。同期，非洲对印度出口增加了约50亿美元。印度大约8%的进口来自非洲，非洲国家从非洲大陆以外的进口中有9%来自印度。印度公共和私营部门企业也在非洲投资，使印度成为非洲第八大投资者。

除了贷款和投资外，印度还帮助非洲国家抗击新冠疫情大流行。据印度外交部部长苏杰生（Jaishankar）表示，印度已向25个非洲国家赠送了300吨医疗援助。在Vaccine Maitri倡议

---

① Pinar Akpinar et al., "A New Formula for Collaboration: Turkey, the EU & North Africa", *Sabanci and Clingendael Report*, March 2022, https://www.clingendael.org/sites/default/files/2022-03/Report_New_formula_for_collaboration_Turkey_EU_NorthAfrica.pdf.

② Harsh V, Pant and Abhishek Mishra, "Is India the New China in Africa?", *Observer Research Foundation*, June 2021, https://www.orfonline.org/research/is-india-the-new-china-in-africa/.

下，印度已向非洲 42 个国家提供了 2470 万剂印度制造的新冠疫苗，并提供了商业和 COVAX 供应。

这些事态发展表明印度的增长议程与非洲《2063 年议程》之间的一致性越来越高，但仍需看到，印度只是众多寻求与非洲建立发展伙伴中的一个。印度将中国视为在此过程中的一个重要竞争对手，后者已成为非洲领先的贸易和投资伙伴。虽然中印正试图形成相互独立的双边和区域方式，但竞争是显而易见的。"一带一路"倡议将巨大的经济力量投入发展非洲制造能力和开采自然资源上，而印度则专注于人力资源开发、信息技术、教育和医疗保健方面。

相比之下，印度公司更多地依赖非洲人才，印度也比中国具有一些其他优势。根据"非洲晴雨表"（Afrobarometer）的调查，中国政治经济模式的成功很有吸引力，但公众对非洲民主的支持率很高。印度通过将自己定位为与中国不同的模式来发挥其优势。印度在语言文化亲和力和地理邻近性上具有额外优势。尽管普通话在非洲青年一代中逐渐流行起来，但英语在非洲和印度仍然更为普遍。这使印度承包商和劳工更容易与当地合作伙伴交谈。此外，印度在非洲有超过 300 万侨民，是弥合印度和非洲差距的重要战略资产。

印度和中国在寻求与非洲大陆的增长保持一致的过程中，均在非洲加大投入。双方在地缘政治上的竞争也越来越激烈。印度希望过去几年与非洲国家的持续接触将产生外交政策红利。对于印度及其非洲伙伴来说，如果他们的参与得到回报，可能意味着一种基于伙伴关系模式的产生，这也是印度寻求制衡中国"一带一路"倡议的主要策略。

5. 巴西的政策反应

21 世纪头十年，巴西与撒哈拉以南非洲国家之间的贸易急剧增加。然而，进入第二个十年后，双方贸易额迎来直线下降。

由于大多数贸易由大宗商品组成,双边贸易额受传统大宗商品繁荣和爆发周期影响较大。此外,由于价值少,产品缺乏多样化,巴西和撒哈拉以南非洲的贸易一体化难以向更深刻的经济、政治、社会和文化一体化发展。这需要其他手段来促进巴西和非洲之间更密切的关系。然而最近几年的数据显示,[1] 这种前景似乎并不乐观。

尽管如此,巴西—非洲贸易关系的未来,仍有值得期待的空间。特别是在政府促进贸易的推动下,非洲从巴西进口肉类的份额迅速而稳固地增长,这证明巴非仍具有共同利益与机遇提升双边贸易一体化。尤其是南非,可能会与巴西建立更密切的贸易伙伴。尽管当前巴非之间的贸易仍然远低于预期,贸易壁垒仍然很高,但未来还有一些改进的空间,尤其是可借助中非"一带一路"的合作框架。中国驻巴西大使杨万明表示,巴西作为拉美第一大经济体,与中国合作基础扎实,潜力巨大,完全有理由成为"一带一路"倡议的重要参与者。两国政界、商界领袖和外交官最近参加了由 Getulio Vargas 法学院巴中研究中心组织的主题为"一带一路与巴西:规则与协调"的第四届巴中对话虚拟研讨会,讨论了中巴关系的广泛议题,如 5G 技术、"一带一路"框架内的新投融资。

巴西最大的工业企业在非洲拥有重要的利益,特别是在安哥拉、尼日利亚、南非和加纳等几个国家。巴西石油(Petrobras)在安哥拉和尼日利亚开采石油,并已在贝宁、加蓬、莫桑比克近海、纳米比亚和坦桑尼亚近海等地寻找石油和天然气。大型矿业公司淡水河谷(Vale)在莫桑比克中部莫阿蒂泽附近

---

[1] Comex do Brasil. 2020. Brasil vira as costas para a África, fluxo de comércio despenca e China ocupa espaços deixado pelo país. *COMEX do Brasil*, June 15, https://www.comexdobrasil.com/brasil-vira-as-costas-para-a-africa-fluxo-de-comercio-despenca-e-china-ocupa-espacos-deixado-pelo-pais/.

每小时可以挖掘4000吨煤,并通过铁路将其运输到莫桑比克的纳卡拉港,继而将其中大部分运往中国和巴西,这是目前淡水河谷在巴西以外最大的项目,有助于推动巴西与中国"一带一路"倡议实现对接。

推动巴西参与"一带一路"倡议的关键一步,是让巴西政府及其私营部门必须充分了解中国不仅是一个能够贡献大量资本的投资者,同时是一个技术强国,可以例如在港口、运输和物流,以及IT等领域展现出超越传统行业合作的潜力。尽管目前巴西仍不是"一带一路"共建国家,可以预期的是,在新总统卢拉就任之后,巴西参与的可能性将大幅提升。由于美国专注于本国基础设施重建,与中国建立更密切的关系将会继续推动巴西融入"一带一路"倡议。[①]

针对上述主要新兴国家对中非"一带一路"合作的政策反应,中国可从以下几个方面入手加以应对。首先,进一步扩展中非合作的深度与广度,以深化中非合作为构建人类命运共同体树立典范,继续为全球南南合作提供成功经验,并以此提升中非"一带一路"合作在国际社会中的合法性。其次,加强与主要新兴国家在非洲的第三方合作,通过支持他们及其所在国际组织加入"全球发展倡议"和"支持非洲发展伙伴倡议",综合考量各方利益关切,深入挖掘中非及第三方的利益交汇点,推动地区公共产品供需的有效对接,实现多方共赢。最后,针对个别新兴国家对中非"一带一路"合作表示担忧的问题,中国可以适时将一些在非洲有利益诉求的新兴国家接纳为中非合作论坛的观察员,以此增进多方沟通,化解冲突分歧。

---

① "Brazil: South America's Largest Recipient Of BRI Infrastructure Financing & Projects", *Silk Road Briefing*, November 2021, https://www.silkroadbriefing.com/news/2021/11/08/brazil-south-americas-largest-recipient-of-bri-infrastructure-financing-projects/.

五　中非高质量共建"一带一路"的机遇与未来

中非共建"一带一路",无论是中国还是非洲,都具有进行高质量建设的条件与机遇。中国经济的高质量发展以及中国的更高水平对外开放,非洲优越的地理位置和丰富的资源以及非洲对于发展经济的期盼和出台的相关政策都使得中非高质量共建"一带一路"能够行稳致远,取得预期的成就。

(一) 中国推动中非"一带一路"合作的条件与机遇

中国经济高质量的发展以及中国的基建业、工业和数字经济等具有的优势,再加上中国推动高水平的改革开放以及非洲在中国对外交往中的重要地位,使中国具备与非洲高质量共建"一带一路"的条件和机遇。

1. 中国经济的高质量发展

(1) 中国经济总量大

改革开放以来,中国的经济社会发展取得了举世瞩目的成就。中国的GDP从1978年的3679亿元增加到2021年的114.4万亿元。从2010年开始,中国就已经成为世界第二大经济体。中国在世界经济中扮演着越来越重要的角色。2021年,中国经济总量占世界经济总量的比重超过18%,中国经济增长对世界经济增长的贡献率在25%左右。中国成为拉动世界经济增长的第一引擎。2021年,中国的货物贸易额、外汇储备均居世界首位,服务贸易、对外投资、消费市场规模稳居世界前列。中国为推动世界经贸复苏,维护全球产业链、供应链的稳定发挥了重要作用。

雄厚的经济实力为中国实施"走出去"和与非洲共建"一带一路"打下了基础。统计数据显示,2020年中非双边贸易额达2042亿美元,中国连续12年成为非洲第一大贸易伙伴。非洲是中国第三大海外投资市场和第二大海外工程承包市场。2020年底,中国对非投资存量已经超过了434亿美元,投资遍及50多个非洲国家。中国尽管是对非洲投资的后来者,但已经成为非洲第四大投资来源国,超过3500家中国企业扎根非洲投资兴业。[1]

(2)中国的基建业、工业和数字经济等具有较高水平

近年来,中国的基础设施建设得到了迅速发展。中国港口规模世界第一;中国建成了世界最大的"四纵四横"高铁网;中国建造了全球电压等级最高、输送容量最大、输送距离最远的高压直流输电工程;中国水电装机容量和发电量均位居世界第一;中国建造的大跨度桥梁数量占世界总量一半以上。除了在国内创造的成就外,中国基建业还"走出去",在海外取得了优异的成绩。2021年全球最大250家国际承包商榜单,一共有78家中国企业上榜,上榜企业数量位居全球第一。中国上榜企业的营业收入为1074.6亿美元,占250家上榜企业营业收入的25.6%,位居全球第一。中国具有的基建优势,使得中国的基

---

[1]《商务部:截至2020年底中国对非投资存量超过434亿美元》,光明网,2022年7月30日,https://m.gmw.cn/baijia/2021-11/17/1302682954.html。

建业大规模进入非洲并在非洲市场占有明显优势。中国共有 6 家建筑企业排名非洲市场前 10 强，中国企业在非洲的市场份额高达 61%。① 中国企业利用各类资金帮助非洲国家新增和升级铁路超过 1 万公里，公路接近 10 万公里，桥梁近千座，港口近百个。②

改革开放以来，中国的工业实力得到了高速发展。中国已成为全世界唯一拥有联合国产业分类中所列全部工业门类的国家，也是世界第一制造大国。2021 年中国制造业增加值 31.4 万亿元，占 GDP 的比重为 27.4%。2021 年中国的主要工业产品产量均稳居世界前列，微型计算机、手机、汽车、钢材产量分别达 4.7 亿台、16.6 亿台、2653 万辆、13.4 亿吨，位居世界第一。中国用几十年的时间走完了西方国家几百年的工业化历程。中国强大的工业生产能力正是非洲国家所欠缺的。通过产能合作，中国企业到非洲去投资建厂，利用非洲当地的资源进行生产，不但使中国的产能得到充分释放，而且还能够为非洲提供更多的就业机会，提高当地的工业生产能力和水平。

当今世界，数字经济在经济总体规模中所占的比重越来越大。近年来，中国的数字经济得到了迅速发展，无论是技术水平还是产业规模都已经位居世界前列，成为中国的优势产业之一。截至 2021 年底，中国已建成 142.5 万个 5G 基站，总量占全球 60% 以上，5G 用户数也达到 3.55 亿户。高性能计算、卫星导航等已经得到普遍应用，人工智能、云计算、大数据、区块链、量子信息等新兴技术也已经达到全球先进水平。中国工

---

① 《基建狂魔出圈，中国领跑海外市场，为世界各国发展作出贡献!》，腾讯网，2022 年 7 月 30 日，https：//new.qq.com/omn/20220420/20220420A00OGJ00.html。

② 外交部：《国新办举行〈新时代的中非合作〉白皮书新闻发布会实录》，2022 年 7 月 30 日，https：//www.fmprc.gov.cn/web/wjbxw_new/202201/t20220113_10492124.shtml。

业互联网应用已覆盖45个国民经济大类，电子商务交易额从2017年的29万亿元增长至2021年的42万亿元。中国数字经济规模从2017年的27.2万亿增至2021年的45.5万亿元，总量稳居世界第二，占国内生产总值比重从32.9%提升至39.8%，成为推动经济增长的主要引擎之一。① 在中国的对外贸易、投资及产能合作方面，数字经济所发挥的作用也越来越大。《中非合作论坛—北京行动计划（2019—2021年）》中指出，中非应该在数字经济领域加强合作，共同把握数字经济时代新机遇。具体来说，中非企业可以在数字经济、新基建、互联网等领域开展广泛合作，在5G、AI、云计算、电子商务、移动支付等领域在非洲国家建立起相应的数字基础设施。截至2021年，中国企业帮助非洲国家建设了通信骨干网15万公里，网络服务覆盖了近7亿用户终端。数字经济、航空航天、新基建等新兴领域的合作也在不断拓展。② 中非在数字经济方面的合作，既有利于推动中国数字经济的进一步发展，有利于中国标准"走出去"，也有利于非洲数字经济技术水平的提高以及产业的发展。

2. 中国的改革开放进入新阶段

1978年，中国开始实行对外开放，引进西方国家的先进技术和设备，进行消化和吸收，继而不断发展本国经济。对外开放是中国过去40多年经济发展的关键动力。

当前，中国经济发展中还存在着一些深层次的问题，这阻碍了中国经济的进一步发展。就对外经济开放层面来说，主要体现在：一是中国不同地区之间的开放存在着很大的差异。中

---

① 《国家网信办发布〈数字中国发展报告（2021年）〉》，澎湃新闻，2022年7月30日，https://m.thepaper.cn/baijiahao_19174493。
② 外交部：《国新办举行〈新时代的中非合作〉白皮书新闻发布会实录》，2022年7月30日，https://www.fmprc.gov.cn/web/wjbxw_new/202201/t20220113_10492124.shtml。

国的对外开放主要是先从东部和沿海地区开始的对西方发达国家的开放，因此与东部经济发达省份相比，中西部地区的对外开放规模小、程度低。这导致了中国经济整体呈现"东部领先、西部欠发达"的不平衡状态。二是中国部分行业融入世界的程度还不深，一些行业领域尚未对外开放或者开放的程度还不够；三是中国企业"走出去"、进行国际化经营的程度还不深。很多企业虽然有先进的技术，有足够的产能，有优质的产品，但是却没有打开国际市场。所有这些，都需要通过进一步的改革开放予以解决。"一带一路"为中国实行更高水平的开放提供了良好的机遇。"一带一路"倡议作为中国特色社会主义进入新时代对外开放的重大抉择，旨在形成陆海内外联动、东西双向互济的对外开放新格局。与非洲国家共建"一带一路"，为中国新一轮对外开放赋予了新的内容。更多的中国企业进入非洲，同非洲企业进行贸易，参与非洲的基础设施建设，在非洲投资设厂经营。这不仅扩大了中国对外开放的区域和范围，使中国的经济更好地融入全世界，也有利于降低对西方国家市场的依赖，推动市场多元化，降低产业链和供应链风险。

3. 中国经济进入"新常态"

（1）中国经济进入"新常态"要求转变发展方式

在经历了持续30多年的高速发展后，中国经济已进入"新常态"。"新常态"经济提出的背景是中国正处在"三期叠加"的特殊阶段。中国经济增长速度从2012年开始结束了近20年10%的高速增长，进入了增速换挡期。中国的钢铁、水泥、电解铝、船舶产能利用率低于国际通常水平，使得中国正在经历结构调整的阵痛期。2008年国际金融危机后，在经济下行压力增大的情况下，政府出台了一系列刺激经济的措施，其中对铁路、公路、机场、电网等进行了大规模的投资，这使得中国仍处于前期刺激政策的消化期。为了使经济在"三期叠加"的

"新常态"下得到健康发展,就必须转变发展方式,调整经济结构。而与非洲共建"一带一路",扩大与沿线非洲国家的双边贸易,加大与这些国家的产能合作,不但有利于促进经济发展模式转型,也有利于非洲国家经济的转型和发展。

(2) 中非共建"一带一路"有利于中国转移过剩产能

近20年来,相较于美国等西方发达经济体,中国经济增长更多的是依赖于投资与净出口而不是消费,这就容易导致中国的产能过剩。2008年国际金融危机的爆发加剧了这一情形。为克服金融危机而采取的一系列措施导致了中国工业特别是重工业产能严重过剩从而引发了一系列问题,包括政府财政赤字增加、失业率增加、银行不良贷款率增加、生态环境退化等。对此,国务院出台了一系列文件以削减过剩产能,包括严控某些行业的投资、淘汰落后产能等。除此之外,积极为过剩产能寻找外部市场,促进中国优势产能"走出去"是重要的措施之一。中国加强与非洲的合作,更多的中国产品出口到非洲,更多的中国企业进入非洲投资经营,这不仅有利于缓解中国的产能过剩、减轻企业的财务负担,提高资产利用率,也有利于满足非洲国家对中国优质产品以及对基础设施建设和工业化的需求。

(3) 中非共建"一带一路"有利于中国跨越"中等收入陷阱"

过去几十年世界经济发展的状况表明,对发展中国家来说,从中等收入经济体向高收入经济体的转变,是非常难以跨越的门槛。很多经济体在进入中等收入阶段后,就很容易陷入经济发展停滞不前、贫富差距加大、社会不稳定因素增多等多方面的"陷阱",使得其在这一阶段停步不前,未能跨入高收入阶段。这也被称为"中等收入陷阱"。近年来,中国作为发展中国家,同样也进入了中等收入阶段。在这一阶段,中国经济的发展也遇到了一些问题,包括经济发展的动能不足、经济发展亟待转型等。这些问题导致了中国的经济增速以及发展质量都有所下降。这些问题不解决，中国就容易陷入"中等收入陷阱"而不能跨入高收入阶段。这就需要加大改革力度，转变经济发展方式，同时推进更高水平的对外开放。与非洲共建"一带一路"，中国的基础设施建设能力和优势产能进入非洲市场，有助于中国经济转型升级，有助于中国经济摆脱停步不前的发展状况，进而有助于中国成功跨越"中等收入陷阱"。

（4）中非共建"一带一路"有利于中国参与全球金融治理

中非共建"一带一路"可以改变中国外汇的投资路径，提高投资效率。中国外汇储备规模自2010年起，始终维持在3万亿美元规模以上。长期以来，中国的大量外汇资金主要被用于购买美国国债等低收益、低风险的资产。购买外国国债使得大量资金流向债务国，降低了中国在国际市场中的资源配置能力。中非共建"一带一路"可以使中国将外汇资金更多地以直接投资的方式投向沿线国家，从而增加外汇资金的投资收益。

本币国际化是大国崛起的必由之路。近年来，人民币国际化进程不断取得突破。2020年，人民币跨境收付金额合计为28.39万亿元，收付金额创历史新高。据环球银行金融电信协会（SWIFT）发布的数据显示，2021年6月，在主要国际支付货币中人民币排在第五位。2021年第一季度，在IMF官方外汇储备货币构成（COFER）中人民币排在第五位。经常项目和直接投资等与实体经济相关的跨境人民币结算量较快增长，大宗商品等重要领域使用人民币进一步增加。境外投资者积极配置人民币资产，2021年6月末，境外主体持有境内人民币股票、债券、贷款及存款等金融资产金额合计为10.26万亿元。[①] 虽然人民币国际化进程不断推进，但是目前人民币在国际支付结算、储备

---

① 中国人民银行：《2021年人民币国际化报告》，2021年9月18日，http://www.pbc.gov.cn/huobizhengceersi/214481/3871621/4344602/index.html。

与投融资方面发挥的作用仍较小。2021年6月,跨境贸易中人民币支付结算占比以及人民币外汇储备占比均仅为2.5%左右;而以人民币计价的国际投融资占比尚不到1%。这些数据表明人民币国际化还处在初级阶段,因此需要找到新的契机来推动人民币国际化。中非共建"一带一路"将进一步推动中国与非洲国家的人民币跨境结算、双边本币互换、跨境投融资和金融交易,进而加速人民币的国际化进程。

除了进一步推进人民币国际化外,中国还可以通过创建"一带一路"国际金融合作组织、推动形成多元化投融资体系、构建"一带一路"国际信用体系、健全金融监管与风险防控体系等建设"一带一路"国际金融新体制,并以此引领区域金融治理,参与全球金融治理。① 在这一过程中,中国与非洲共建"一带一路"也将发挥重要的作用。

4. 中国重视与非洲共建"一带一路"

(1) 中国对非政策与"一带一路"倡议所倡导的原则相吻合

新中国成立后,共同的历史境遇和发展任务以及同为第三世界国家,使得中国一贯重视发展与非洲的关系。1956年,埃及成为第一个和新中国建交的国家,此后中非关系快速发展。半个多世纪以来,虽然由于国内国际环境的变化,中国对非洲政策不断做出调整,但是基本上保持了一定的连续性,在基本理念上是一以贯之的。中国对非政策中所始终贯彻的平等互利、开放合作、包容等政治理念,与"一带一路"倡议的原则高度一致,一脉相承。

2000年,中国与非洲国家启动中非合作论坛机制,标志着中非合作关系的全面升级和步入机制化轨道。2000年中非合作

---

① 郭周明、田云华、王凌峰:《"逆全球化"下建设国际金融新体制的中国方案》,《国际金融研究》2020年第1期。

论坛首届部长级会议通过的《中非经济和社会发展合作纲领》重申，中非在未来发展中将遵循平等互利、形式与内容多样化、注重实效、实现共同发展、以友好方式消除分歧等合作原则。2006年1月颁布的《中国对非洲政策文件》提出构建"中非新型战略伙伴关系"。2012年的中非合作论坛第五届部长级会议上，中国政府表示将本着"政府引导、企业主体、市场运作、互利共赢"的方针，引导中国企业投资于非洲的制造业，支持企业和金融机构参与非洲的交通、通信、水利等基础设施建设。①

（2）中国出台与非洲共建"一带一路"规划和文件

在"一带一路"倡议提出之初，非洲在倡议中的定位并不明确。以2015年中非合作论坛约翰内斯堡峰会的召开为契机，"一带一路"开始在非洲落地推进，中非合作由此被纳入"一带一路"框架。2015年12月，中非合作论坛约翰内斯堡峰会通过了《中非合作论坛约翰内斯堡峰会宣言》和《中非合作论坛—约翰内斯堡行动计划（2016—2018年）》。2017年5月，中国举办了首届"一带一路"国际合作高峰论坛。论坛召开期间，中国发布了《共建"一带一路"：理念、实践与中国的贡献》，将非洲定位为共建"一带一路"的关键伙伴。2018年9月，中非合作论坛北京峰会通过了《关于构建更加紧密的中非命运共同体的北京宣言》和《中非合作论坛—北京行动计划（2019—2021年）》。这些重要文件为中非各领域交流与合作提供了重要指导。中非合作论坛北京峰会期间，中非领导人一致决定推动"一带一路"倡议同非盟《2063年议程》有效对接，携手构建中非命运共同体，共同实施中非合作"八大行动"。②这标志着

---

① 徐国庆：《"一带一路"倡议与中非关系发展》，《晋阳学刊》2018年第6期。

② 赵晨光：《"一带一路"建设与中非合作：互构进程、合作路径及关注重点》，《辽宁大学学报》（哲学社会科学版）2019年第47卷第5期。

中非合作在"一带一路"倡议中的战略定位得到了进一步提升。

(二) 非洲与中国共建"一带一路"的条件与机遇

非洲在"一带一路"倡议中具有重要的位置，而非洲也具备了与中国高质量共建"一带一路"的条件。非洲优越的地理位置以及丰富的自然资源为中非共建"一带一路"提供了基础，非洲落后的基础设施以及工业产能为中非共建"一带一路"提供了必要性，非洲国家出台的有关规划和政策则为中非共建"一带一路"提供了保障。

1. 非洲拥有优越的地理位置和丰富的自然资源

非洲在"21世纪海上丝绸之路"中占有十分重要的地理位置。处于印度洋西海岸的南非和东非为海上丝绸之路的传统范围与天然延展。从非洲、中东输往中国的能源资源和中国输往中东、欧洲、非洲的工业品，成为"21世纪海上丝绸之路"的两条核心交通线。其中，肯尼亚、吉布提和坦桑尼亚等非洲国家在"一带一路"倡议中均占有非常重要的地理位置。这些国家不仅促进了"一带一路"倡议向非洲腹地的延伸和发展，而且也促进了"一带一路"倡议在中东以及南亚地区的推进。[1]

非洲大陆资源优势明显，开发潜力大。非洲有富饶的自然资源，除撒哈拉沙漠地带和北非干旱地带以外，大多数土地适合农业生产，盛产棉花、棕榈油、咖啡豆、可可等农产品。非洲的草原辽阔，草原面积占非洲总面积的27%，居各洲首位。

---

[1] 徐泽来、吴哲能:《"一带一路"倡议为中非共同发展提供新机遇》,《中国国情国力》2017年第10期。

非洲蕴含的各类矿产资源十分丰富。目前全球最重要的50多种矿产中，非洲有17种蕴藏量居世界第一位。非洲还是世界八大产油区之一，已探明的石油储量约90亿吨。非洲海洋渔业资源也很丰富，印度洋沿岸盛产沙丁鱼、金枪鱼等。沿海岸的非洲国家都希望利用中国的资金、技术、设备开发本国的渔业资源。中国投资者与非洲国家共同经营，通过渔业养殖、捕捞、加工和包装、冷链运输等方式将非洲丰富的渔业资源出口海外。[①] 非洲还拥有全球最快的人口增长率，全球超过一半的新增人口都来自非洲。非洲巨大的人口基数意味着巨大的人力资本资源和经济发展潜力，这就为中非合作发展劳动密集型产业提供了充足的劳动力。

2. 非洲对于经济社会发展的巨大需求

（1）非洲对于基础设施建设的巨大需求

非洲的基础设施建设比较落后，这成为制约非洲经济发展的重要障碍。虽然非洲近年来在基础设施建设上进行了大量的投资，基础设施状况也有所改善，但非洲的基础设施缺口还是很大。具体而言，第一，在交通运输方面，非洲还未形成完善的交通运输体系。非洲公路网密度相对较低，铁路设施老化，海运业和航空业发展相对滞后。第二，在能源电力方面，随着企业和家庭对电力依赖程度不断升高，其应用于生产和生活的电力设备供应不足。第三，在通信设施方面，非洲的电话和互联网普及率处于世界较低水平。第四，非洲基础设施建设资金缺口大。基础设施建设需要大量资金，但由于各国财政紧张，再加上私人投资不足，目前仍存在大量资金缺口。非洲开发银行在《2018年非洲经济展望》中指出，2016—2025年，非洲每

[①] 全毅、高军行：《"一带一路"背景下中非经贸合作的定位、进展与前景》，《国际经济合作》2018年第1期。

年的基础设施投资需要1300亿—1700亿美元,但实际投入仅为930亿美元,每年缺少680亿—1080亿美元的资金投入。① 面对巨额资金缺口,非洲国家纷纷出台措施来吸引外资以加快基础设施建设。中国的基建业,有技术、有资本、有管理经验,正好可以弥补非洲的不足。中国在非洲进行的基础设施建设,给当地带来了福祉,受到了非洲国家的普遍欢迎。

(2) 非洲对于实现工业化的巨大需求

非洲国家自20世纪60年代纷纷独立以来,不断探索推进工业化,但因种种原因导致工业化进程缓慢。非洲目前仍是全球工业化较为落后的地区。按照联合国工业发展组织的标准,非洲55个经济体当中,仅有南非、突尼斯、毛里求斯三国跨入了新兴工业化经济体行列,20个国家被列为发展中工业经济体,32个国家属于工业极不发达经济体。世界银行的数据显示,2019年非洲大陆的制造业增加值占全球的比重仅为1.8%,制造业增加值占GDP比重高于全球平均水平值的国家仅有10个,其他45个国家均低于世界平均水平。在制造业方面,非洲各国出口的产品大多是资源密集型初级品及技术含量低的产品,制成品出口仅占全球比重的2%。② 中国向非洲转移产能,不仅能解决非洲的劳动力就业问题,也能促进非洲的工业化进程。中国在纺织品、服装等轻工业以及建材、机电等劳动密集型产业领域已经发展了多年,拥有成熟的技术、组织生产方式以及管理经验,具有较强的国际竞争力。但是由于国内劳动力成本的提高、对环保的要求更加严格等原因,这些产业的发展受到了一定的制约,盈利空间有所下降,因此需要开拓新的市场以及进行产业升级。非洲正好具备承接这些产业的条件,且非洲也

---

① 王娇、李政军:《"一带一路"背景下中非经贸合作的战略选择》,《对外经贸实务》2019年第1期。

② 杜鹃:《"一带一路"背景下中国与非洲电子商务合作的现状、挑战及对策》,《对外经贸实务》2021年第4期。

对这类产业的转移具有较大需求。因此,中国的这些产业可以将技术、设备以及资本等向非洲国家转移。这既满足了非洲国家工业化的需求,也使中国企业开拓了新的市场,扩大了盈利空间。

3. 非洲出台的规划和政策与"一带一路"倡议有效对接

非洲国家正处于快速发展的战略机遇期。历史和世界其他国家发展的经验使非洲各国领导人认识到,没有工业化,非洲就无法实现真正的经济发展和经济独立。因此,为了减轻经济的对外依赖度,提升自主发展能力,非洲国家以及各类国家组织纷纷出台发展规划,期望推进工业化和发展经济。非洲先后制定了《非洲发展议程》和《2063年议程》两个重要文件,明确其发展目标和战略规划。其中,《非洲发展议程》是非洲联盟于2014年2月达成的共同立场,根据该文件,未来非洲国家的发展将主要聚焦于经济结构转型与包容性增长、科技创新等6个方面。《2063年议程》是一份有关非洲未来发展的长远规划,文件从七个方面规划了未来非洲的发展前景和非洲人民的发展诉求。[①] 其中,《2063年议程》中提出了非洲工业化长远战略,确立了"到2063年制造业增加值在现有基础上增长5倍、在国内生产总值中的比重达到50%以上"等多项具体目标。

非洲自贸区是非盟《2063年议程》中最重要的项目。非洲自贸区协议自2015年6月开始启动谈判,到2019年7月非洲自贸区正式成立。建立非洲自贸区的目的是降低协议国间的关税、消除贸易壁垒,促进非洲的人、财和物的自由流通,以建立非洲统一大市场。截至2020年1月,非盟55个成员中已有54个成员签署自贸区协定,有近40个国家的立法机构已批准该协

---

① 王新影:《"一带一路"倡议下中非合作前景探析》,《区域与全球发展》2018年第2期。

定。非洲自贸区的成立，将形成一个 GDP 约为 2.3 万亿至 3.4 万亿美元、拥有 12.7 亿消费者的非洲市场。[①] 这将极大提升非洲在国际贸易中的地位，也促进非洲形成更具包容性和公平性的贸易环境。经贸规则更统一以及更具规模效应的非洲市场，能够吸引包括中国投资者在内的更多的国际投资者来此投资和生产。

近年来，大多数非洲国家也将经济发展作为第一要务，纷纷出台相关的规划和政策，加大对基础设施的投资，扶持本国民族工业。如埃及政府和阿尔及利亚政府启动了大规模的基础设施建设和更新改造项目，南非政府和安哥拉政府制订了庞大的能源和电力发展计划等。非洲国家采取的这些政策，为中国企业走进非洲进行投资和经营提供了广阔的市场。也有非洲国家出台了一系列对投资者的优惠措施。例如，埃及在国内建有亚历山大、开罗等自由区以及新城区和工业区，在这些特区内投资经营的企业可以享受优惠措施，如免交所得税、生产的产品进行外销时可以免税等。阿尔及利亚和尼日利亚等国也出台了类似的政策。这些优惠政策给予了外国投资以超国民待遇，对于中国企业走进非洲进行投资生产是非常有利的因素。中国利用投资所在国的优惠政策，一方面可以进行更多的生产，获取更多的利润；另一方面可以以更有竞争力的出口价格打开欧美国家的销售市场。

（三）中非"一带一路"合作的国际条件与机遇

中非高质量共建"一带一路"，也拥有一定的外部机遇和条

[①] 《非洲大陆自由贸易区 2021 年 1 月 1 日正式启动 将成为非洲大陆一体化的最重要里程碑之一》，国际在线，2022 年 7 月 30 日，https://view.inews.qq.com/a/20201205A0E8UJ00。

件。2008 年国际金融危机后世界经济复苏乏力、贸易保护主义和单边主义的兴起、国际经济格局东升西降以及新兴经济体要求对国际规则有一定的话语权、全球治理以及全球发展存在赤字等都为中非高质量共建"一带一路"创造了条件，提供了机遇。

1. 世界经济复苏乏力需要"一带一路"

当今世界经济复苏乏力，逆全球化、贸易保护主义抬头，迫切需要各国加强多边协作，共同应对挑战。2008 年国际金融危机的发生，导致西方主要国家的经济发展陷入低迷，从而使逆全球化形势愈演愈烈。为走出危机，一些国家不断挑起贸易战，冲击着国际贸易和全球经济合作的发展。最突出的表现是美国的不断"退群"以及挑起和贸易伙伴之间的贸易战。其他一些国家也纷纷开始采取贸易保护主义措施。据统计，仅在 2018 年，就有大约 55 个国家和经济体出台了 112 项对外国投资的约束政策和措施。各国对外国投资的审查也变得更加普遍和严格。① 在这一背景下，以世贸组织为核心的多边贸易体系开始受到一些国家的抵制，国际经贸规则开始出现了一些调整。这些调整主要表现在：一是一些国家抛开世贸组织规则和框架，把自己的国内法用来调整其和贸易伙伴之间的贸易关系。二是以双边或区域性协议来取代多边贸易体系。三是新达成协议的标准普遍有了提高。国际经贸规则的这些调整，都使得现有的多边贸易规则受到了挑战和破坏。一些国家的这种以邻为壑的行为引起了很多国家以及国际组织的抵制和反对。逆全球化、贸易保护主义已经成为当今世界经济发展的主要障碍。面对世

---

① UNCTAD, "World Investment Report 2019", July 30, 2022, https://worldinvestmentreport.unctad.org/world-investment-report-2019.

界经济增长下行压力巨大、全球持续发展动能严重不足的现实，全球急需新的动能和发展动力。中非共建"一带一路"将有助于打破逆全球化、贸易保护主义的现状，为世界经济的发展增加动力。

2. 国际经济格局东升西降促进了"一带一路"

近年来，国际经济格局发生了很大的变化。美国、西欧国家等经济体受到了很大的影响，而包括中国在内的一些新兴经济体则实现了较快发展。随着中国等新兴经济体在世界经济版图中地位的提高，其必然要求在国际经贸规则制定中占有一席之地，拥有一定的制定权。但是现阶段美国等国仍然掌握着国际经贸规则的制定权，新兴经济体只能被动地遵循这些规则，制约了新兴经济体的进一步发展。因此新兴经济体和广大发展中国家要求更多地参与全球治理，掌握一定的话语权。进一步推动多边合作体制建设，有助于提高这些国家在全球治理体系中的话语权，建立更加公正、合理的全球治理模式。推进中非共建"一带一路"正是一个契机。中国可以同非洲国家在"一带一路"框架内探索制定适合中国和"一带一路"沿线国家国情的国际规则。在此基础上，在更广范围内推广和发展这些规则。

3. 全球治理存在赤字使全球期待"一带一路"

随着国际政治经济形势的发展，原有的全球治理机制越来越不适应形势的发展。联合国、IMF、世界银行等国际治理机构和组织均成立于20世纪40年代。这些组织的运行目标、决策和运行机制等均已不能对当今世界中出现的相关问题做出有效的回应，且这些组织反映的是几十年前的世界格局，不能适应当今国际格局的变化。一些新成立的国际治理平台，也由于其运行机制等问题，导致其进行全球治理的功能受到限制。就

G20来说，由于G20只是一个由主权国家组成的合作平台，其作出的决议并不带有强制性。且G20一些成员国间存在矛盾、纠纷甚至战争。在这种情况下，希望G20国家进行紧密合作，进行统一行动是有难度的。除了传统的全球性议题外，当今世界还存在越来越多的非传统性全球议题，如移民、恐怖主义、气候变化、全球性疫情、网络空间治理等问题，这也使得现有的全球治理机制难以应对。因此，亟须对全球治理体系进行改革，创新全球治理体系，为全球治理增加动力。"一带一路"倡议为全球治理提供了新的方案。共建"一带一路"是以新型全球治理观为指导的国际实践，以构建多元协商的合作体系、开放包容的世界经济和以可持续发展为核心的共同体为主要内涵和目标。① 中非共建"一带一路"将引领全球治理，推动"中国之治"与全球治理的良性互动，造福中非并惠及世界。

4. 全球发展存在赤字需要"一带一路"

近年来，世界范围内贫富差距、南北差距问题更加突出，全球发展存在严重赤字。虽然国际上已存在众多旨在帮助发展中国家摆脱贫困和进一步发展的国际援助组织，如联合国开发计划署、世界银行、亚洲开发银行等，但是这些组织的领导力和权威性正在下降。全球仍然有接近10亿人口还没有摆脱贫困，尤其是在非洲国家，情况更为严重。这说明了现阶段国际发展援助体系的低效性。联合国2030年可持续发展目标为全球发展做出了规划，但是由于种种原因，全球可持续发展进展缓慢。进入21世纪以来，随着中国和其他新兴经济体的崛起并积极参与发展合作，国际发展合作的新范式逐渐呈现。这些新范

---

① 王志民、岑英武，《"一带一路"："中国之治"与全球治理的良性互动》，《山东社会科学》2020年第10期。

式同发达国家主导的传统的发展援助和南南合作存在明显区别。①

中国作为最大的发展中国家,经济和民生发展均取得了巨大的成就。改革开放以来,中国先后让7亿多农村贫困人口摆脱了贫困,占同期全球减贫人口的70%以上。中国在2020年又消除了绝对贫困现象,提前10年实现联合国2030年可持续发展议程提出的减贫目标,全面建成了小康社会。中国的发展模式成为发展中国家摆脱贫困、进行发展的最有效的模式。当今国际社会面临的增长乏力、贫富差距增大等各类发展问题,中国都遇到过。中国凭借自己的智慧、治理模式以及发展模式克服了这些困难。这说明中国同样有能力解决全球范围内的发展赤字,为全球发展做出自己的贡献。国际社会也对中国的发展模式和理念高度认同,对中国寄予厚望,希望中国在全球发展治理中发挥更大的作用。

全球发展赤字呼唤新的发展理念和发展治理。应运而生的"一带一路"倡议体现出全球发展的中国理念:一是强调世界各国"共同富裕";二是强调地缘经济整合;三是倡导"民心相通"和兼容并蓄。② 中非高质量共建"一带一路",将为全球发展增添新动力,为完善全球发展治理、增进人类福祉做出新贡献。

(四) 促进中非"一带一路"合作的政策建议

自2015年南非与中国签署非洲第一份共建"一带一路"政

---

① 郑宇:《新型国际发展合作范式的初现与挑战》,《中国社会科学评价》2021年第2期。
② 田文林:《"一带一路":全球发展的中国构想》,《现代国际关系》2017年第5期。

府间备忘录并正式开启中非"一带一路"合作至今,中国与非洲国家已基本完成共建"一带一路"的蓝图规划,下一步中非共建"一带一路"的新任务在于推动合作精耕细作、走深走实。在当前全球形势更趋严峻复杂的背景下,中非深化"一带一路"合作面临新的挑战,但也迎来新的历史机遇期。中国可以从加强与非洲域内国家的合作,以及与域外行为体的协调两大角度入手,积极抓住机遇妥善应对挑战,推动中非高质量共建"一带一路",构筑更加紧密的中非命运共同体。

1. 加强与域内国家合作

习近平主席提出的"真、实、亲、诚"对非政策理念和正确义利观为新时期中非关系发展指明方向。[①] 中国加强与非洲"一带一路"合作,应继续坚持以"真、实、亲、诚"政策理念为指导,以多年来中非合作经验为基石,结合非洲区域的发展特征,与非洲国家一道开辟共建"一带一路"的新路径。具体而言,中国可以从以下三个方面加强与非洲域内国家的合作。

(1) 加强中非共建"一带一路"制度建设

中非"一带一路"合作的持续推进需要以更加坚实的制度基础为支撑。中国需要致力于与非洲国家共同推动构建一个覆盖区域、次区域和双边层面的多层级、全方位、高水平的共建"一带一路"制度体系。

一是完善区域层面的制度建设。

作为中非共建"一带一路"的主要平台以及实现中非战略对接的核心驱动力,中非合作论坛应该成为区域层面制度建设的重点对象。中国可以从以下四个方面持续提升中非合作论坛

---

① 习近平:《永远做可靠朋友和真诚伙伴——在坦桑尼亚尼雷尔国际会议中心的演讲》,2013 年 3 月 25 日,http://www.gov.cn/ldhd/2013-03/25/content_ 2362201.htm。

的制度化水平。

第一，丰富中非合作论坛框架下的部长级对话机制。长期以来，中非合作论坛部长级会议主要由中方和非洲国家的外交部和主管对外经贸事务的部门共同牵头或参与，可以在此基础上纳入财政部、科技部、农业部、教育部、生态环境部等多个政府部门，建立对应的正式部长级对话会，例如由各方财政部长共同参与的中非合作论坛财金对话机制等。

第二，进一步加强中非合作论坛框架下已设立分论坛的机制化建设，同时设立更多新的分论坛。各分论坛的举办周期要更加稳定，分论坛各方牵头单位之间的交流也应更加常态化，进而提高分论坛的运转效能。对一些关键议题领域的分论坛，甚至可以研究设立秘书处等常设行政机构。

第三，强化中非合作论坛与"一带一路"国际合作高峰论坛的制度化联系。两大论坛都包含峰会和部长级会议等活动，制度设计存在相似与互补之处。可以引入高峰论坛的配套安排，如丝路基金、《"一带一路"科技创新合作行动计划》等，服务于中非合作论坛框架下相关项目的落实。"一带一路"国际合作高峰论坛咨询委员会还可以弥补中非合作论坛在咨询与评估机制方面的缺失。

第四，支持中国和非洲当地更多的私营部门以更加制度化的方式参与中非合作论坛。具体而言，可以邀请有关私营部门或民间机构作为固定的与会成员参与由政府组织的各领域分论坛，进一步加强中非双方公共部门与私营部门的相互交流与协作。

二是加强次区域层面的制度建设。

非洲各个次区域在地理、经济、政治与文化等方面存在差异性，客观上增加了中国与非洲在区域层面推进制度建设的难度，也拖缓了制度建设的效率。参照澜湄合作机制建设的成功经验，中非共建"一带一路"可以在次区域层面寻求突破，高效建成相对小范围且更有针对性的次区域合作机制，并在整个非洲区域形成示范效应。次区域合作还表现为地方政府对跨国合作的参与，这也是推动中非共建"一带一路"走实走深的重要方式。

一方面，中国可以与非洲主要次区域组织建立更多的互动机制。非洲次区域组织数量丰富，其中东非共同体、南部非洲发展共同体、西非国家经济共同体、阿拉伯马格里布联盟等是一体化程度较高且影响力较大的次区域组织，在推动次区域内相关国家的政策协调与经济融合方面发挥着关键作用。中国可以主动对接这些次区域组织，以国际合作伙伴或观察员的角色适当参与相关组织的活动，甚至研究设立"中国—东非共同体对话会"和"中国—南部非洲发展共同体部长级会议"等类似的常设性互动机制。与此同时，可以吸纳非洲次区域组织成为中非合作论坛与中非高质量共建"一带一路"的合作伙伴。

另一方面，可以鼓励地方政府以适当的方式参与中非共建"一带一路"的实践。由中国商务部与湖南省人民政府共同主办，湖南省政府相关部门承办的中国—非洲经贸博览会是地方政府参与中非"一带一路"合作的成功案例。以此为参考，鼓励和帮助更多的地方政府发挥各自的地缘优势，以承办甚至主办常设性会议或大型交流活动等方式参与中非共建"一带一路"制度建设，并逐渐将其发展成为中非共建"一带一路"的地方特色品牌项目。支持地方政府建设更多的自贸示范区或承办以非洲为主题的进出口博览会，在次区域层面为中非经贸往来创造更多便利渠道。

此外，以加强次区域层面的制度建设为基础，中非还可以共同打造跨区域合作平台。中国同时作为东非共同体、南部非洲发展共同体、西非国家经济共同体等非洲次区域组织峰会的观察员，更便于成为不同次区域组织之间的纽带。中国可以参与次区域组织之间的对话与合作，甚至可以成为协调者，为各次区域组织搭建起置换利益与调节矛盾的平台，使非洲内部得以进一步超越次区域之间的分歧，真正实现区域共同发展。

三是深化双边层面的制度建设。

以埃塞俄比亚、肯尼亚、坦桑尼亚和刚果（布）等为代表的非洲国家是中非共建"一带一路"早期的示范性国家，也是多年来推动中非"一带一路"合作的非方主要力量。此外，在区位上占据关键战略地位的塞内加尔、南非与毛里求斯等国作为21世纪海上丝绸之路的重要共建国家，在中非实现互联互通中发挥着举足轻重的作用。为了更好地发掘这些国家的示范作用，中国需进一步深化与具体国家的双边制度建设，持续筑牢中非共建"一带一路"的根基。

继续与中非"一带一路"合作先行国家与共建国家保持高层密切交往的良好势头，推动双方政党、立法机构、中央与地方政府的友好对话，深化治国理政和发展经验交流互鉴，加强战略沟通与互信。与各国推动建立总理定期会晤机制，并逐步完善机制框架设计，包括在总理定期会晤机制下围绕不同的议题设立多个副总理级委员会，例如投资合作委员会、能源合作委员会等，并在委员会下设立相关分委会和工作小组。

加强与中非"一带一路"合作先行国家与共建国家在签证、通关等领域的规则协调，增进中国与相关国家在未统一事宜上的协商与信息互通，采取更为积极主动的方式促成各国间的互惠协定的达成。在与各国协商订立有关外交、科技、商务和质检等国家间合作框架协议时，可以适度将中非共建"一带一路"行动计划所涉及的联通标准纳入其中，在相关国家先行先试推广中国标准与中国规则。

（2）夯实中非共建"一带一路"的传统合作内容

根据2021年中非合作论坛第八届部长级会议通过的《中非合作2035年愿景》，中非结为更紧密的共建"一带一路"伙伴需要"巩固传统合作"。① 总体来看,中非传统合作在经济与发展、社会与民生、和平与安全等方面均有体现,未来促进中非"一带一路"合作的路径之一在于持续推动这些传统合作提质升级。

一是深化经济与发展合作。

第一,推动与非洲大陆自贸区开展自贸协议谈判,为中非扩大贸易往来创造更广阔的发展空间。非洲大陆自贸区协定允许其成员国与第三方建立新的或更高水平自贸协定。等非洲大陆自贸区完全实施,中国可以在非洲大陆自贸区协议框架内,借助中非合作论坛等平台,与非洲大陆自贸区及其成员国,以及非洲各大次区域组织开展双边或多边自贸协定研究与谈判,建立更广范围的中非自贸区和更多高水平的双边自贸协定。

第二,鼓励民营企业扩大参与,支持中国企业扩大对非贸易与投资,同时为非洲企业在华经贸活动提供更大政策便利。支持建立中非共建"一带一路"企业联盟,以组织制造业峰会、跨国公司论坛与中小企业合作论坛等方式,为企业开展对非贸易与投资提供丰富的信息与社会网络资源,吸引中国企业响应并积极融入中非共建"一带一路"的实践。鼓励中国企业积极进口非洲优质产品,以及创新对非投资方式,扩大对非投资规模,提高在非本土化水平。加大与非洲国家的政策协调,为非洲的独资或合资企业在华开展业务提供便利与支持。以提供技术与设备,或与当地政府与企业合资等多元化的方式,持续加强与非洲国家的能源资源开发与交易合作。

第三,开拓更多跨境联通基建工程,加大在非海外产业园开发力度,持续深化中非基础设施建设合作。一方面,非洲

---

① 《中非合作2035年愿景》,中华人民共和国商务部,2021年12月15日,http://sl.mofcom.gov.cn/article/zxhz/202112/20211203228938.shtml。

《2063年议程》第一个十年规划提出的旗舰项目包含了高速铁路网、非洲电大、泛非电子网络等多个大型跨国基建项目。这些项目建设周期长、资金需求大、技术要求高，可以成为中国深化与非洲基建合作的着力点。要充分调动中非发展基金、中非产能合作基金，以及更广范围的丝路基金等融资平台，支持中国企业通过政府和社会资本合作（PPP）、三方或多方市场合作等不同方式，更多地参与非洲基建项目的建设甚至运营。另一方面，要及时把握非洲发展中国家产业园区建设的窗口期，结合当地政治、经济、法律制度现状和趋势，扩大在非海外产业园区的建设与运营，并将产业园区与周边交通、通信等基础设施建设有机结合起来，全方位提升非洲东道国的生产条件。

二是扩大社会与人文交流。

第一，加快推进减贫惠农工程，进一步促进中国与非洲各国的减贫交流与合作。加大力度援助非洲实施减贫和农业项目，通过向非洲派遣农业专家、设立中非农业技术交流与培训机构等方式，进一步扩大对非农业技术转移与支持。与非洲国家合作实施更多高标准、惠民生的合作项目，包括水电站、医院与学校等民生设施，切实改善当地人民的生存与发展条件。以各方共同参与成立的反贫困治理合作机构为依托，组织专家赴非洲各国进行实地考察调研与分析，着眼各国贫困问题的差异，有针对性地与各国开展减贫脱贫经验交流，帮助非洲各国制定精准的"治贫药方"。

第二，进一步扩大中非留学交流与教育合作，为中非共建"一带一路"储备更多人才。研究设立中非留学基金，吸引更多非洲共建"一带一路"国家学生来华留学，同时鼓励中国学生到非洲国家交流学习。因应"一带一路"建设需求，在中非相关高校、科研机构与培训机构内设置更加丰富全面的专业课程，广泛涉及语言文化、当地政治与法律等，培养更多熟悉、理解中非文化的中青年人才。加强与非洲国家的专业技能教育合作，具体方式包括接收非洲学生来华参加技能教育，以大型企业或投资项目为依托为非洲东道国培养更多技能人才等。

第三，继续向非洲国家提供疫苗和抗疫物资援助，扩大对非洲卫生医疗事业的援助与支持。继续支持非洲国家豁免疫苗知识产权的合理诉求，为非洲国家从中国采购疫苗提供便利，积极推进疫苗联合生产合作。助力加快建设非洲疾控中心总部，积极向非洲国家分享统筹推进常态化疫情防控经验，切实帮助非洲国家增强整体疫情防控能力。通过加大力度派遣医疗专家团队、联合建立医学试验与研究机构等方式，助力非洲国家完善公共卫生体系、提高传染病防控能力。

三是增强和平与安全协作。

第一，加强中非反恐合作。加快落实《中非合作论坛—达喀尔行动计划（2022—2024）》提出的对非洲援助实施的10个和平安全领域项目，[①] 继续落实对非盟军事援助，支持非洲国家自主维护地区安全和反恐努力，加强与非洲国家围绕打击国际恐怖组织的情报交流、案件协查与行动协调。与非洲国家研究建立反恐合作法律制度，以条约和文件的形式将反恐合作的相关内容明确化、制度化，为中非反恐行动的合法性保驾护航。

第二，深化与非洲国家的跨国犯罪治理合作。加快建立中非警务合作机制，扩大与非洲国家警务部门各层级人员往来与交流，鼓励双方地方警务部门建立对口合作关系。进一步完善同非洲国家在引渡、域外侦查等跨国犯罪治理方面的协调，提高执法效率。根据非洲国家的需求，继续为其提供执法培训，扩大对非警用装备援助，增强中非在打击走私贩运野生动植物犯罪、禁毒、追逃追赃等领域的联合执法能力。

[①] 《中非合作论坛—达喀尔行动计划（2022—2024）》，2021年12月2日，http：//russiaembassy. fmprc. gov. cn/web/wjbzhd/202112/t20211202_ 10461174. shtml。

第三，适度扩大与非洲国家的军事国防合作。进一步完善中非和平安全论坛的制度建设，推动中非和平安全论坛成为常态化交流机制，使其更好地服务于中国与非洲国家在军事国防合作方面的意见沟通与需求对接。加快制定与落实中非和平安全合作基金实施方案，根据非方的实际需求，加快推进"和平安全行动"国别项目，为支持非洲国家常备部队建设和提升快速应对危机能力提供更多的资金支持。继续为非洲防务官员提供培训，更加深入且广泛地开展军事训练、军事医学、海上安全等领域的交流合作，例如以更高的频率举办中非军事医学交流对话会，开展联合军事演习等。

（3）拓展中非共建"一带一路"的新兴合作领域

在推动传统合作内容持续走实走深的基础上，中非共建"一带一路"还要不断开拓新兴的合作领域。紧跟当今新技术革命发展趋势与中国的新发展理念要求，数字经济和绿色发展在"一带一路"合作中的重要性日益上升，也可以成为中非共建"一带一路"的新增长点。

一是发掘中非数字经济合作潜力。

一方面，要加强中非数字经济发展的战略对接与政策协调。积极对接非洲数字经济倡议和"塞内加尔数字2025"计划等区域或国别数字经济发展政策，全面了解非方数字经济发展的未来方向与具体需求，同时加快制定与落实"中非数字创新伙伴计划"。

另一方面，可以在数字基础设施、数字技术等方面加强对非合作。通过发展援助与投资等方式，帮助非洲国家建立完善通信网络、大数据、云计算、金融支付等数字基础设施建设。鼓励中国电商企业与非洲国家共建电子贸易平台，为中非企业对接提供更高效的服务，支持中国企业加强与非洲国家线上推介会、直播带货等新业态合作，带动中非贸易实现新增长。利用好中非数字合作论坛和中非北斗合作论坛等既有的数字经济与技术交流平台，加快建立中非创新合作与发展论坛、中非联合实验室等新平台，制定落实数字人才培训专项计划，加强中非数字领域人才交流与培训，为非洲国家学习与应用物联网、区块链、人工智能、智慧城市建设等数字技术提供支持，向非洲国家分享中国数字经济发展经验。

此外，随着中非数字经济的快速发展，中国还要加强与非洲各国政府、企业等在数字安全方面的治理协作。通过与非方协商制定相关规则或法律、提高共同打击网络犯罪执法能力等方式，加强对跨境数据流动的监管，强化对个人信息、知识产权的保护，共同维护数字市场秩序等。

二是扩大中非绿色发展合作范围。

第一，进一步发挥中非环境合作中心的平台作用，同时创建"中非应对气候变化高级别论坛""中非生物多样性合作专项论坛"等更多新的交流渠道，为中国与非方协调政策并制定绿色发展合作战略创造更加便利的条件。

第二，扩大公共气候适应融资渠道与规模，推进中非气候投融资合作。助力非洲国家从昆明生物多样性基金获得专项资金支持，支持中国与非方的金融机构与企业根据项目的特征采取更加灵活多样的融资方式，包括与国际金融机构合作、与政府基金合作、与地方政府合作等。

第三，在持续推进"中非绿色使者计划""中非绿色创新计划"等项目的同时，加快落实《中非合作论坛—达喀尔行动计划（2022—2024）》提出的为非洲援助实施的 10 个绿色环保和应对气候变化项目，[①] 加快在非洲建成低碳示范区与适应气候变化示范区。

---

① 《中非合作论坛—达喀尔行动计划（2022—2024）》，2021 年 12 月 2 日，http：//russiaembassy. fmprc. gov. cn/web/wjbzhd/202112/t20211202_ 10461174. shtml。

2. 加强与域外行为体的协调

中非"一带一路"合作的发展不仅取决于中非双方的决心与行动，还受到域外国际组织与国家对非战略与政策的影响或干扰。结合域外行为体对"一带一路"的认知及其应对中非"一带一路"合作的未来方案，中国可以化被动为主动，从以下两个方面加强与域外行为体的协调，破解域外行为体相关战略方案对中非共建"一带一路"的负面影响。

（1）深化与域外国际机制的对接

习近平主席在中非合作论坛第八届部长级会议开幕式的主旨演讲中提到，中非合作"顺应时势、开放包容"。[①] 不封闭排他，而是以开放自信、开拓创新的姿态与国际组织开展更加深入的合作，充分借助国际组织的丰富资源与影响力，才能更好更快地推动中非"一带一路"合作结出硕果。

一是以更深入的方式与联合国、金砖国家等国际机制共同开展对非合作。

第一，持续推动《中非合作2035年愿景》与联合国2030年可持续发展议程相对接。联合国2030年可持续发展议程提出的17项可持续发展目标与《中非合作2035年愿景》提出的八大合作目标存在较多契合之处。两大规划在消除贫困、实现可持续经济增长、应对气候变化、保护生态环境等诸多方面存在对接的空间与机遇。可以充分协调与融合两大规划的具体安排，彼此借鉴，相互促进。此外，加强习近平主席所提出的全球发展倡议与联合国2030年可持续发展议程的对接，帮助非洲国家制定可持续发展政策，切实提升非洲民生福祉。

第二，进一步推动"一带一路"国际合作高峰论坛、中非

---

① 习近平：《同舟共济，继往开来，携手构建新时代中非命运共同体》，《人民日报》2021年11月30日第1版。

合作论坛与联合国体系下的有关机构开展实质性合作。可以参考东京非洲发展国际会议的建设经验，由"一带一路"国际合作高峰论坛或中非合作论坛连同联合国非洲问题特别顾问办公室、联合国开发计划署、世界银行等机构主办国际会议，共同推动援非项目的落地，促进非洲领导人和全球发展伙伴之间的高层政策对话，联合各方共同为非洲发展出谋划策。

第三，在军事、安全等高级政治领域，更加积极地通过联合国等平台开展对非援助。在推进中非"一带一路"合作时，要坚定维护以《联合国宪章》宗旨和原则为基石的国际关系基本准则，维护联合国在国际事务中的核心作用，尤其在涉及国家安全等领域，更要加强与联合国的沟通协调。加快推进全球安全倡议，积极参与联合国在非洲开展的维和行动，加强维和政策和技能交流，继续支持落实"消弭枪声的非洲"倡议，消除非洲地区冲突，支持非洲和平与安全框架。

第四，在非洲推广"金砖＋"模式，支持金砖国家（BRICS）吸纳更多的非洲伙伴，同时通过金砖平台为中非"一带一路"合作注入更多资源。在金砖国家领导人第十四次会晤上，习近平主席指出，"新形势下，金砖国家更要敞开大门谋发展、张开怀抱促合作"。[①] 作为 BRICS 的创始成员，中国可以作为协调人，引导与支持有意愿的非洲国家加入 BRICS，也帮助更多非洲国家加入金砖国家新开发银行，借助 BRICS 和新开发银行的资金资源助推非洲发展。

二是积极引入非政府间国际组织参与中非共建"一带一路"的实践。

非政府间国际组织在非洲发展中发挥着日益重要的作用。中非共建"一带一路"可以进一步借助非政府间国际组织的力

[①] 习近平：《构建高质量伙伴关系　开启金砖合作新征程》，《人民日报》2022 年 6 月 24 日第 1 版。

量，发挥不同组织相对灵活的运营模式及其在各自领域中的比较优势，为中非"一带一路"合作项目的落地实施提供更多的外来支持与保障。非政府间国际组织类型多样，包括宗教组织、非营利型专家咨询机构、行业协会以及以卫生健康、性别平等或环境保护等为宗旨的人道主义救援机构等，不同机构的资金来源、背景与理念等各有所异。因此，在引入非政府间国际机构参与"一带一路"时，要注意加以甄别。

对有意愿参与中非共建"一带一路"的非政府间国家组织，可以由特定的牵头部门通过专门的对接渠道与相关组织进行深入沟通，了解相关组织的优势，明确对方在非活动的目标与需求，确定优先合作的领域与方式，再设计具体的项目规划，逐步推动项目落地。因应非洲国家的迫切需求，中国可以重点关注在非从事公益医疗、教育等事业的非政府间国家组织，加强与其中经验成熟的组织之间的交流并借鉴其成功经验，为其中缺乏运营经费的机构提供必要的物质或资金支持，召集并派遣更多的中国志愿者参与相关组织在非洲的服务活动等。

（2）管控域外国家对中非共建"一带一路"的攻击与竞争

对域外国家给中非共建"一带一路"带来的负面影响与竞争压力，中国需要及时予以管控，而不能放任其发酵，具体可以围绕以下两个方面采取行动。

一是加强对负面舆论的监控与回应。

一方面，对恶意抹黑中非共建"一带一路"的域外国家，要密切跟踪其动态并防范其对"一带一路"项目的干扰。在与非洲国家围绕具体项目展开谈判与筹备阶段，要事先预想相关域外行为体可能"大做文章"的问题，尽量规避这些问题的发生，或者提醒项目参与者在公关方面做好充分准备，警惕相关行为体对中非"一带一路"项目做出不符实际的负面评价并在非洲煽动当地民意，阻挠项目的落地实施。

另一方面，结合国际标准与非洲的实际情况，对相关不实评价进行回应与反击。对当前备受关注的债务问题，可以引进有公信力的第三方机构参与对非洲共建国家债务情况的评估与分析，适时对外发布研究报告，对债务问题的原因及其与中国的关系作出澄清。同时，可以发挥中国在非洲的非官方机构，如"中国民间组织国际交流促进会"和企业等的协调作用，加强与当地民众的沟通，消除民众对相关项目的误解。

二是探索多元的合作方式以降低在非利益冲突。

由于域外国家在非洲的合作伙伴、经济利益等与中国在非项目存在一些重合之处，域外国家与中国的对非外交客观上存在一定的竞争关系。但客观上的竞争并不代表双方必须以"竞争对手"的关系相处，中国可以采取措施，主动弱化这种竞争关系，进一步凸显中国与域外国家在非洲作为"合作伙伴"的一面。

第一，可以加大力度宣传中国与域外国家在非成功开展合作的典型案例。尽管域外国家尤其是发达国家的政府应对中非"一带一路"合作的方案主要以"零和博弈"思维为主导，但在具体的实践中，这些国家的企业或民间机构与中国在非洲开展合作并获得成功的案例也不在少数。中国可以收集这些案例并对其进行深入的分析，借助媒体、智库与企业等多个平台，采取多种形式展现相关案例的过程与成效。

第二，从学理研究和外交实践等多个角度加强阐释中国与其他国家在非洲实现包容互惠共存的可行性与必要性。充分动员高校与科研机构的力量，摆脱西方理论与思维方式的束缚，通过创新概念与理论等方式，为中国与域外国家在非洲建立"合作伙伴"关系创造更加丰富坚实的学理根基。在此基础上，以境外发表、举办学术论坛、开展联合研究等方式加强中国学者与西方学者的交流，向域外国家展现、传递上述学术成果。在外交场合中，中国外交官员可以持续且更加坚定地向域外国家的相关人员传达中国所坚持的包容合作外交理念。

第三，持续深化中国与域外国家在非洲的第三方市场合作，以实际行动减轻域外国家对中国与非洲共建"一带一路"的疑虑，弱化这些国家主观建构的竞争关系。可以进一步扩大在非洲开展第三方合作的范围，包括参与国家与合作领域等。推动与更多的域外发达国家与新兴经济体签订有关在非洲开展第三方市场合作的协议，尤其是存在较强合作意愿的俄罗斯、印度尼西亚和土耳其等新兴经济体，为中国企业与域外国家企业在非洲开展具体项目合作创造更加便利的条件。以交通基础设施的项目为主，进一步拓展在非第三方市场合作的领域，更加广泛地囊括能源、农业等多领域的项目。建立更加健全、多元化的在非第三方市场合作投融资体系，加强与国际资本市场的有机接轨，广泛吸收域外国家社会资本参与等。

（五）新时代中非合作的历史机遇与未来

当前，历史进入新的时代，其特征是世界进入百年未有之变局，中国发展进入实现中华民族伟大复兴的新征程，这两个大局对世界、对中国带来了前所未有的影响。从世界范围看，百年变局中的首要变局是世界战略格局之变，世界正从冷战后的"一超多强"格局向多极格局演进，美国不愿意失去其霸主地位，开始在世界范围内实施打击、遏制中国发展崛起的战略政策，不惜操弄"脱钩断链"，推动阵营对抗，推升冷战气氛，分化、分裂了世界，给世界的和平与稳定、发展与繁荣带来了消极影响。而中国则不为美国挑衅所动，坚持改革开放政策，坚定走和平发展道路，正以中国式现代化推进中华民族伟大复兴。

在美国执意挑起大国对抗和阵营对抗的国际环境下，中国的对外开放格局和政策会相应有所调整，其中，非洲在中国对外战略中的地位显著上升。非洲是与中国拥有坚实政治基础和深厚传统友谊的大陆，中非有相似、相近的历史和国情，都有在新世纪实现国家发展和民族振兴的战略目标。新时代非洲对中国的战略意义更为重要，非洲不仅是中国天然的政治盟友，是实现国家现代化发展的同路人，也是中国发展的重要合作伙伴。同时，非洲对中国从模式、经验借鉴，到经济、技术帮助的需求上升。在新的世界格局和历史条件下，中非合作潜力巨大、领域众多、前景广阔。

正如前文所述，中非在"一带一路"建设中取得非凡成效并将继续推进，新时代的中非合作将更加广阔，中国对非洲的国家发展和民族振兴的推动将发挥更大的作用，特别是中国正以中国式现代化推进中华民族伟大复兴，这将在多个方面惠及非洲。新的形势下，中国可优先为非洲提供以下六个方面的务实支持与帮助，以最大成效推动非洲的发展建设。

1. 加大在非基础设施建设

中国有一句古话"要致富，先修路"，这不仅是中国传统，也是中国改革开放 40 多年来取得巨大发展成就的成功经验。非洲现在与中国 40 年前有相同的国情，基础设施较为落后，这是严重制约经济发展的障碍。比如在西非的加蓬，全国只有 1 条不到 700 公里的铁路，只是为了连接港口和锰矿产地。加蓬国内运输只能依赖公路，但陆上交通网络、港口设施的运行能力仍显落后，远远满足不了国内矿石、木材等物资运输的需求，也对物流、投资形成严重制约。非洲绝大多数国家国情都与加蓬相似。

中国拥有强大的高铁、高速公路、桥梁、港口、机场、电网、电信网络等基础设施的建设能力，中国的高铁、高速公路、电网、电信网络建设规模等长期稳居世界第一。中国能够用具有世界先进水平的装备、技术、标准和服务帮助非洲改善和发展基础设施条件。多年来，特别是中国实施"一带一路"建设以来，中国企业利用各类资金在非洲新建或升级的铁路超过1万公里、公路近10万公里、桥梁近千座、港口近百个、输变电线路6.6万公里、电力装机容量1.2亿千瓦、通信骨干网15万公里、网络服务覆盖近7亿用户终端，中国还为非洲国家建设了数量众多的大型电力设施、医院、学校等。今后，随着中国国内自身基建需求的下降，中国可利用自身的强大基建水平和产能大幅提升对非洲基建帮助的力度，满足非洲国家实现发展的需要。中国与非洲应从非洲国家发展战略、计划对接开始，有计划、有步骤地提升扩大在非洲基础设施建设的水平和规模。

2. 扩大双边贸易

投资、消费、出口是拉动国民经济发展、GDP增长的"三驾马车"，贸易在其中发挥着重要作用。中非之间存在发展贸易的巨大潜力，新形势下，中非贸易水平应得到大幅提升。

中国已成为世界第二大经济体，在不久的将来将成为第一大经济体，拥有广阔的发展前景和巨大市场，这为非洲对中国增加出口带来重大机遇，而非洲拥有丰富的能源、矿产、农产品等，能极大满足中国的发展和市场需求。同时，中国拥有强大的制造业和全部工业门类，能对非出口各类产品，满足非洲经济发展和改善民生的需求，特别是薄弱环节的需要。中非贸易是互补的、互利的。

中国自2009年起连续13年稳居非洲第一大贸易伙伴国地位，中非贸易额占非洲整体外贸总额比重连年上升，2020年超过21%，2021年中非双边贸易额达2542亿美元，同比增长35%。即使在疫情较严重的2022年，中国与非洲国家的进出口额仍达约18785亿元人民币，同比增长14.5%。其中出口10975亿元人民币，同比增长14.8%，进口7810亿元人民币，同比增长14.2%。中国对非贸易结构持续优化，对非出口技术含量显著提高，机电产品、高新技术产品对非出口额占比超过50%。

按照中非计划，不久中非年贸易额将提升到 3000 亿美元。中非贸易的提升也将推动中国对非贸易便利化和对非的投融资，全面提升中非经济合作水平。

3. 帮助非洲发展现代农业

贫困问题、特别是饥饿问题，是发展中国家最大的民生问题，在新中国成立以后的很长一段时间国内都面临极端贫困、饥饿的问题，中国对非洲人民的疾苦感同身受。发展农业是消除饥饿和贫困的最基本办法。近年来，中国拥有了现代化农业，形成了育种、种植、加工、仓储和物流完整体系，打造了畜牧养殖和经济作物特色产业，增强了粮食安全保障能力，提高了农产品、食品的安全水平和附加值。中国的这些技术、经验和成功的方法可以帮助非洲国家发展建设现代农业，助力非洲消除饥饿和贫困。

多年来，中国积极与非洲分享自己的农业发展技术和经验，大力支持非洲国家提高农业生产和加工水平，推动非洲农业产业链建设和农贸发展。中国已与 23 个非洲国家及地区组织建立了农业合作机制，建成了 23 个农业示范中心，签署了双多边农业合作文件 72 项。中国为非洲培训农业科技人员 7456 人次，通过实施"援非百名农业专家""援非农业专家组"等项目，在非洲当地培训 5 万余人次。2019 年，中非举办"首届中非农业合作论坛"，成立"中国—非盟农业合作委员会"，启动了中非农业现代化合作规划和行动计划。

新的形势下，中国可在以下几个方面帮助非洲发展农业：一是进一步加强粮食安全合作，用好南南合作援助基金，以粮食产后减损等为试点，帮助非洲国家在既有生产能力条件下提高粮食供给保障能力；二是支持依托在非洲的各类经贸合作园区，推动涵盖农产品种植、加工、销售等环节全产业链合作，提高非洲农产品本地化加工能力，提高农产品附加值；三是致力于改善非洲国家的城乡联通道路、村镇级别的微型水利灌溉设施、粮食仓储和基本加工设施、可再生能源电力设施和小型农业机械化设备条件;四是扩大对非优质特色农食产品进口,建立非洲农产品输华"绿色通道",加快推动检疫准入程序;五是加强中非涉农企业对接,畅通农业贸易投资渠道,扩大双方优质农产品贸易、投资品类和规模,支持中国企业在非投资建设农业产业园;六是发挥在非已建农业技术示范中心作用,加强人员培训交流和农业技术试验示范,加速符合非洲国家农情的技术成果集成。

4. 推进非洲工业化进程

工业化水平是衡量一个国家发展水平的尺度,实现工业化是发展中国家向发达国家迈进的必然之路。中国改革开放40多年之路说明,工业化是国家发展、民族振兴之本。非洲之所以较为贫穷落后,工业化水平低是其中的一个主要原因,而中国已发展拥有的强大的工业化水平和能力,完全可以帮助非洲工业化水平实现快速提升。

中国已与15个非洲国家建立了产能合作机制。中国与许多非洲国家合作建设了包括经贸合作区、经济特区、工业园区、科技园区在内的多类合作园区,吸引中国等各国企业赴非投资兴业。这些合作园区建立生产和加工基地,开展本土化经营,大大增加了当地的就业和税收,有力促进了当地的产业升级和技术合作。

新的形势下,中国可在以下几个方面助力非洲工业化发展:一是中国企业在中高技术制造业、能源电力、数字基建和数字经济乃至航空航天等领域加大对非投资,促进技术转移,消除供应瓶颈,为非洲国家经济多元化创造更多机会;二是在采矿业延展产业链条,扩大在冶炼、加工等产业链上下游以及电力、交通等配套基础设施的投资建设,在非洲国家开展矿产深加工项目，进行资源开发利用型合作区建设，以带动当地工业化发展；三是将中国在非经贸合作区升级为中非产业链供应链合作示范区，支持中国企业积极参与建设、运营和投资入驻非洲经贸合作区；四是支持非洲中小企业在传统制造业的转型升级，鼓励更多非洲企业参加中国国际中小企业博览会等国际展览类活动，推动中非中小企业间的交流与合作。

5. 帮助非洲减贫

中国在减贫方面取得了举世瞩目的成就，在过去的四十年中帮助7亿多人民摆脱了贫困，对全世界的减贫贡献达到70%以上，到2020年底，中国消除了绝对贫困。中国所取得的全面消除绝对贫困的历史性成就，得到了联合国和包括非洲国家在内的世界各国的高度评价。非洲与中国拥有相似的国情和条件，中国消除贫困的做法和经验完全可以与非洲朋友分享，并采取实际行动帮助非洲消除贫困。

中国对非洲的贫困问题感同身受，多年来一直积极支持非洲国家改善民生、谋求发展的事业。中国不断加大对非援助，对非洲国家的援助接近对外援助总额的一半，包括无偿援助、无息贷款和优惠贷款等。在2000年至2020年的20年间，中国为非洲国家援建了130多个医疗设施、45个体育馆、170多所学校，宣布免除了与非洲一些最不发达国家、重债穷国、内陆发展中国家、小岛屿发展中国家的无息贷款。新冠疫情暴发后，中国还宣布免除了15个非洲国家的无息贷款债务。同时，中国积极与非洲国家分享减贫经验和做法。中国推动落实《中国和非洲联盟加强中非减贫合作纲要》，通过"中非合作论坛—减贫与发展会议""中非青年减贫和发展交流项目"等合作机制，支持中非地方政府、学术、企业、青年和非政府组织开展形式多样的减贫经验交流与务实合作。

新的形势下，中国可以在以下几个方面帮助非洲减贫：一是构建中非减贫与发展伙伴联盟,动员中非企业、社会组织、智库等各方力量参与中非减贫与乡村发展合作,建立政府间、社会间的多层次减贫与乡村发展对话机制,加强减贫经验交流;二是增加援助非洲减贫和农业项目,鼓励中国机构和企业在非建设中非农业发展与减贫示范村;三是举办"中非合作论坛——减贫与发展会议""中非青年减贫与发展交流项目"等活动,根据非洲国家需要举办减贫与乡村发展政策研修班;四是中非政党将通过各种层级和形式的交往和对话分享经验。

6. 加强治国理政的交流

中国与非洲虽相距遥远,但中非都拥有相同或相近的被西方入侵、殖民的历史,在获得民族解放和国家独立后也都以追求实现现代化为目标。在新中国成立后、特别是在改革开放以后,中国走出了一条通向现代化发展的成功之路,得到包括非洲朋友在内的全世界广大发展中国家的肯定和赞许。中国的成功经验特别是中国式现代化道路、模式完全可以与非洲分享、供非洲借鉴,以此助推非洲实现自己的现代化。

自近代以来,中国经过艰苦卓绝的抗争和奋斗,找到了一条适合本国的现代化发展之路,这是一条不同于以往的、独特的现代化之路,是具有中国特色的社会主义现代化道路。到目前为止,世界上其他已经实现现代化的国家和正在追求现代化的国家,走的均是西式现代化道路。但西式现代化道路并非适合所有国家,亚非拉等广大发展中国家在实现国家独立后大都选择西式道路,但未成功实现现代化。中国式现代化道路之所以成功,就在于没有完全照搬西式现代化的制度与模式,而是在自己的国情和特点的基础上,借鉴西式现代化走出一条独特道路。中国坚持以创新理念为导引,在推进中国式现代化建设中创造了许多新的模式。比如,在社会发展模式上,西方走的是工业化—城镇化—农业现代化—信息化逐步升级发展的路径,是一个"串联"模式,而中国走的是工业化、城镇化、农业现代化和信息化同时发展的路径,是一个"并联"模式,西方国家用几百年走过这条路,而中国则用几十年走完这条路。比如,在提高人民生活水平、推进物质文明建设中,中国基于自身国情提出让一部分人先富起来、先富带动后富最终实现共同富裕的发展路径,这是一条以点带面实现全体人民共同富裕的独特路径。再比如,贫困是困扰人类社会几千年、影响人类福祉的大问题,消除贫困是世界性难题,是国家现代化建设的重要路标。中国经过几十年努力,在世界上率先消除了绝对贫困,创造了历史奇迹。在"以人民为中心"的理念指导下,中国创造出了"政府主导、全社会共同参与""精准扶贫""用发展的办法消除贫困根源"的世界减贫的新模式,成为中国在一个十几亿人口的发展中国家成功实现消除贫困的关键因素。

因此,与中国具有相同或相近历史、国情和发展目标的非洲国家,可以从中国成功的现代化之路中获得经验和借鉴,这也是很多非洲朋友在交流中表达出的热切愿望。新的形势下,中国与非洲可加强治国理政的交流与借鉴,通过政府、政党、商界、学界、媒体等多种方式进行广泛和深入的交流。中非双方相互学习、相互借鉴,以共同提升各自治国理政的水平,共同走出适合自己的通向现代化的成功之路。

第二篇　中国与摩洛哥"一带一路"合作案例

一　中国与摩洛哥"一带一路"合作现状

近年来，中摩关系在相互尊重、平等协商、互利共赢基础上取得长足发展。摩洛哥的地缘与区位优势显著，是中国在非洲及马格里布地区推进"一带一路"建设的重要共建国。总体而言，摩洛哥经济总体平稳向好，在北非地区发展位于前列，不仅与中国经济具有较高程度的互补性，同时也是中国企业走向欧洲的"桥头堡"和"练兵场"。但也需承认，尽管中摩经济合作具备优良的条件，但由于近年来直接投资规模有所下降，也暴露出非传统投资方式无法被简单复制、企业"水土不服"等问题。在新形势下，中摩两国应进一步增进多领域合作，加强在"一带一路"等层面的战略对接，共创新的增长点，推动两国战略伙伴关系走向持续深化，积极提升两国和发展中国家的共同利益。

本章就中国与摩洛哥"一带一路"合作的现状进行分析研判，一共分为两小节。第一节介绍中摩经贸合作的发展与现状，主要体现中摩合作的现阶段成果以及存在的挑战与不足。第二节重点介绍了在"一带一路"倡议的推动下，中摩两国近年来在双边关系上取得的进展。本节分别就政策沟通、设施联通、贸易畅通、资金融通、民心相通五个方面进行梳理，以系统展现近年来合作的深化与未来发展的潜力。

（一）中摩经贸合作现状

近年来，中国与摩洛哥的双边贸易交流逐步扩大。据中国海关统计，2019 年中摩双边贸易额为 46.7 亿美元，同比增长 6.37%。其中，中国出口 40.35 亿美元，同比增长 9.6%；中国进口 6.35 亿美元，同比下降 10.4%。从双边贸易口径来看，摩洛哥对华出口以矿产品、贱金属及制品、动物产品为主，摩洛哥从中国的进口主要以机电产品、纺织品和原材料为主。中国是摩洛哥最大的轻工业产品进口来源地，如机电产品、纺织品和原材料、家具玩具、光学钟、医疗设备和鞋、靴子和雨伞。进口量超过摩洛哥对华进口总额 5% 的货物包括家具、玩具、贱金属和制品。

与双边贸易总量的增长相比，中国企业在摩洛哥的直接投资并不活跃，显示出双边经济交流仍存在动力不足的问题。国际直接投资是跨国经济合作的重要载体，往往更能直观反映出中国国内企业对摩洛哥的投资热情。根据《2017 年中国对外直接投资统计公报》，2017 年中国对摩洛哥的直接投资仅为 5986 万美元，对摩洛哥的直接投资存量仅为 3.2 亿美元，仅占当年中国对非洲直接投资存量的 0.7%。这一规模呈现持续下降趋势。2019 年中国企业对摩洛哥全行业直接投资额为 5630 万美元，但 2020 年降为 2641 万美元，2021 年再略微降至 2400 万美元。据中国商务部统计，2019 年，中国企业在摩洛哥新签项目合同 32 个，新签订的合同金额 2.31 亿美元，营业额为 3.35 亿美元。截至 2019 年底，在中国驻摩洛哥大使馆营业部注册的中资企业仅有 50 家，反映出当前中国企业在摩投资总体进展不顺，仍处于瓶颈期。

本节旨在对中摩经贸合作进行整体把脉，以重点分析合作的基础和挑战，特别是帮助分析影响中摩合作的有利因素与不利条件。

1. 合作的基础

中国与摩洛哥之间具备良好的合作基础。摩洛哥的五大优势可以帮助中国企业更好地实现商业运营、拓展国际业务。具体而言，五大优势包含资源禀赋优势、营商环境优势、与欧洲的经贸关系优势、税收优势，以及区域辐射优势。

第一，摩洛哥的资源禀赋优势有利于发展劳动密集型工业制造业，可以作为中国企业转移产业链的目的地。从人口年龄结构来看，摩洛哥有着充足的劳动力供应和成本优势。2017年，摩洛哥15—64岁人口占总人口的65.8%，0—14岁人口占总人口的27.4%，均高于全球平均水平。从人力成本来看，2015年摩洛哥制造业运营商的人均时薪约为1.6美元，而2016年中国和泰国制造业的人均时薪分别为3.6美元和2美元，即劳动力价格不到中国的一半，比泰国也低20%。除了人口资源以外，摩洛哥还有充足能源供应作为后盾。根据中国商务部公布的数据，摩洛哥工业园区平均峰值电价约为7.8美分/千瓦时，比北京经济技术开发区110千伏工业峰值电价低38.6%。具有国际竞争力的电力供应不仅为摩洛哥发展一般劳动密集型工业制造业提供了能源保障，也为摩洛哥发展轮胎、平板玻璃等高耗能工业制造业创造了条件。

第二，摩洛哥有着良好的营商环境，有利于外国企业在此扎根运营。在国家工业发展战略的推动下，摩洛哥营商环境得到显著改善。根据世界银行发布的全球商业环境排名，摩洛哥的商业环境在2009年仅排名世界第128位，但在近年来却大幅上升，到2018年已上升至世界第60位，处于区域领先地位。营商环境的显著改善意味着外商投资能够更好地按照国际一般商业规则行事，从而减少在当地商业运营时产生的"额外成本"，避免政府寻租造成的隐性成本增加。与周边中低收入国家相比，摩洛哥的营商环境更有利于企业开展经营活动。由于主权信用危机，摩洛哥的汇率风险、融资成本上升以及外汇管制和资本流动管制的可能性明显低于其他邻国，从投资安全的角度来看，摩洛哥的宏观经济更加稳定，更有利于工业制造业的发展。

第三，摩洛哥与欧洲保持着长期的经贸合作传统，可作为中国企业进入欧洲的跳板和"练兵场"。摩洛哥在许多方面采用了欧洲标准，这为中国企业熟悉和进入欧洲市场提供了便利条件。长期以来，由于在质量控制、管理模式和适应当地市场方面的不足，大多数中国企业很难将产品直接出口到欧洲。由于欧洲文化的历史渗透，摩洛哥与欧洲在文化和经济上有一定的认同和融合，这可以成为中国企业转化非洲成果、突破欧洲市场的新途径。由于地理位置的优势，从摩洛哥丹吉尔港到西班牙阿尔赫西拉斯港的运输时间不到1小时，有效降低了摩洛哥与欧洲之间的运输成本。以配电设备为例，配电设备是欧盟从摩洛哥进口的重要商品。由于地理位置的影响，中国配电设备企业在以欧盟为出口目的地时生产成本比摩洛哥要高出三分之一。因此，摩洛哥可以以较低的成本从欧盟获得生产要素，并以较低的价格向欧盟出口产品。

第四，近年来欧美国家对中国发动了贸易战和关税战，投资摩洛哥可以缓解负面影响。摩洛哥不仅积极推动欧洲共同市场、非洲共同市场和非洲一体化，同时也与欧洲和美国签署了自由贸易协定，享受优惠关税政策。此外，摩洛哥政府着力打造其工业加速区，在政策上优化营商环境。根据相关规定，从摩洛哥运输至工业加速区的货物应视为从摩洛哥出口。从工业加速区运进或出口用于工业加速区和过境的货物，均免征进口、流通、消费、生产或出口的一切税费、关税或附加税。工业加速区内的企业不受外贸法律法规和外汇管理的监督，企业可在区内银行开立外汇账户以方便资金自由进出，必要时也可以直接兑换成当地货币支付管理费、水电费、员工工资等。从2021

年1月1日起，新成立的公司将在五年内享受减免企业所得税；自第6年起，工业加速区内的企业也仅缴纳15%的企业所得税。工业区的税收政策可帮助中国企业绕过关税和非关税贸易壁垒，从而缓解国际贸易摩擦带来的压力。

第五，摩洛哥可以成为促进南南合作的重要支点。首先，摩洛哥在非洲拥有相对丰富的经贸链接网络。摩洛哥与大多数非洲国家建立了密切的经济、贸易、金融和文化交流，航空业覆盖30多个非洲国家，并设立了非洲学生奖学金。2018年3月，在卢旺达首都基加利举行的非洲联盟首脑会议上，44个非洲国家的国家元首和政府首脑签署了关于在非洲大陆建立自由贸易区的协议，非洲大陆自由贸易区于2019年7月正式成立。首批签署自由贸易协定的国家包括44个主要非洲经济体，如南非、埃及、肯尼亚、摩洛哥和阿尔及利亚。与此同时，摩洛哥和海湾合作委员会国家都是君主国，关系十分密切。近年来，沙特阿拉伯、阿拉伯联合酋长国和其他海湾国家对摩洛哥的援助承诺迅速增加。根据摩洛哥中央银行的报告，从2013—2017年，四个海湾国家向摩洛哥累计提供了42亿美元的援助。与此同时，海湾合作委员会国家是中国工程承包、石油进口和产能合作的重要目标国，阿拉伯基金也帮助中国企业进入摩洛哥市场。因此，与摩洛哥合作可以反过来增强中国与海湾国家的经贸合作。2021年10月，摩洛哥对外贸易银行上海分行开业，意味着中国企业可以利用摩洛哥在非银行网点辐射更多地区性国家，提高资金安全性和流动性。

2. 合作的挑战

尽管中摩经济合作具备优良的条件，但近年来直接投资规模的下降也表明中摩经济合作在客观上存在问题。分析背后的原因主要有内、外两点。首先，进展不顺的内部原因在于摩洛哥独特的投资需求与商业环境，致使中国在非洲的传统投资方式无法被简单复制,出现了"水土不服"。在合作定位上,摩洛哥希望引入高质量、高科技的产品,重视科技含量而非价格优势。因为拥有完备的基建设施与充足的财政盈余,摩洛哥相对其他非洲国家自视甚高,追求高端国际合作。中资企业若依赖传统对非投资方式,试图依靠低利润抢占市场,或不断赔本、最终退出,或偷工减料,造成豆腐渣工程,最终也将被赶出市场。

其次,在合作方式上,摩洛哥通常进行国际公开招标,严格把关。这样的方式在非洲其他国家很少见,导致中国企业依赖"利益交换"和所谓"国家关系"等方式进行运作时常碰壁,难以成功。例如,几家中资企业共同参与修建摩洛哥第一条高铁,但由于铁路上各区间的工程监理和技术都被把控严格,承建企业最后并未获得经济收益。

最后,在合作目的上,摩洛哥希望扩大出口而非对内消化,这对外国投资企业提出了新的要求,间接提高了市场准入壁垒。例如,丹吉尔产业园区规定企业应当有不少于85%的产品出口至国际市场,因此企业不能以摩洛哥作为主要服务对象,必须具备一定的国际形象与声誉。同时因为摩洛哥政府对于零散件的关税较高,从中国进口原料、散件,再组装出口的传统方式并不适用。

外部原因在于欧美国家对摩洛哥至今保持着强大影响力,中国作为"后来者"不得不面临诸多挑战。其一,在经济上,欧洲企业对中资企业具有强大的竞争压力。摩洛哥的商业管理模式,如开发区管理、工业项目管理,以及治理结构等受欧洲影响很大,使欧洲企业在摩洛哥如鱼得水,法国、西班牙企业都有大量投资。这类企业往往科技含量高、自主运营能力强,以摩洛哥为转口市场,往往可以取得可观的商业利润。反观中资企业,作为后来者与欧洲市场的对接相对较弱,只能靠低成本开拓市场,而这方面的优势恰恰不被摩洛哥所重视。

其二，在政治上，摩洛哥一直自视为西方阵营的一部分，对华认识一度存在偏差。作为原法国殖民地，摩洛哥至今与西方国家关系较好，是北约主要的非成员盟国。不管是官方还是民间，摩洛哥在信息接收与观念塑造上都深受西方影响，造成中国形象的被歪曲。很多摩洛哥民众认知中的"一带一路"是通过西方媒体构建的，这导致"一带一路"常被误解是中国的"霸权工具"。中资企业在拓展商业合作时往往被怀疑存有政治动机，从而延误商业合作。但随着摩洛哥国王访华并与中国国家主席签署合作协议，中摩双边关系快速提升，摩洛哥民间的对华印象在近年来也得到大幅改观。

在未来，中资企业还需改变营商理念与逻辑，放弃依赖低成本、低质量的传统模式。过去中资企业在摩投资不仅存在急功近利的倾向，同时还对摩洛哥的投资需求以及战略目标认识不充分。下一步一是需结合中国自身的技术优势与发展经验，敢于往高端、高技术含量、高附加值的领域扩大产能合作。要充分利用摩洛哥的地位优势和比较优势，达到从摩洛哥向美国、欧洲出口的目的，实现全球布局。二是中摩双方应加快落实已签署的投资项目，把握时机深化中摩合作与友谊。加快落实已签署协议，有助于树立中国言而有信的国家形象，从而建立"一带一路"向摩洛哥延伸的信誉基础。

（二）中摩"一带一路"合作进展

2013年9月和10月，中国国家主席习近平分别提出建设"新丝绸之路经济带"和"21世纪海上丝绸之路"的合作倡议。2015年3月28日，国家发展改革委、外交部、商务部联合发布了《推动共建丝绸之路经济带和21世纪海上丝绸之路的愿景与行动》。截至2023年1月6日，中国已经同151个国家和32个国际组织，签署了200余份共建"一带一路"合作文件。

"一带一路"倡议提出以来，摩洛哥积极支持中国的发展愿景，双方在互利共赢的宗旨下，采取务实合作的精神，并且取得显著成效。本节从政策沟通、设施联通、贸易畅通、资金融通、民心相通五个方面总结摩洛哥为对接"一带一路"倡议所做出的努力以及近年来所取得的进展。

1. 政策沟通

中国与摩洛哥于1958年11月1日建交，摩洛哥是最早与新中国建交的非洲国家之一，60多年来两国保持着传统的友好关系，两国高层互访日益频繁。其中，访摩的中方高层领导人有：江泽民主席（1999年）、朱镕基总理（2002年）、吴邦国委员长（2005年）、胡锦涛主席（2006年）、中共中央政治局常委李长春（2008年）、温家宝总理过境访问（2012年）和全国政协主席俞正声（2014年）等。访华的摩方高层领导有：穆罕默德六世国王（2002年、2016年），杰图首相（2006年参加中非合作论坛北京峰会），众议长拉迪（2010年），参议长本希马（2017年），外长布里达（2017年）。2018年9月，摩洛哥欧斯曼尼首相访华，参加中非合作论坛北京峰会。2019年4月，布里达外长出席第二届"一带一路"国际合作高峰论坛。高层互访不仅促进了两国政治关系的发展，也增进了两国的相互了解和信任。

伴随着领导人的互访，中摩两国政府积极推动双边经贸关系，签订了多个政府间协议以实质性提升双边经济交流。1958年，中国和摩洛哥签署了第一个政府间贸易协定，开启了中摩经贸交流的篇章。1975年3月，两国政府再次签署协议将记账交易改为现金汇兑支付，以便利双边经贸结算。1995年3月，双方签署了新的经贸协定和投资保护协定，此后还依次签署了海上运输协定和民航协定等协议，并商议定期举办经济、贸易和技术混合委员会。2002年8月，双方签署了《避免双重征税协定》（该协定于2006年8月生效），大幅降低了两国企业的税务负担。2016年5月，中国和摩洛哥进一步签署了货币互换协议与《基础设施合作谅解备忘录》。

中摩合作在2016年摩洛哥国王穆罕默德六世访华之后，开启了新的篇章。两国元首共同决定在相互尊重、平等互利的原则基础上建立中摩战略伙伴关系，共同签署了《关于建立两国战略伙伴关系的联合声明》与23项涉及经济、旅游和文化的备忘录。主要内容包括加强和深化高层政治对话，保持两国国家元首、政府首脑和政府部门首长互访，以增进互信，拓宽战略合作领域；发挥两国外交部政治协商机制的作用，就双边关系和地区国际问题交换意见，加强在战略问题上的相互沟通与协调；在双边政策的支持下，进一步丰富和扩大两国经贸伙伴关系，充分发挥中摩贸易经济技术合作联合委员会的作用，同时制订联合合作计划、梳理合作方式、坚持通过谈判和友好协商；在推动经贸合作的同时，也鼓励两国金融监管机构建立监管合作机制，从而加强监管沟通与协调，支持双方金融机构在符合相关法律法规要求的基础上开展业务合作。2019年新冠疫情暴发以来，中国对摩洛哥进行了积极的医疗物资援助并在成功研制疫苗后进行捐赠。展望未来，中国将稳步推进"一带一路"和中非合作论坛，共同规划人文文化交流与合作的新蓝图，推动中摩战略伙伴关系的新成果。

在总体层面的政策推动下，中国与摩洛哥政府各部门也积极展开合作，签署了系列文件。2017年11月，外交部部长王毅与摩洛哥外交与国际合作部部长布里达共同签署了《中华人民共和国政府与摩洛哥王国政府关于共同推进丝绸之路经济带和21世纪海上丝绸之路的谅解备忘录》，这使得摩洛哥成为签署该文件的第一个马格里布国家。2019年5月16日，中国水利部副部长魏善中和摩洛哥装备、运输、物流和水资源部长阿马拉签署了一份水资源领域合作谅解备忘录，并计划于2020—2022

年实施，旨在加强双方在水利基础设施维护、极端天气事件管理、水质保护等领域的交流与合作。阿马拉部长对中摩合作给予热情，强调中国是摩洛哥可靠、可信的合作伙伴，摩洛哥愿意支持中国为维护主权、领土完整和合法海洋权利所做的努力，并支持中国在这方面的努力，希望继续加强与中国在政治、反恐安全和重大国际和地区事务中的相互支持与协调。政策沟通有助于进一步扩大双边在贸易、投资、铁路建设等领域的互利合作。

在国际舞台上，中摩双边也旨在加强多边领域合作。摩洛哥和中国都是发展中国家，两国在一些重大问题上有很多共识。摩洛哥认为，当前国际关系中的紧张和冲突因素尚未完全消除，世界贫富差距仍在扩大，世界经济发展不平衡，发展中国家处于极不平等的地位。因此，摩洛哥主张加强南北对话和南南合作，呼吁发达国家向发展中国家提供更多的财政和技术援助。这些观点与中国一致，为两国建立良好的双边关系奠定了基础。在联合国安理会改革、中东和平进程、气候变化、可持续发展、打击跨国有组织犯罪等重大国际和地区事务中，双边坚持协调与合作，坚持维护发展中国家的合法权益，推动国际秩序和国际体系朝着更加公正合理的方向发展。

与此同时，中国也利用与摩洛哥的友好关系，进一步增强了对周边国家的辐射能力。中摩两国都支持加强中阿合作论坛在中阿关系发展中发挥的主导作用，积极落实2014年6月在北京举行的论坛第六届部长级会议和2016年5月在多哈举行的论坛第七届部长级会议成果，支持论坛机制建设，加强双方战略合作关系。中国与阿拉伯国家"全面合作、共同发展"，密切各层次交流，加强文化文明交流。共同加强中非合作论坛对夯实中非全面战略合作伙伴关系、南南合作的作用，并共同落实论坛约翰内斯堡峰会成果、推动中非关系发展，使非洲国家能够建立提高自身能力和政治经济社会条件的可靠途径和机制。

2. 设施联通

摩洛哥位于古丝绸之路的最西端，连接非洲、欧洲和阿拉伯世界，也是新时期中国海上丝绸之路的西端。摩洛哥的港口主要以海港为主，其分布从摩洛哥西北部一直延伸至西南沿海城市。由于特殊的地理位置，海运在摩洛哥的经济、文化、社会交流中都扮演了重要角色，摩洛哥政府也十分重视海港发展。

据摩洛哥设备与运输部官方网站统计数据显示，摩洛哥现有各类港口共 38 个，其中商业港 13 个、渔港 19 个、游艇停泊港 6 个，这些港口中最具现代化的是 2007 年启用的丹吉尔地中海港。丹吉尔地中海港实际吞吐量已超过 900 万标准箱，这使得摩洛哥在世界航运业的排名从第 49 位上升至前 30 名，与埃及塞得港和南非德班港共同跻身非洲三大海运国。作为临海国家，港口在摩洛哥的地位犹如其经济发展的生命线，港口的重要性及其发展思路也在 2015 年以法律条文的形式对外公布。

港口对摩洛哥具有重大战略价值，既能带动国内产业，也可以发展国家间的外交关系。一方面，港口是摩洛哥国民经济发展的重要驱动力。摩洛哥支柱产业以矿业、渔业和旅游业为主，近几年摩洛哥政府也在大力发展新兴工业产业。作为中转站和集装箱储存地，摩洛哥也为整车以及汽车配件产品的出口提供了重要的保障，成为承接世界中转订单的重要桥梁。摩洛哥同时也拥有多个旅游港，且每个旅游港均有邮轮和游艇设施供旅客游玩，大大强化了摩洛哥的旅游业。

另一方面，港口发展也充当了摩洛哥与西方国家良好关系的润滑剂。摩洛哥位于地中海西部，与欧洲国家隔海相望。欧洲国家，特别是以法国和西班牙为代表，一直是摩洛哥最大的贸易伙伴，摩洛哥在近年来也一直是欧洲在反恐问题上的重要合作伙伴。通过建立纳多尔西地中海港口和丹吉尔地中海港口，摩洛哥进一步增强了与欧盟国家的货运联系，从而巩固了双方的相互依存关系。虽然美国离摩洛哥很远,但两国早在2004年就达成了自由贸易协定,两国港口的联系早已开通,且贸易量在近年来也呈现上升趋势。

为进一步提升经济发展水平,摩洛哥政府为港口部门制定相关法律法规,包括通过各类协议和条约,以形成一个完整的制度体系,来鼓励港口经营者积极参与。其中最重要的是摩洛哥设备与交通部在2012年发布的《2030国家港口战略》(以下简称《2030战略》),代表了摩洛哥经济向区域化与全球化发展的野心。

《2030战略》主要包括三个部分,其中第一部分为港口建设。其一,对现有的重要港口进行扩建。扩建的港口有穆罕默德迪耶港、卡萨布兰卡港、约夫拉斯法港和阿加迪尔港,扩建成本均在2亿美元以上。其二,将若干港口整合至各自城区,疏通港口与城区工厂、商业区的连接,增加流通效率。整合的港口有肯尼特拉河港、丹吉尔城港、卡萨布兰卡港和萨菲城港。其三,建立新港以进一步增强港口运输能力。计划建设的新港包括肯尼特拉新大西洋港、纳多尔新地中海港、约夫拉斯法新液化天然气港和萨菲新港。

第二部分为提升各个港口的交通便利性和效率。根据文件要求,希望把速度从2012年最高的92mt提升至280mt,从而达到世界领先水平。[①]

第三部分为在全国范围内建立"港口极"。"港口极"的提出是为了按区域进行经济发展,以发展区域优势,依靠每一极港口群为中心带动周边经济。在《2030战略》中一共提出了六个"港口极",分别为东方极、西北极、肯尼特拉—卡萨布兰卡极、阿巴达—杜卡拉极、苏斯—邓斯夫特极、南方港口极。

---

① 张玉友:《中国参与摩洛哥港口建设的前景与风险》,《当代世界》2017年第6期。

中国对摩洛哥的港口贸易保持浓厚兴趣，中摩双边都在积极推动港口项目建设合作。由于距离、历史等原因，中国参与摩洛哥港口建设仍然在不断发展之中。在非洲大陆，中国正式参与的国家和港口项目包括尼日利亚拉各斯廷坎岛港口、多哥集装箱码头、吉布提集装箱码头和埃及塞德港苏伊士运河码头。摩洛哥的港口建设具有不可替代的区位优势。通过摩洛哥，依靠丹吉尔地中海港，到达欧洲和亚洲，再联通西非和其他地区，从而增加中国在欧洲、西非国家中的影响力。中国也可以将其市场和影响力同时投射到非洲和欧洲，甚至扩展到其他阿拉伯国家。摩洛哥作为一个非洲国家，长期以来一直将发展与非洲国家的关系视为其长期战略。实现非洲经济区域化，不仅有利于自身经济，同时也可以依靠其他非洲国家来解决西撒哈拉问题。港口为摩洛哥发展与远东国家，特别是俄罗斯和中国的关系，提供了新的机会。摩洛哥近年来一直致力于外交多样化，寻求更多的外国援助，以经济合作为切入点，并通过港口建立合作关系。

为推动中摩在"一带一路"倡议下的合作，中国企业积极参与港口基础设施项目承包和周边交通建设，以大型国有企业为主，如中国电力建设和中国铁路。摩洛哥许多港口的核心技术和重要设备均来自中国，如丹吉尔—地中海港穆勒的运营商就是从上海振华重工有限公司购买的超级巴拿马型集装箱装卸桥。此外，中国港口运营商也积极参与摩洛哥的特定港口业务。目前，招商局港口已将丹吉尔地中海港口作为其海外投资项目之一。近年来，摩洛哥为吸引外国投资做了大量工作。2015年12月，摩洛哥国家港口管理局发布了港口投资计划，计划到2019年投资总额约7.2亿美元用于港口的扩建、改造和新建，其中52%由外部提供。

3. 贸易畅通

"一带一路"下的贸易畅通，主要聚焦于企业层面的双边交流，以及政府为促进企业合作所做出的努力。国际直接投资的实践表明，跨国公司对发展中国家非资源工业部门的投资主要有三个目的：第一，获取新市场或客户；第二，降低生产成本；第三，整合企业价值链。

1958年建交以来，中摩经贸关系稳步发展。两国签署了贸易协定、投资保护协定、避免双重征税协定和"一带一路"合作文件，并设立了投资和贸易工作组的备忘录。近年来，在中非合作论坛、"一带一路"倡议和中非经贸博览会的指引下，中摩经贸合作步入快车道。其中，中国对摩洛哥出口42亿美元，从摩洛哥进口6亿美元。中国是摩洛哥第三大进口来源地，摩洛哥是中国最大的茶叶出口国。中国公司参与了摩洛哥高速铁路、光伏电站和斜拉桥的建设。一批依托摩洛哥的良好投资环境，以欧美市场为重点的汽车零部件、新能源、建材等企业相继落户，不断丰富着双边合作内容，提升双边经贸合作的质量和效率。

中国企业在摩洛哥投资，主要目的在于获取新市场或客户并整合企业价值链。考虑到远离母国供应体系的影响，如果仅仅为了降低企业的运营成本，中国企业在周边中低收入国家的投资明显优于摩洛哥。因此，国内企业向摩洛哥实施产业转移的方向应该是开发新的客户和获得新的市场，即发展与摩洛哥毗邻、经济关系密切、建立了特殊贸易关系的欧洲作为目标市场。考虑到中国制造企业的自有品牌在欧洲市场普遍缺乏品牌知名度，难以广泛消费，中摩产能合作的主导方向以中间工业制成品为重点，试图努力融入欧洲产业链。在合作初期，重点发展汽车、航空、纺织服装等已初步形成产业集聚效应的产业。

在产业发展战略指导下，汽车、航空等一批高附加值新兴产业逐步发展起来，产业集聚和投资示范效应初步显现。这些新兴产业部门依托软硬件基础设施相对完善的综合性工业园区进行培育，初步形成了以行业企业为支撑的"柔性化、专业化"

生产条件，逐步形成了产业集聚。以汽车产业为例，许多综合性产业园区形成了汽车装配与汽车零部件生产协调发展的产业"生态系统"。在丹吉尔汽车城和卡萨布兰卡汽车城等产业集群的带动下，2009—2017年，摩洛哥汽车出口贸易额从1.2亿美元增加到26.6亿美元，年均增长率为46.7%。自2016年以来，汽车行业已成为摩洛哥最大的出口创汇行业。汽车装配业的发展还有力地推动了汽车拉索、汽车转向柱、汽车安全带等零部件产业的发展。由于产业集聚的初步形成，摩洛哥逐渐显现出投资的示范效应。对于汽车、航空、纺织和服装等显示出竞争优势的行业的跨国企业来说，在摩洛哥的投资显然比在该区域其他中等收入和低收入国家的投资更有利于提高企业的竞争力。

除了工业加工贸易以外，茶叶贸易在近年来也得到飞速发展。农业在摩洛哥占有非常重要的地位，占摩洛哥GDP的15%。大约40%的人口从事农业，在农村地区，这一比例高达80%。就进口而言，摩洛哥是中国最大的茶叶出口市场，中国30%的绿茶出口到摩洛哥。在"一带一路"倡议的实施下，2013年中国向摩洛哥市场出口的绿茶价值首次超过2亿美元。2017年，中国绿茶出口摩洛哥首次突破7万吨。近年来，中国对摩洛哥的绿茶出口量和价格均呈上升趋势，对摩洛哥的包装绿茶出口无论质量还是数量都在逐年增加。摩洛哥经销商将从中国出口的绿茶原料包装成自己品牌的小包装绿茶，然后分销到国内市场、欧盟和其他非洲国家。摩洛哥出口大包装绿茶的平均价格是从中国进口大包装绿茶平均价格的六倍以上，摩洛哥出口小包装绿茶的平均价格是从中国进口大包装绿茶平均价格的七倍以上。

以茶叶贸易为缩影，可以看出政策支持对贸易畅通的重要性。从2015年1月1日起，摩洛哥政府将散装绿茶的进口关税从32.5%降至2.5%，关税降低了30%，散装绿茶贸易量大幅增加。摩洛哥政府大幅降低散装包装茶的关税，以鼓励进口散装茶，即绿茶原料。2015年前，摩洛哥政府没有茶叶进口相关标准，中国出口商主要根据中国国内标准、合同和信用证规定的特殊条款向摩洛哥出口茶叶。2015年，摩洛哥政府颁布了《商业茶叶质量、健康和安全法令》，要求所有出口到摩洛哥的茶叶符合相关法律法规的要求。但不可否认的是，与其他产业的对摩贸易一样，茶叶出口也面临没有品牌知名度的问题。中国绿茶往往只能作为部分国外品牌茶叶的原料，而无法直接进入高端市场参与国际竞争。为了扭转这种局面，绿茶出口企业必须加强品牌建设，建立自己的品牌，完善品牌营销网络，以获得更大的利润。

总体而言，政府的支持，包括园区建设与畅通贸易交流，对增强双边贸易畅通起到了重要作用。海外工业园区的建立不仅需要大量的资金，还需要园区运营商与东道国政府部门，特别是当地政府机构进行大量的合作。因此，在运营层面上，在投资国牵头的东道国建立海外工业园区并不容易。如果东道国的基础设施条件可以接受，则应尽可能利用东道国的本地平台作为产业转移的载体。在中摩产能合作方面，与其他发展中国家相比，摩洛哥已建成的综合性产业园区基础设施非常完善，部分成熟园区已初步形成产业集聚效应。摩洛哥的商业环境在发展中国家中也处于前列，甚至比中国还要好。因此，中摩产能合作可以依托相对成熟的综合产业园作为投资平台，而不必投入大量资金打造新的孵化平台。利用海外工业园区提供的"国外"资源、条件，为企业提供良好的生产经营环境，是实施产能合作的有效途径。

中国政府也为畅通中摩贸易给予了大力支持。国内企业，特别是中小企业，由于自身实力，不太可能使用大量资金对摩洛哥的投资进行初步研究和风险评估。为了推动中摩产能合作取得突破，中国相关部门和行业协会也已建立具体机制，指导国内企业在摩洛哥的投资活动，为国内企业在摩洛哥的投资提供"软"支持。比如中国商务部国际贸易经济合作研究院每年都会针对摩洛哥出版对外投资合作指南，帮助企业获取在摩洛哥投资所需的相关信息。同时中国驻摩洛哥大使馆经济商务处也协助计划在摩洛哥投资的企业办理相关手续，建立商业支持网络，协助国内企业特别是中小企业在摩洛哥实施投资。

4. 资金融通

从资金融通的角度来看，摩洛哥发展金融产业具有重要战略意义。在全球化时代，全球金融中心实际上已经构成了一个动态的网络，但在非洲，特别是法语区，仍然缺乏一个主要的金融中心。在过去10年中，非洲实现了5%的年均GDP增长率，位居世界第二，仅次于东亚。摩洛哥优越的地理位置使其能够真正适应非洲、欧洲、中东、美洲乃至全球金融服务业不断变化的需求，作为服务于非洲大陆北部、西部和中部法语区的枢纽，以及全球经济和金融协调的关键节点。

摩洛哥发展金融产业具有明显的区位、制度、资源优势。第一，非洲正在成为未来世界经济新的增长点。以"金砖国家＋合作"为代表的"一带一路"倡议和南南合作机制有利于促进摩洛哥作为金融中心的发展。第二，摩洛哥的经济、金融和法律制度与历史上的主权国家关系密切，与主要金融中心节点有着天然的亲和力。第三，近年来非洲金融技术创新、伊斯兰金融等领域的快速发展，使摩洛哥在发展连接欧洲、中东、亚太和非洲的金融网络方面具有显著优势。总体而言，摩洛哥在近年来一直致力于提高其在区域和国际金融中的地位，主动利用地理位置和其他方面的优势积极发展金融中心。

从金融结构来看，摩洛哥的金融体系相对完整，体现出高效、包容、全面的特点。该国的资本市场由七个主要参与者组成：卡萨布兰卡证券交易所、资本市场管理局、摩洛哥中央证券存管处、经纪公司、资产管理公司、银行、保险和再保险公司。进入21世纪以来，所有这些参与者都在统一的法律环境中运作，并逐渐朝着更好的监管方向发展。摩洛哥是非洲第二大保险市场，目前拥有近20家保险和再保险公司。摩洛哥的银行业在整个非洲首屈一指，拥有与瑞士相同的高水平银行体系。该国的中央银行是马格里布银行。在过去几年中，摩洛哥成功吸引了许多国际银行，比如中国银行、法国巴黎银行、法国兴业银行和法国农业信贷银行等在摩洛哥建立了业务。除此之外，在摩洛哥活跃的国际公司有3000家，许多金融服务相关公司聚集在该国的卡萨布兰卡，集群效应明显。

在摩洛哥成为区域金融中心的发展过程中，不得不提其最大的港口城市卡萨布兰卡的重要地位。卡萨布兰卡是摩洛哥的一座历史名城，是该国重要的经济中心和交通枢纽，被称为"摩洛哥的肺"。自从穆罕默德六世1999年成功成为摩洛哥国王以来，他一直怀有雄心壮志尝试让卡萨布兰卡成为非洲重要的金融中心。为了实现这一目标，穆罕默德六世在2010年宣布了卡萨布兰卡金融城（Casablanca Finance City）这一雄心勃勃的项目。2020年3月，根据第27届全球金融中心指数（GFCI）显示，卡萨布兰卡连续居非洲首位，有望成为非洲投资的良好平台和资本聚集中心，成为真正的非洲金融中心。

从治理结构来看，卡萨布兰卡金融管理局具体负责金融城的治理，享有比一般金融中心更大的自由度。该机构成立于2010年7月。它是一家由公私合营企业发展而来的有限公司，拥有代表摩洛哥金融业的高持股比例。卡萨布兰卡金融城城市服务和治理模式的核心理念是"行业自治"，即让金融协会自身在城市治理中发挥重要作用。卡萨布兰卡金融城管理局的主要职责包括：制定卡萨布兰卡金融城的发展战略，并监督该战略的具体实施；向国际公司和投资者宣传卡萨布兰卡金融城；改善整体营商环境；提供咨询服务和帮助。卡萨布兰卡金融城以维护金融城的声誉、稳定和繁荣为己任，努力培育信任和责任文化。这种文化约束使卡萨布兰卡市的专业人士在与客户打交道时能够自觉遵守道德和诚信标准。

从政策便利性上看，卡萨布兰卡金融城管理局根据自身特点，灵活制定和实施招商引资制度和优惠政策。其一，在商务便捷方面，建立绿色通道，简化办理流程。其二，在税收优惠方面，金融机构和专业服务机构自取得卡萨布兰卡金融城资格的第一年起，连续5年免征企业所得税，且后续缴纳企业所得税税率仅为8.75%。根据税法规定的最低税率，从获得卡萨布兰卡金融城资格的第一年起，对跨国公司的地区或全球总部征收10%的公司税，且豁免公司注册及增资印花税。其三，在人员和资金的自由流动方面，签证和工作许可可以快速处理，外国投资者的资金和利润可以自由汇出，且向子公司和母公司转移费用没有限制。以上做法均显示出，为了使卡萨布兰卡金融城成为非洲法语国家和摩洛哥金融业的基准、北非重要的金融中心，卡萨布兰卡金融城管理局制定了一系列优惠政策旨在吸引世界级的公司和机构。

以上努力使摩洛哥的金融行业迅速发展。卡萨布兰卡金融城已逐步成为一个国际商业和金融平台，专门服务于寻求在该地区开展业务并进入法语非洲市场的大型国内和国际机构。到2019年，进入金融城的公司主要包括金融机构、专业服务机构和跨国公司的地区或国际总部。金融机构已包括金融行业里面的诸多产业链，包括投资银行、商业银行、个人银行、资产评估机构、保险和再保险公司、私募股权基金公司等。跨国公司的地区总部已设立投资公司与集管理、研发、资本管理、采购、销售为一体的管理公司，支持后勤服务与其他运营职能。牛津商业集团曾发布一份关于摩洛哥金融服务的报告，该报告由摩洛哥银行（CMI）和CFG银行协调中心完成，其重点是摩洛哥金融技术的发展和新冠疫情对该行业的催化作用。报告指出，摩洛哥已加快金融服务数字化的步伐，摩洛哥政府和经济参与者的持续努力正在加速实施金融技术解决方案。这些努力使摩洛哥更能够在现有基础上成功启动转型，从而创造新机会。

不可否认的是，摩洛哥依旧面临着阻碍其发展国际金融中心的风险和挑战，需要在未来进一步发展自身。在国内层面，摩洛哥仍需进一步提高国家治理能力，特别是深化反腐、教育和司法制度改革，完善相关优惠和补贴政策。同时，卡萨布兰卡金融城的建设也受到该国内部其他金融中心的竞争，特别是来自丹吉尔离岸金融中心的竞争。在一定程度上，这两个地方的共存导致摩洛哥发展国际金融中心的目标出现模糊，给国际投资者释放了不清晰的信号。

在国际层面，潜在的系统性风险也限制了非洲金融中心的发展。随着金融全球化，各国越来越重视金融中心在本国和地区经济中的地位和作用，金融中心的国际竞争也在加剧。卡萨布兰卡金融城面临毛里求斯等周边金融中心的竞争，这要求摩洛哥正确建立竞争与合作关系，以联盟等互补形式解决潜在的矛盾和冲突，从而在客观上降低治理成本。当然，摩洛哥仍然有独特的优势以支持卡萨布兰卡金融城建设成为国际金融中心，但这必须通过时间和执行能力的考验，才能真正证明卡萨布兰卡金融城能否成为可持续发展的新全球金融中心。

5. 民心相通

除经贸合作外，中国与摩洛哥的文化合作也十分频繁，两国关系保持了友好稳定的发展势头。

历史上，中国和摩洛哥的交往可追溯到宋代。从摩洛哥北部出发，沿着地中海向东到达埃及，便可将摩洛哥与丝绸之路连接起来，促进了中国与中亚、北非地区的经贸人文交流。正是通过这个渠道，中国的四大发明通过摩洛哥传到西班牙，之后再传遍整个欧洲，并随之走向世界。元朝时，摩洛哥旅行家伊本·白图泰来中国旅居三年多，其间访问了泉州、广州、扬州等当时的重要城市，详细考察了中国的政治、经济和社会习俗。白图泰在中摩交往史上占有重要地位，至今在两国交往中仍不时被提及。他的所见所闻后被编成游记，成为摩洛哥人和阿拉伯世界了解当时中国的第一手资料。

中国传统文化是世界优秀文化瑰宝中的瑰宝，近年来摩洛哥一直重视推广传播中国文化。2009年和2016年，摩洛哥首都拉巴特和卡萨布兰卡相继开设了孔子学院，丹吉尔和马拉喀什等城市也计划开设孔子学院。尽管汉语教学在早期遇到了较大的困难，但随着孔子学院数量的增加，汉语在摩洛哥变得非常流行。除此之外，马格里布阿拉伯通讯社也积极与中国新华社建立良好的合作关系，为传播中国文化做出了贡献。除了西方媒体的报道以外，摩洛哥政府也主动让其人民接受中国的媒体传播，以让摩洛哥学生了解中国的真实面目，客观真诚地学习中国的发展经验。

中国企业在摩洛哥也积极举办活动，丰富文化交流。摩洛哥中资企业协会积极资助双边文化交流活动，支持中国在当地举办大学生"汉语桥"汉语比赛，并派员担任评委，助力传播中国文化、加强与当地的互动。部分中资企业赞助春节"卡萨布兰卡嘉年华"。2018年12月，拉巴特中华文化中心正式落成。政府、文化机构和艺术界人士为相互了解、合作与交流提供了平台和机会，为摩洛哥民众了解中国、接近中国、感知中国搭建了新的重要渠道。在摩洛哥的中国企业和中国员工也重视传播中国传统文化，为中摩文化交流发挥积极作用。其中，摩洛哥一家中资企业春节期间与当地员工举行联欢会，介绍中国传统习俗，两国员工一起表演节目、包饺子，也有一些中资企业赞助中国武术协会在摩洛哥演出，传播中国武术。

政党间交流是国家外交的重要组成部分，政党在教育人民和向人民传播文化思想方面发挥着重要作用。摩洛哥各主要政党高度重视对外交往，与中国共产党保持着友好关系。摩洛哥真实性与现代党前总书记奥马里曾多次访华，开创了摩洛哥政党与中国共产党交往的先河，为中摩两党关系的发展做出重大贡献。近年来，该党也被多次邀请派遣干部视察团到中国学习中国共产党执政的经验。在"一带一路"倡议的背景下，现任真实性与现代党总书记同样重视推动加强两国人民之间的联系，并表示愿意使摩洛哥成为中非欧文化交流的纽带，继续深化合作，推动包括艺术、大学和智库在内的多个层面的人文文化交流。

旅游业一直是摩洛哥的重要经济支柱之一，是仅次于出口和汇款的第三大外汇来源和吸纳就业的主要部门。根据世界经济论坛（WEF）发布的2019年旅游竞争力指数，摩洛哥在140个国家和地区中排名第66位，安全稳定指数排名第28位。目前，全国有超过40万人从事旅游业。2019年，摩洛哥接待游客1300万人次，同比增长5.2%。全年旅游业总收入为786亿迪拉姆（约合74.1亿欧元），同比增长7.7%。不过在2020年，新冠疫情严重冲击了摩洛哥旅游业。根据摩洛哥国家旅游联合会的数据，2020年摩洛哥旅游业收入减少341亿迪拉姆（约合35.9亿美元），酒店营业收入减少140亿迪拉姆（约14.7亿美元）。

除文化交流以外，推动中国游客赴摩洛哥旅游也进一步推动两国民心相通。2006年，两国签署了《中华人民共和国国家旅游局与摩洛哥王国旅游部关于中国公民赴摩洛哥旅游实施计划的谅解备忘录》和《中华人民共和国政府与摩洛哥王国政府科技合作协定》，并于2007年10月正式实施。2016年5月，摩洛哥宣布从6月1日起对所有中国公民实施免签，自对中国公民实施免签以来，赴摩洛哥旅游的中国游客大幅增加。摩洛哥国家旅游局数据显示，在免签前，摩洛哥每年接待中国游客不到2万人次，而2019年，预计中国游客超过20万人次。即使在七八月的淡季，从摩洛哥南部的撒哈拉沙漠到北部的海滨城市丹吉尔，中国游客随处可见。

2019年9月，摩洛哥旅游局与中国旅游平台携程签署了为期三年的战略合作协议，旨在吸引更多中国游客到摩洛哥旅游，实现每年吸引50万中国游客的目标。根据协议，摩洛哥旅游局与携程将在目的地营销、旅游产品研发、旅游资源开发等领域展开合作。摩洛哥总理奥斯曼尼在接受《环球》杂志采访时表示，期待更多中国游客到摩洛哥旅游，并强调摩洛哥与中国的旅游合作意义重大，有助于加强两国关系。开通中摩直航也是为实现年吸引50万人次中国游客愿景的重要一环。直飞航班属于摩洛哥皇家航空公司，首班航班于2020年1月16日下午从卡萨布兰卡穆罕默德机场起飞，经过约13个小时的飞行，于次日中午抵达北京大兴机场，且每周有3个往返直飞航班。双边的便捷交流，无疑为促进"一带一路"下的民心相通做出了重要贡献。

（三）在摩中资企业发展面临的问题与挑战

近年来，一些中资企业开始进入摩洛哥投资设厂或者进行贸易，获得了较大的发展。然而，基于历史、文化以及国情等原因，现阶段中资企业在摩洛哥的投资和经营仍然面临一些问题和挑战。

1. 中国企业对摩洛哥投资体量较小，投资热情不高

对外直接投资是跨国经济合作的重要载体，但中国企业对摩洛哥的投资却并不活跃。根据《2020年度中国对外直接投资统计公报》，2020年中国对摩洛哥直接投资流量仅为12814万美元，仅占到当年中国对非直接投资流量总额的0.08%。截至2020年底，中国对摩洛哥直接投资存量仅为38347万美元，也

仅占到当年中国对非直接投资存量总额的0.01%。直接投资数量较少反映了国内企业普遍缺乏对摩洛哥的投资经验和热情，这成为中摩经贸合作的重要阻碍。

2. 摩洛哥重视对本国市场的保护

摩洛哥重视对本国市场的保护，一方面，体现为较高的市场壁垒。摩洛哥国内市场的高壁垒主要表现为摩洛哥严格限制自由区企业产品内销，以及对工业生产所需中间产品征税较高。为保护本土企业，摩洛哥对在自由区投资的企业设置了严格的内销比例。但摩洛哥优越的生产条件又主要集中于享有自由区待遇的综合工业园区，设置严格的内销比例对中国企业来说，意味着可以在摩洛哥进行生产，但却无法将产品打入摩洛哥国内市场，而只能将摩洛哥主要出口对象国作为企业的目标市场。此外，摩洛哥对工业生产中间产品征收的高关税税率与最终产品相比几乎没有差异。对中国企业而言，摩洛哥对中间产品征收的高关税税率意味着中国企业很难借助在摩洛哥建立散件组装工厂这一传统模式降低产品对摩洛哥出口的成本。对于出口加工贸易，在摩洛哥加工贸易增值率超过40%才被视为摩洛哥产品，由摩洛哥工商会或海关出具原产地证明，方能规避贸易关税壁垒进入欧美市场。[①]

另一方面，体现为摩洛哥对本土企业的保护。摩洛哥政府大力扶持本土企业，实施价格优惠以保护本土企业。以建筑业为例，对于摩洛哥本土企业有能力单独实施或部分实施的项目，摩洛哥政府给予本土企业10%—15%不等的价格优惠。这给中国工程承包商竞标带来了较大的价格难题。同时，摩洛哥当地业主在项目执行过程中，往往强行要求国际工程承包商将部分

---

① 刘冬：《摩洛哥工业发展战略与中摩产能合作》，《阿拉伯世界研究》2019年第2期。

甚至大部分工程分包给本土分包商。而本土分包商水平有限，效率又十分低下，这容易给项目实施成本和进度控制带来一定风险。近年来，随着摩洛哥本土基建企业的成长壮大和外国大型承包商纷纷进入等因素叠加，摩洛哥基建市场竞争异常激烈。除此之外，摩洛哥政府还规定，由世界银行、非洲发展银行等国际或外国金融机构提供融资的项目不享受当地价格优惠。这就导致在面对激烈的市场竞争时，中国企业在一些项目中并不具有优势。

3. 中国企业融入摩洛哥所处产业链亦存在困难

由于中摩双方在全球产业布局中处于不同的产业链体系之中，中国企业在摩洛哥组织生产中间形态的工业制成品就存在一定阻碍。这主要是因为，摩洛哥很多新兴产业的发展主要得益于融入法国企业主导的产业链体系，而中国相关企业则主要融入了北美、东亚产业链体系，在欧洲也主要是与德国企业发生接触，而与法国企业的联系有限。对于中国很多企业而言，想要借助摩洛哥有利的生产条件组织生产、打开欧洲市场存在一定困难。另外，中国产品声誉度不高也制约了中国产品打入摩洛哥主要出口市场。从工业制成品的类别来看，摩洛哥已初步形成国际竞争优势，直接面对消费者最终形态的工业制成品仅局限于汽车、成衣两个产业部门。摩洛哥汽车产业的发展主要是由法国汽车巨头雷诺公司的投资带动起来的，产品也主要是由母公司返销至法国、西班牙等欧洲市场。摩洛哥所产服装历来也都是以贴牌的形式销往欧洲国家。尽管中国的汽车、服装产销量均位居全球首位，但由于自主品牌仍普遍缺乏国际知名度，即使相关产品转移至摩洛哥生产，也很难在欧洲市场打开销路。[1]

---

[1] 刘冬：《摩洛哥工业发展战略与中摩产能合作》，《阿拉伯世界研究》2019年第2期。

4. 企业经营风险

中资企业在摩洛哥投资生产，在经营中也存在一些风险和困难，其中包括税务管理风险、合规经营风险、运营成本高企风险等。

（1）税务管理风险

企业在摩洛哥经营，均需按照当地税法进行纳税，而当地税法基本沿袭法国税收体制，十分严格，企业和个人总体税赋较重。商品流通按四级增值税征收，最高为20%。这增加了企业纳税的负担和风险。此外，企业还要缴纳公司税、营业税、所得税、源头税、增值税、社会保险等。

（2）合规经营风险

摩洛哥法律比较完备，执法严格，但诉讼时间比较长。同时，不论是当地的企业、承包商、私人地主，还是当地的雇员等，均有较强的诉讼意识，中资企业很容易收到各类起诉。其中最典型的是劳动法律风险。摩洛哥沿袭法国的工会体制，注重保护本地劳工利益。部分中国企业不了解当地劳动法律，因此经常被本地员工举报，造成停工和罚款。另外，中资企业还存在环保风险、投资法律风险等。

（3）运营成本高企风险

中资企业在摩洛哥经营具有较高的运营成本，这也导致企业会产生经营风险。

一是摩洛哥产业链不完整导致投资成本高。摩洛哥作为小国，其在一些行业的产业链并不完整，这就使得一些投资项目会面临融资、原材料以及中间品供应等方面的制约，从而使得项目完工时间延长，投资成本增加。以港口建设为例，摩洛哥自从2012年提出《2030国家港口战略》以来，进行了多个港口的扩建和新建，但是由于摩洛哥资源有限，特别是原材料方面，工期经常会延长，导致建设周期冗长。

二是人工成本高。一方面，摩洛哥失业率较高，对于本国工人可以承担的工作，严格限制外国劳务人员进入。根据摩洛哥《劳动法》规定，外国公司承建项目的本地员工比例不低于70%。摩洛哥工人最低月工资为2700迪拉姆，劳动力成本较高。摩洛哥当地工会影响力大，解雇当地员工成本也较高。另一方面，随着中摩经贸关系日益发展，赴摩洛哥工作的中国公民越来越多。在摩洛哥工作的中国员工需办理长期居住证，所需材料复杂，办理时间缓慢。而且当地政府给予在摩洛哥中国人长期居留的期限一般仅为一年，需每年更新。这导致劳工管理隐性成本较高。

三是享受优惠政策的条件和手续烦琐。虽然摩洛哥政府制定了投资鼓励政策，但申请优惠政策的条件繁多。摩洛哥政府哈桑二世基金等规定对纺织服装上游产品、电子产业购买土地及办公用房给予的补贴，均需申请通过审批才能获得。摩洛哥国家就业与技能培训局对企业培训摩洛哥当地员工的补贴等申请程序复杂，申请周期较长。

5. 地缘政治风险

摩洛哥具有重要的战略位置，是各方势力争夺的焦点。这使得中资企业在摩洛哥面临重大的地缘政治风险。主要体现在以下几个方面：一是在摩洛哥投资可能会招致欧美大国的猜忌。以摩洛哥为中心的马格里布地区，历来都是欧美大国，尤其是法国和西班牙的势力范围。近年来，中国在"一带一路"倡议指引下，在全球范围内参与诸多重大基础设施的建设，引起了西方的关注，一些国家认为中国投资建设一些诸如港口之类的设施，表面是商业性质，终极目标是军事用途。如若中国加大投资力度，必将引起法国和西班牙等国的关注。二是摩洛哥周边国家的动乱给投资带来不确定性。虽然摩洛哥是西亚和整个非洲大陆中政局最稳定的国家之一，但是摩洛哥周围的国家，要么是仍处在动乱，如利比亚，要么是具有极高的不稳定性，如突尼斯和阿尔及利亚。近年来，由于中东北非地区恐怖活动的升级，摩洛哥安全风险也有所上升。较高的失业率以及从非洲其他国家涌入的外来人口增加，使得摩洛哥社会治安有所恶化，大城市的抢劫和偷盗案件增多。这都给中资企业的投资带来了风险。[①]

（四）在摩中资企业具有的条件与机遇

虽然中资企业在摩洛哥投资和经营面临一些挑战，但是在现阶段，摩洛哥也具有一些有利中资企业进一步发展的条件，中资企业在摩洛哥发展也面临着一些机遇。

1. 摩洛哥发展经济的基础条件良好

摩洛哥政局稳定为发展经济提供了保障。2011年西亚北非动荡席卷北非和中东世界，导致突尼斯等多国领导人下台。穆罕默德六世国王适时进行宪法改革，给予政府和议会更多权力，从而让摩洛哥保持了相对稳定的政局。

摩洛哥是一个以第三产业为主，中等收入水平的发展中国家。摩洛哥目前人口不到3700万，但若按经济总量计，它已是非洲第五大国和北非第三大国。2003年以来，摩洛哥经济保持稳定增长。1999年，摩洛哥人均GDP尚不到1500美元，但到2011年已翻了一番至3000美元，到2019年则进一步增长至3230美元，全国GDP接近1200亿美元。2019年，摩洛哥通货膨胀率为0.2%，为10年来最低水平。这都使得摩洛哥吸引外国投资总体保持上升趋势。

---

① 张玉友：《中国参与摩洛哥港口建设的前景与风险》，《当代世界》2017年第6期。

摩洛哥的基础设施建设也不断加强。政府注重加强高速公路、铁路、机场、港口等基础设施建设。目前摩洛哥高速公路通车里程约1800公里。40万人口以上的城市均已通高速公路。非洲首条高速铁路丹吉尔—盖尼特拉高铁已于2018年底顺利通车。

摩洛哥劳动人口素质相对较高，人力成本具有竞争力。摩洛哥34岁以下人口占总人口的64%，劳动人口有1200万，拥有超过300所公立和私立高等院校。2019年7月1日起，摩非农业最低时薪为14.13迪拉姆，农业领域最低日薪为73.22迪拉姆，远低于欧美国家平均水平。

2. 摩洛哥发展规划目标明确

摩洛哥的国家发展规划目标是保持较高的经济增长率，减少失业、贫困。主要政策是改善总体经济运行环境；提高公共行政管理效率；改善投资环境，促进中小型私人企业发展；吸引外国投资进入汽车、航空、纺织、电子器材、离岸服务和旅游业等劳动密集型产业；扩大对外开放，重点面向欧盟，同时加强与其他经济体合作；促进进出口多样化和外贸多元化，以提高生产力、竞争力和国力。为此，摩洛哥政府制定了各领域的发展规划，如2020年旅游远景规划、绿色摩洛哥计划、摩洛哥可再生能源发展战略和工业加速计划等。

2014年，摩洛哥政府制定了《2014—2020年加速工业发展计划》，力图将工业占GDP比重由14%提高至23%，并新增50万个就业岗位。2019年末，摩洛哥工贸部启动了覆盖2021—2025年的工业加速计划2.0。新一轮工业加速计划强调发展物联网技术、航天制造业，建设创新中心并制定企业间科研创新的鼓励政策。此外，摩洛哥政府新设立了总额20亿欧元的工业发展基金，重新修订投资法、完善中小企业公共保障体系，成立专管部门负责工业园区投资事宜，进一步简化行政手续，为企业融资和社会保险提供便利。2021年4月，摩洛哥推出了新发展模式，提出了让摩洛哥成为地区和非洲大陆最具活力和吸引力国家的宏伟目标。

3. 摩洛哥经济开放程度高，投资环境不断改革

摩洛哥经济对欧洲、地中海区域以及全世界全面开放，较深地融入了全球市场。摩洛哥于1987年加入关贸总协定（GATT），1995年加入世界贸易组织（WTO）。为扩大其工农业产品的出口市场，促进对外贸易，摩洛哥近年来与欧盟、美国、土耳其、突尼斯、埃及、约旦和阿联酋等56个国家和地区签订了自贸协定，于2019年加入非洲大陆自贸区，并与西非国家经济共同体、南美南方共同市场、加拿大和俄罗斯等国家和组织商谈签署自贸协定事宜。

摩洛哥政府将吸引外资作为其经济发展的重大战略。摩洛哥正在加快工业化、信息化、农业现代化，希望外国企业来摩洛哥投资，带来新技术、新设备、新理念、新经验，转让技术，创造就业，带动摩洛哥经济发展。为此，政府加快建设工业加速区和其他各类工业园区，制定优惠税收政策吸引投资企业入驻。此外，摩洛哥还成立一系列基金如投资促进基金、哈桑二世基金、能源基金、旅游发展基金等以鼓励和吸引投资。

近年来，摩洛哥政府不断改善投资环境，进行法制框架改革，简化行政办事程序，避免双重征税，保护投资者的利益。根据福布斯杂志公布的"2019年最佳营商环境国家"排名，摩洛哥在全球161个经济体中排名第62位，是北非地区营商环境最佳的国家。世界银行《2020年全球营商环境报告》显示，摩洛哥营商环境在全球190个经济体中排名第53位，在北非地区居首。

4. 中摩进一步发展经贸关系具有历史和现实基础

中摩两国虽然相距万里，分属丝绸之路的东西两端，却又有着十分相似与相互吸引的文化特征，这些推动了中摩两国文明包容互鉴、民心相通，为中摩合作打下了深厚的文化基础。

近年来，中摩关系持续升温，经贸合作势头良好。两国建立了战略伙伴关系，签署了共建"一带一路"谅解备忘录等合作协议。中摩两国各领域、各层面交流日益密切。

对摩洛哥而言，为了实现新发展模式制定的目标，摩洛哥希望发展与中国等新兴参与者的合作关系，发展电子商务、数字经济、清洁能源利用等新兴领域的务实合作。对中国而言，摩洛哥政局相对稳定，是中国企业同非洲国家开展产能合作的天然平台、进入非洲和欧洲市场的门户、连接21世纪海上丝绸之路西端的重要枢纽。摩洛哥地中海南岸港口码头与现代化仓储物流体系的兴建，也为中国企业的国际贸易、跨境电商、全球制造提供了绝佳的支撑。这都说明中摩进一步发展经贸合作、更多的中国企业到摩洛哥投资经营，是一种双赢举措。中摩两国进一步发展经贸合作正当其时。

二 中摩推进丹吉尔科技城园区合作

根据非洲发展需要和中国帮助非洲实现发展目的，中国政府需在非洲打造一个按照中国模式实现发展目标的样板，从而推动非洲整体发展和中国理念的推广。丹吉尔科技城园区地处北非，有其地缘经济特殊性，突出优势、应对挑战将有助于中国将其打造成为一个对非合作的样板工程。

（一）丹吉尔科技城园区的基本情况

2016年5月摩洛哥国王穆罕默德六世访华，双方同意在环境经济领域开展双边合作。在访问过程中，穆罕默德六世首次公开了建设中摩丹吉尔科技城的想法。丹吉尔科技城全名为丹吉尔穆罕默德六世科技城，位于摩洛哥北部地中海沿岸的丹吉尔—得土安大区，毗邻丹吉尔地中海港。项目被规划为中摩合作的示范性项目，在远景上规划为建成集工业、商业、居住、公共服务和娱乐休闲一体的现代化产业新城，被视为"一带一路"在北非开展汽车制造、航空与纺织工业的中方公司基地。

2017年3月，民企海特集团与摩洛哥相关方面达成协议。协议初始投资为10亿美元，旨在创造超过10万个就业岗位，其中包括约9万个针对本地员工的就业岗位。该项目计划耗时10年，并约定于2017年下半年开始建设。2018年，海特集团与摩洛哥方面陷入合同纠纷,随后海特集团宣布撤资丹吉尔科技城。2019年4月26日,中国路桥集团、中国交通建设股份有限公司与摩洛哥政府、摩洛哥非洲银行、丹吉尔大区、丹吉尔地中海港口管理局(TMSA)、摩外贸银行(BMCE)、丹吉尔科技城建设公司在北京举行的第二届"一带一路"国际合作高峰论坛上宣布将合作继续建设丹吉尔科技城。2020年11月双方成功签约,宣布中方占有科技城35%股份。2021年以来,双方进行了一系列对接,部分风电产业推进进度较快。然而受疫情影响,项目总体推进仍然较慢。

(二)丹吉尔科技城园区的优势

丹吉尔科技城园区建设作为中摩合作的标志性项目,既有中摩发展合作的既有优势,也有园区发展的自身特有优势。

第一,地理位置优越,战略意义丰富。地理位置上,丹吉尔科技城距丹吉尔国际机场、高铁站、市中心均约15公里,交通便利,覆盖整个丹吉尔—得土安大区;新修成的丹吉尔—卡萨布兰卡高铁作为非洲第一条高速铁路,联通摩洛哥最大的港口城市、经济中心和交通枢纽,为科技城对外联系提供极大便利;地缘意义上,科技城依托丹吉尔地中海港,两地相距35公里。在最新的全球集装箱港排名中,丹吉尔地中海港2017年共处理331万个标准集装箱,成为非洲第一大集装箱港,也是地中海地区第四大港口。丹吉尔地中海港2期于2019年投入使用,该港集装箱处理能力提升至900万个标准箱,跃升成为非洲第一大集装箱港,同时也成为地中海沿岸集装箱吞吐量最大的港口。丹吉尔地中海港辐射77个国家186个港口,自丹吉尔至欧洲海上运输当天可达,至美国海上运输仅需5天,将非洲、欧洲、北美与阿拉伯世界联通起来。

第二,配套设施齐备,营商环境良好。配套设施上,丹吉尔科技城项目周边已落成丹吉尔自贸区、丹吉尔汽车城两大自贸区及多个工业园区，周边产业链及生产、生活配套设施完善。2012 年，雷诺集团在丹吉尔地中海港落成了其在摩洛哥的第二家制造工厂。依托丹吉尔地中海港口和配套铁路设施，到 2017 年，该工厂平均每天向地中海港发出六列满载雷诺汽车的火车，累计生产并向外输出了超过 100 万辆汽车。软性基础设施上，丹吉尔地区既有的工业园区拥有相应的劳动力培养产业。当地政府针对工业园特色，设置了配套的劳动力培训计划，量身定制职业培训学校。内部营商环境上，当地已经形成了较为良好与完善的内部营商环境。丹吉尔当地不存在大型地方势力集团，外资在地方活动受影响程度较低，外国企业在当地投资办厂无须"拜码头""四处打点"，为企业进入节约了大量时间与成本。外部营商环境上，丹吉尔科技城有着该地区最为优秀的贸易协定环境。1995 年至今，中国与摩洛哥双方签署了《投资保护协定》《避免双重征税协定》。2016 年 6 月 1 日起，摩洛哥宣布对中国公民开放免签，同年两国签署了《关于建立两国战略伙伴关系的联合声明》。1996 年，欧盟与摩洛哥签署了自贸协定，协定于 2000 年生效。长期以来，双方一直保持密切的贸易投资关系，摩洛哥是欧盟在南部邻国中最主要的贸易伙伴，同时欧盟也是摩洛哥最大的外国投资者。2020 年欧盟与摩洛哥之间的货物贸易总额为 353 亿欧元。欧盟从摩洛哥的进口额为 152 亿欧元，其中主要是电机和运输设备占比超 40%。2004 年摩洛哥与美国签署了自贸协定，美国对摩洛哥的货物贸易顺差从 2005 年（生效前一年）的 7900 万美元上升至 2011 年的 18 亿美元。摩洛哥还开始与加拿大和几个西非国家进行自由贸易协定谈判。摩洛哥政府于 2019 年 2 月 22 日通过了一项法案，批准了建立非洲大陆自由贸易区（AFCFTA）的协议。摩洛哥也于 2017 年 2 月 24 日申请加入西非国家经济共同体（ECOWAS）。

第三，共同政策支持，形成双边合力。摩洛哥政府潜心打造丹吉尔科技城,希望其成为大型经济和工业平台。其一,摩洛哥政府对投资企业提供巨大的优惠政策。简化行政手续,提供"一站式服务";园区内企业不受外贸法规、外汇管制的监管,资金可自由流进和流出;提供优惠税收、免缴进口关税、进口环节增值税、生产和消费税、出口税;免缴营业税、市政税15年;企业建立、增资、扩大规模、购买土地,免缴注册税和印花税;外国投资者的股份分红及类似收益免纳税;本地居民的股份分红税按7.5%征收;来自外国及其管辖地区的货物免缴增值税。其二,通过"哈桑二世基金"激励企业投资丹吉尔科技城。对电子、汽车、航空、纳米技术、微电子和生物技术等产业有相关补贴;对购地且自行建设/购置建筑物,补贴土地购买价格和建筑施工成本的10%;租地但自行建设/租赁建筑物,基于租赁合同前六年的租金,补贴100%的土地租赁价款/建筑物租赁价款;对新设备购置成本补贴最高20%(税和进口税除外)。其三,工业投资促进基金也为丹吉尔科技城提供优惠。摩洛哥《投资法》对投资额超过1亿迪拉姆(约1033万美元)或创造250个就业岗位的投资项目,提供补助优惠政策,提供最高覆盖总投资额30%的补贴资金。受补贴的项目包括购买或租赁房地产和工业设备的成本;技术援助费用;与研发、创新和创造相关的费用;实际开始运营后的头三年的启动成本。此外,对于促进出口的部分,提供最高额为出口产品附加值10%的促进出口增长资金奖励。

(三) 丹吉尔科技城园区面临的挑战

区域竞争激烈,企业难以进入市场。从经济构成看,摩洛哥市场构成结构多元。穆罕默德六世上台后,延续了1983年开启的私有化与去摩洛哥化运动,继续加强了国家资本主义的政策。在此背景下,摩洛哥调整转变经济政策,开始推动国家冠军企业发展。通过王室控股或投资，推动合并成立大型私有企业。大型私有企业提升国民生产总值，促进就业，同时服务于王室外交战略。目前，摩洛哥存在三大经济板块，王室经济影响巨大。摩洛哥王室经济控股企业掌控国民经济主要命脉，约占国民生产总值的45%—50%。在这一背景下，王室经济对在摩企业能否开展投资发挥着决定性作用。中国企业进入摩洛哥后，往往因为对当地情况不熟悉，与王室经济联系不够密切，受到当地企业打压，难以进入当地市场。从外部竞争看，外来大国影响大。丹吉尔地区毗邻直布罗陀海峡，历来都是欧美大国，尤其是法国和西班牙的"势力范围"，对提升和维护其经济发展与国家安全都起到重要的作用。此前，中摩两国相关项目建设与运营仍处于较低水平，主要聚焦于港口周边交通与基础设施投资。本次科技城项目针对双方在科技和重要技术设备的合作，这引起了西方媒体的广泛关注，认为科技城项目是中国在摩洛哥向传统西方强国发起的挑战。

　　合作模式错位，企业竞争激烈。从进出口模式上看，大多数中国企业海外投资采取零散件组装模式，即从中国进口原料、散件，运输到目的国进行组装，其后进行出口贸易。以汽车产业为例，丹吉尔地区的整车进口税和零件进口税相差无几，传统的企业投资模式在当地难以保持盈利。企业进口组件，在工厂组装，再向欧洲和非洲市场出口整车，成本往往比生产整车更高。同时，工业园不允许企业在岸销售。如在丹吉尔汽车城，企业生产线生产商品必须进行出口销售。根据丹吉尔自由区的规定，在丹吉尔自由区生产的货物，只有15%可以进入摩洛哥的国内市场，其他产品必须被出口到国外。市场内部企业竞争激烈。总体上来说，摩洛哥市场比较规范，企业市场化程度较高。法国作为摩洛哥前宗主国，两国市场标准存在很大程度上的相似。同时，根植于其殖民历史，部分欧洲国家在摩洛哥可以发挥很大影响。中国企业在摩洛哥进行投资，仍然是"新来的"，且法国、西班牙等欧洲企业对当地市场竞争非常在乎甚至是势在必得。因此，中国企业想要扎根当地市场，需要投入更多的精力和成本，也面临着更高的门槛。

产业投资错配，战略定位仍不清晰。从整体来看，中摩合作是一个中非合作的"新边疆"。近20年以来，中国大量企业进入摩洛哥市场，然而在当地市场存活而且发展的企业屈指可数。首先是产业对接不适配。摩洛哥政府的定位是希望合作，包括基础设施合作、疫苗合作、高技术产业合作等。但其欲与中国合作的产业大多是高铁、高速公路等相关产业内较高层次的项目，农村道路与地面硬化工程项目数量极少。摩洛哥政府受法国、美国影响较大，经济来源包括欧洲、美洲，同时也包括来自阿拉伯国家的大量资金输入。与其他非洲国家不同，摩洛哥政府并不缺乏资金，其将自身定位为大国，认为和中国应当开展平等合作和高端合作。其次是合作标准高。以高铁路基工程为例，卡萨布兰卡高铁项目中有多家公司参与，然而项目完成后，各个公司并没有较高盈利。高铁线路全段每公里造价全球最低，成本控制水平较高。在第三期疫苗合作项目上，摩方科学家对中国技术参数要求极高，经过一系列可行性验证后才会选择与相关企业开展合作。从现状上看，产业园目前整体门槛较高，其一系列标准都在效法欧洲，甚至比欧洲更高。

（四）中摩推进丹吉尔科技城园区建议

第一，引入转型，引导适配产业进入。摩洛哥政府将丹吉尔科技城园区定位在一个较高技术水平的合作上，合理定位园区建设，引导相应产业进入。其一，调整入园企业结构，满足摩方需求。从历史发展趋势上看，中国在非企业整体处在转型升级之中。从中非合作角度来看，园区尚缺的是产业链中高端的企业，从中欧合作的角度来看，其合作水平可能仍属于中段合作。引入在欧竞争力较高企业，以欧洲市场为导向，盘活园区整体基调；借助园区建设，推动中国在非企业转型，将转型成功后的在非企业作为中坚力量；以科技城合作为样板，推动在非企业整体升级转型。其二，以摩洛哥为基点，推动中国高技术企业影响扩大。近期，部分高新技术产业和现代制造业成功进入摩洛哥，特别是疫苗联合生产，为园区推进带来了巨大正面影响。同时，另外有些高科技企业，在没有政府援助、政府贷款或者两优情况下凭借科技含量较高、自主运营能力较强的优势，成功扎根摩洛哥。目前，摩洛哥市场潜力仍然巨大，新基建具有较大刚需，碳中和、碳达峰等背景下，摩洛哥在清洁能源、环保产业和智慧城市建设方面仍有巨大需求。将摩洛哥作为中国在非推进高技术合作扩散桥头堡定位，将为中国推进"一带一路"带来重大利好。

第二，多方抱团，整体推进项目运行。摩洛哥内部势力复杂，经济成分多元，中国企业项目推进需各方形成合力，抱团取暖，共同推进科技城项目运作。其一，内部整合，整体输出。目前中国产业导入，大多是公司间按照市场化原则在对接。可以考虑从政府层面上，将国内企业进行整合，将一系列相关性企业打包，发挥集团化优势，与摩洛哥政府开展谈判，加快对接进程，完成规则制定。其二，针对性对位，协助企业形成突破口。外交机构应在项目建设中起到恰当的作用，在企业磋商、政策对接和政治过程中发挥影响。在部分争论与舆论场中，以学者对学者，媒体对媒体的方式，全方面为项目推进塑造良好环境。同时，引导中国企业与欧洲特别是法国的在摩企业开展合作，建立战略互信，以此为突破口打掉当地利益集团对中国项目建设过程中的阻碍，避免因中国企业入园导致利益挤压而产生的冲突。其三，协调政策落位，助力企业落户。尽快加强园区项目落地的配套政策推进，与摩洛哥政府共同推进工业园区落地一站式办理，制定企业友好型政策，吸引更多相应企业进入园区。

第三，明确定位，外交锚定智库牵引。丹吉尔工业园区毗邻直布罗陀海峡，经济成分与欧洲紧密相连，联结中欧、中非、中阿地区三环合作。其一，提高工业园区在中摩合作政策中的地位，将合作置于跨区域合作视野中。参考中信戴卡项目运作，其并没有立足于中非、中阿合作，反而以中欧合作为定位，利用摩洛哥的区位优势满足其全球市场需求。目前摩洛哥大体上处于产业链中高段，开展双边合作应将其定位在一个较高标准与水平的合作者地位，在政府政策沟通过程中，从对等合作者出发，不提或少提"援助"，以"高质量合作"统筹园区的跨区域推进。其二，智库引导，加强双边政策互通。摩洛哥每年举办各类高规格高影响力国际问题研讨会数量颇多。大量欧美著名智库将研讨会地址与年会地址选择在摩洛哥，每年开展会议超过50次。同时摩洛哥自身国际问题研究平台约有20家，内部影响很大同时其活动往往会得到国际社会高度的关注。目前，中国在摩洛哥政策和学术交流水平仍然较低，智库学者在摩洛哥影响仍较小。推进以摩洛哥为平台的学术交流，避免以官方背景在学术场合开展政策解读，从平等学术交流角度出发，将更好推动中国对摩洛哥政策推广。其三，以"一带一路"引导工业园建设，反向推动园区进程。以往中国对"一带一路"的宣传，以做为主，通过园区和项目建设，在当地产生影响，从而带动"一带一路"政策宣传。高举"一带一路"旗帜，以宣传为园区造势，宣传工业园区建设对当地产业布局、国民经济等各方面影响。在政府、智库与媒体层面加强正面宣传，直面外部挑战。

第四，整体布局，深度对接"一带一路"。工业园区项目联通"一带一路"的中非、中欧与中阿合作，明确定位丹吉尔园区项目为高水平高质量"一带一路"样板工程，推动产业出口转型。其一，对接国际高水平规则，打造新时期走出去"练兵场"。主动引导企业适应摩洛哥较高的产业标准规则，将摩洛哥作为中国企业海外投资的实习基地与训练场地，对接欧洲标准规则，适配高水平"一带一路"合作。培养中国企业与当地欧洲企业进行良性竞争，提高中国企业海外投资市场竞争力，以工业园项目为跳板，推动"一带一路"走出去。其二，开展第三方市场合作，增强第三方参与。目前，中国在工业园区项目上仍然停留在双边政府层面合作，第三方对项目的参与稀缺。引入当地的外国企业进入园区，整体推进项目进度。其三，优化投融资，匹配"一带一路""走出去"战略大局。科技城项目短期内缺乏私人资本进入，项目资金来源有限。更多引入PPP投资模式，综合推进中方企业EPC+投资+融资转型，将增强和多边开发银行（MDB）的合作水平与加强项目所在国双边合作水平相结合，多方共同保护和维护项目，共同开发科技城，通过国际合作将项目打造成有实力有信誉的工业园合作品牌。

三　摩洛哥在中非"一带一路"合作中的优势

近年来,中摩经贸合作发展势头良好,两国建立了战略伙伴关系,摩洛哥成为首个签署共建"一带一路"谅解备忘录的阿拉伯马格里布联盟国家。作为阿拉伯国家中最早与中国建交的国家之一,摩洛哥优越的地理位置、稳定的政治环境、完善的经济治理体系,为中摩进一步开展经贸合作提供了条件,也成为中国企业开拓非洲和欧洲市场的桥梁。近些年,双方贸易投资持续增长。2020年,中摩双边贸易额达47.64亿美元,逆势增长2%。两国在渔业、基建、电信、汽车等领域合作不断深化。

(一) 摩洛哥的地理位置与地缘优势

从地理位置来看,摩洛哥所在的北非处于连接亚、非、欧三大洲的核心地带。摩洛哥更是兼具北非、地中海和阿拉伯三重身份,是阿拉伯国家联盟、非洲联盟和地中海联盟成员国。摩洛哥地处非洲,北上是欧洲,东向是阿拉伯世界,西隔大西洋同美洲相望,拥有得天独厚的地理位置。

1. 摩洛哥的地理位置及其枢纽作用

摩洛哥是非洲西北部国家,西部是大西洋,北部与欧洲的西班牙与葡萄牙隔海相望（西北部领土距西班牙仅约15公里），东部和东南部与阿尔及利亚接壤，南部为存在边界争议的西撒哈拉地区，由于摩洛哥拥有大部分该地区的控制权，所以事实上摩洛哥也与毛里塔尼亚相邻。摩洛哥是世界上仅有的三个（另外两个为西班牙和法国）同时拥有大西洋和地中海海岸线的国家之一。① 优越的地理位置为摩洛哥的海陆空运输线提供了巨大的潜力，摩洛哥近些年加大对各类交通线的投资建设，区域枢纽作用逐步凸显。

摩洛哥是临海国家，约98%的对外贸易是通过港口进行的，根据摩洛哥2012年启动的国家战略议程，摩洛哥旨在增加海港的数量和竞争地位，这将使其能够加强与主要贸易伙伴的经贸关系，并将自己定位为通往非洲大陆的经济门户。② 目前，摩洛哥共有38个港口，其中13个商业港、19个渔港和6个游艇停泊港。2019年摩洛哥全国港口货物运输量为1.53亿吨，同比上涨11.3%，其中进口量、出口量、转运量和沿海贸易分别占比41%、24%、31.3%和3.6%。③ 经过多年的快速发展，丹吉尔地中海港已经于2017年超过埃及塞得港和南非德班港，成为非洲第一大集装箱港，在全球500个集装箱港口中排第45位。众多优良的港口和对海港建设的重视使得摩洛哥的海运枢纽地位不断提升，根据世界经济论坛发布的《全球竞争力报告》显示，摩洛哥的班轮运输连接和海港服务效率得分排名分别为世界第

---

① 张玉友、孙德刚：《"一带一路"国别研究报告（摩洛哥卷）》，中国社会科学出版社2020年版，第4页。

② Mahdi Birafane1, Wei Liu and Sarvar Khalikov, "The Strategic Positioning of Moroccan Seaports: An Application of the Boston Consulting Group Growth-share Matrix", *The Open Transportation Journal*, Vol. 14, 2020, pp. 133-142.

③ 中华人民共和国商务部：《对外投资合作国别（地区）指南·摩洛哥（2020年版）》，http://www.mofcom.gov.cn/dl/gbdqzn/upload/moluoge.pdf。

17位和第24位（见表3-1），位居非洲前列。

表3-1　　2019年全球竞争力指数：摩洛哥交通基础设施

交通项目	取值	得分	世界排名
交通基础设施	—	60	41
道路连通性（0—100）	88.5	88.5	30
道路基础设施的质量（1—7）	4.7	61.5	41
铁路密度	4.7	11.8	71
列车服务效率（1—7）	3.9	48.9	44
机场连通性	71958	57.3	52
航空运输服务效率（1—7）	5.3	71.7	38
班轮运输连接（0—100）	71.5	71.5	17
海港服务效率（1—7）	5.1	68.7	24

资料来源：世界经济论坛发布的《全球竞争力报告》，参见 https://www3.weforum.org/docs/WEF_ TheGlobalCompetitivenessReport2019.pdf。

摩洛哥机场连通性得分位列世界52名（见表3-1），其第一大航空公司——摩洛哥皇家航空公司自1957年在非洲成立以来一直是非洲领先的航空公司。摩洛哥皇家航空公司每年运送近800万乘客，每周运营2300多个定期航班，连接全球105个目的地，并设有从欧洲、北美、南美、非洲、马格里布地区和中东等地最大首都城市起飞的班次，该公司3933名员工来自46个国家，机队拥有59架飞机，平均机龄10年，在国际航空运输评级组织Skytrax排行榜获得四星航空殊荣。[1] 根据摩洛哥皇家航空公司的发展规划，到2025年其飞机数量将会增至105架，并通过增设新航线加强对非洲的覆盖率。

---

[1] 洛洛：《非陆欧风摩洛哥》，中国大百科全书出版社2020年版，第263页。

摩洛哥的铁路和公路发展也十分迅速。当前摩洛哥的道路基础设施的质量和铁路密度分别排名世界第41位和第71位（见表3-1），在铁路建设上位居非洲前列，其中一半已经实现电气化。2018年，摩洛哥建设的非洲首条高铁——丹卡高铁的第一期工程修建完成，即从丹吉尔至肯尼特拉的高铁已通车，今后10年摩洛哥还会陆续建造多条铁路，开通多条线路，实现铁路连通性的再提高。摩洛哥的道路连通性和道路基础设施的质量位居世界第30和41位（见表3-1），摩洛哥政府计划到2035年将高速公路通车里程增加到3000公里，实现路网密度和道路里程的再增长。

近些年，摩洛哥交通基础设施的总体竞争力连年提升，空中载客量、海运货物量、铁路货运周转量总体稳步增长。地理上的独特优势，再加上各方面都走在非洲前列的交通基础设施建设，使摩洛哥的交通枢纽地位不断加强。

2. 作为阿拉伯国家的摩洛哥

摩洛哥是阿拉伯国家的一员，阿拉伯人约占摩洛哥总人口的80%，阿拉伯语是摩洛哥的官方语言，伊斯兰教是摩洛哥的国教，99.8%的居民信奉伊斯兰教。[1] 相似的宗教文化习俗让摩洛哥与阿拉伯国家有密不可分的关系，摩洛哥也积极发展与各个阿拉伯国家的关系，但摩洛哥与传统保守的阿拉伯国家又有很大不同，摩洛哥对西方文化和中东问题等敏感问题的态度较为开明，是阿拉伯世界与外部世界联系的重要窗口。

（1）阿拉伯世界的维护者

作为阿拉伯国家，摩洛哥重视与阿拉伯各国之间的外交关

---

[1] 中华人民共和国商务部：《对外投资合作国别（地区）指南·摩洛哥（2020年版）》，http://www.mofcom.gov.cn/dl/gbdqzn/upload/moluoge.pdf。

系，认为阿拉伯世界应该协调各方关系，团结一致，避免阿拉伯世界的分化。1956年摩洛哥独立后，摩洛哥政府就表示摩洛哥是伊斯兰教国家，拒绝参与分裂伊斯兰世界的《巴格达条约》，之后摩洛哥也一直致力于维护阿拉伯国家的利益。

在中东问题上，摩洛哥始终坚持和阿拉伯阵营站在一起，反对以色列侵占巴勒斯坦领地。早在1967年的阿以战争中，摩洛哥政府就表示支持阿拉伯人民反犹太复国主义的事业。1988年11月15日，巴勒斯坦宣布建立独立的巴勒斯坦国，摩洛哥当即予以承认。20世纪90年代，摩洛哥展开大规模的外交活动，支持巴勒斯坦人民的正义斗争。穆罕默德六世国王接任耶路撒冷委员会主席后，坚持原有的立场，支持巴勒斯坦人民的合法斗争，呼吁各方通过谈判达成永久、全面、公正的协议，主张在国际法和已签订的协议基础上，建立独立的巴勒斯坦国，反对将巴勒斯坦人民的正义斗争与恐怖主义相等同。2000年和2001年，穆罕默德六世国王以耶路撒冷委员会主席的身份主持召开会议，支持巴勒斯坦对东耶路撒冷拥有主权，呼吁各国在巴勒斯坦宣布建国时予以承认。[1] 2014年，针对巴以形势，摩洛哥外交部多次发表公报谴责以色列在东耶路撒冷建立定居点，呼吁立刻停止对加沙地带不可接受的、无理的攻击。2017年，穆罕默德六世以耶路撒冷委员会主席身份致信联合国秘书长古特雷斯，强烈谴责以色列相关宗教政策，要求以方停止单方面决定耶路撒冷命运的行为，并呼吁国际社会予以关注。[2]

在对待苏伊士运河问题上，摩洛哥始终支持埃及将苏伊士运河收归国有，并促成埃及回归阿拉伯联盟。在1990年的海湾战争期间，摩洛哥谴责伊拉克对同为阿拉伯国家科威特的入侵，

---

[1] 肖克：《列国志·摩洛哥》，社会科学文献出版社2010年版，第356页。

[2] 世界知识年鉴委员会：《世界知识年鉴2019/2020》，世界知识出版社2020年版，第461页。

要求伊拉克停止入侵，从科威特撤军，保证科威特的主权和领土完整，并且在军事上支持多国部队行动。

摩洛哥始终与广大阿拉伯国家站在一起，注重发展与海湾地区、马格里布地区等多个阿拉伯国家的关系，是阿拉伯世界的维护者和团结阿拉伯国家的重要力量。

（2）温和开放的阿拉伯国家

摩洛哥宪法序言部分第二段概述了摩洛哥的民族特性："摩洛哥是一个主权的穆斯林国家，致力于开放、温和、宽容和对话的理想，以促进所有文明之间的相互理解；一个民族的团结基于其成员的完全认可的多样性：阿拉伯人、阿马齐格人、哈萨尼人、撒哈拉以南地区、非洲地区、安达卢西亚地区、犹太地区和地中海地区。"[1]

摩洛哥信奉温和的伊斯兰教，反对宗教极端主义，一直致力于不同文明之间的相互理解。20世纪70年代，哈桑二世执政时期，摩洛哥就在以色列设置了联络处。20世纪80年代，哈桑二世作为黎巴嫩三方委员会和巴勒斯坦被占领土起义委员会的主席，在解决巴以冲突上起到了积极作用，被西方认为是一个"中立的"阿拉伯领导人。[2] 20世纪90年代，摩洛哥在以色列设置利益代表处，成为第三个在以色列设立利益代表处的国家。穆罕默德六世担任耶路撒冷委员会主席期间，也一直呼吁各方通过谈判解决巴以问题，这体现了摩洛哥希望阿拉伯世界与以色列接触并通过和平方式解决犹太人与阿拉伯人冲突的立场。

摩洛哥是伊斯兰国家，但对民主改革和人权等理念持较为开放的态度。穆罕默德六世在对2001年的《世界人权宣言》发表51周年的贺电中提到："尊重人权和载入这些权利的国际公

---

[1] "Morocco's Constitution of 2011", https://www.constituteproject.org/constitution/Morocco_2011.pdf.
[2] 肖克：《列国志·摩洛哥》，社会科学文献出版社2010年版，第335页。

约并不是一种奢侈或者需要作出牺牲的模式。"① 2010年阿拉伯国家爆发了"颜色革命",2011年穆罕默德六世实行了一系列改革措施,并通过了全民公投。政治改革赋予了总理和议会更多的行政权力,特别是将过去国王任命政府官员和解散议会的权力交给首相,并使柏柏尔语、阿拉伯语以及摩洛哥撒哈拉部落使用的阿拉伯—哈萨尼语成为摩洛哥的官方语言。新提议的改革在很大程度上得到了摩洛哥人的支持,使摩洛哥未受到西亚北非动荡的强烈波及,保证了摩洛哥的基本稳定,也体现了穆罕默德六世在政治上较为开明的态度。

3. 作为非洲国家的摩洛哥

摩洛哥是非洲第五大经济体,也是非洲统一组织(非洲联盟的前身)创始国之一,但由于不满非洲统一组织对西撒哈拉地区的态度,摩洛哥于1986年退出,虽然之后摩洛哥与非洲多国仍保持密切联系,但都未再回归非洲统一组织。2017年,时隔32年之后,摩洛哥加入非洲联盟,2019年摩洛哥又加入非洲大陆自贸区,以越发积极的态度参与非洲事务。

(1) 马格里布地区一体化的推动者

马格里布(Maghrib),阿拉伯语意为"日落之地",即非洲西北部地区,包括摩洛哥、阿尔及利亚、利比亚、毛里塔尼亚和突尼斯五个阿拉伯国家。摩洛哥是马格里布地区存在时间最悠久的独立君主制国家,也是该地区具有重要影响力的大国,促进马格里布地区一体化是摩洛哥长期以来的梦想。穆罕默德六世在演讲中曾提到:"摩洛哥王国作出了建立马格里布联盟的战略选择,目的是为该地区的和平与发展创造一个平台。"②

---

① 张玉友、孙德刚:《"一带一路"国别研究报告(摩洛哥卷)》,中国社会科学出版社2020年版,第235页。

② 张玉友、孙德刚:《"一带一路"国别研究报告(摩洛哥卷)》,中国社会科学出版社2020年版,第234页。

1989年，马格里布联盟成立后，摩洛哥希望改善与该地区主要大国的关系，协调整个地区的政治、经济、社会、外交发展，提出1995年实现关税同盟和2000年建立经济共同体等目标,[①]但由于在西撒哈拉地区主权问题上与阿尔及利亚和毛里塔尼亚存在分歧，双方关系未能真正缓和，经济一体化的设想也未能实现。穆罕默德六世继位后重视马格里布地区的建设，希望和该地区国家建立稳定的战略性关系，在立足于解决历史问题的同时，重视发展经济关系。2019年初，在联合国秘书长西撒问题特使科勒的主导下，摩洛哥、阿尔及利亚、毛里塔尼亚和西撒人四方重回谈判桌，举行两次圆桌会议，探讨解决西撒问题的务实方案。2019年7月，穆罕默德六世国王在登基20周年纪念日讲话中再次表达了改善摩阿关系的意愿，希望早日解决西撒哈拉这一争议地区的主权归属问题，扫除马格里布地区团结发展的绊脚石。

总的来说，作为非洲马格里布地区的重要成员，摩洛哥一直试图改善马格里布的地区环境，创造一个安全稳定的马格里布，并借此来带动自身发展，提升摩洛哥的地区领导力乃至在整个非洲的话语权。

（2）撒哈拉以南非洲国家的合作者

与马格里布地区存在领土争端不同，摩洛哥与撒哈拉以南地区的国家不存在领土争议，早在20世纪50年代，摩洛哥和撒哈拉以南的非洲国家就相互支持独立运动，穆罕默德五世和哈桑二世在位时期，摩洛哥支持塞内加尔、加蓬以及几内亚等国家的统治者，同撒哈拉以南的非洲国家建立了广泛联系。20世纪80年代中期以来，摩洛哥的大学一直接收来自其他非洲国家的学生，这在摩洛哥人和其他国家的人民之间建立了牢固的

[①] 肖克：《列国志·摩洛哥》，社会科学文献出版社2010年版，第349页。

个人和社会联系。1999年穆罕默德六世继位后，前后超过50次访问非洲国家，与非洲国家的双边协议已经超过950项，涉及教育、农业发展、经济和宗教事务等多个领域。①

近年来，摩洛哥在非洲的影响范围远远超出了该国过去所在的传统法语圈，肯尼亚、埃塞俄比亚、尼日利亚都成为摩洛哥重要的政治和贸易伙伴。摩洛哥尤其注重经贸往来，与撒哈拉以南多个非洲国家开展投资与贸易。2000—2015年，摩洛哥与撒哈拉以南非洲地区的贸易增长了12.8%，2015年为摩洛哥带来了约10亿美元的利润。随着摩洛哥和撒哈拉以南非洲之间贸易的增加，摩洛哥在过去十年中对非洲大陆的投资也大幅增长，2015年摩洛哥在非投资占非洲的外国投资总额的40%，涉及银行、采矿、建筑、电信等多个行业。②

摩洛哥是非洲重要的经济和政治力量，重返非盟标志着摩洛哥的非洲政策更加积极开放。摩洛哥希望与撒哈拉以南的广大非洲国家开展多领域合作，带动非洲地区发展，也借此扩大在非洲的影响力，旨在使摩洛哥成为非洲政治中关键和有影响力的参与者。

4. 作为地中海国家的摩洛哥

摩洛哥是南地中海国家中唯一以成为欧盟成员国为公开目标的国家。③ 在摩洛哥的地中海战略中，最重要的是与地中海北部国家即法国、西班牙、葡萄牙等国的合作，也包括稳定南地

---

① Messari Nizar, "Morocco's African Foreign Policy", https：//www.iai.it/sites/default/files/menara_fn_12.pdf.

② Messari Nizar, "Morocco's African Foreign Policy", https：//www.iai.it/sites/default/files/menara_fn_12.pdf.

③ Schäfer, Isabel, Jean‐Robert Henry, Ibtesam Al‐Itiyat, Aomar Baghzouz, Esther Barbé, Christine Baron, Dimitar Bechev et al., *Mediterranean policies from above and below*, Nomos Publishers, 2009, p. 303.

中海，主要是发展和马格里布相关国家的关系。地中海地区是摩洛哥对欧洲和非洲政策的交集区域，摩洛哥的地中海外交也具有多重外交的属性。作为地中海国家，摩洛哥在该地区的主要目标是保持南地中海地区的和平与稳定以及推动地中海地区的发展。

（1）地中海地区的稳定器

南地中海地区是较为动荡的地区，战乱较为频繁，恐怖袭击也时有发生，而摩洛哥是其中少见的长期较为稳定的国家，也是欧盟在动荡的南部地区控制恐怖主义和移民的可靠伙伴。摩洛哥一直致力于推动地中海南部的马格里布地区团结发展，希望可以打造一个安全稳定的马格里布，也积极参与周边地区的维和行动，在维护地中海地区稳定上发挥着不可替代的作用。2021年12月，摩洛哥常驻维也纳国际组织代表指出：摩洛哥是距离欧洲最近的国家，一直希望地中海能成为一个稳定、合作、相互尊重和文化多样性的地区，并指出摩洛哥认为地中海面临慢性的、结构性的以及新的挑战，摩洛哥一直致力于在穆罕默德六世国王的领导下，通过在地区和文化之间架起桥梁，成为地中海地区和平的提供者和稳定的贡献者。①

1960年以来，摩洛哥在联合国、欧盟和北约的指挥下参与了多场维和行动。根据联合国报告，2017年，摩洛哥在世界维和行动中的贡献率排名第14，共有1610名摩洛哥军人参与了维和行动，在中东和北非地区仅次于埃及。② 2011年，摩洛哥参与了利比亚的"联合保护行动"，维护了地中海南部国家的和

---

① "Security in Europe is Closely Linked to Stability in Mediterranean Region（Ambassador）", https：//www.mapnews.ma/en/actualites/politics/security - europe - closely - linked - stability - mediterranean - region - ambassador.

② United Ntions, "Ranking of Military and Police Contributions to UN Operations", Month of Report, 31 October, 2017.

平。穆罕默德六世执政以来，摩洛哥在打击非法移民和恐怖主义上也做出了努力。摩洛哥主办了非洲移民观察站，这有助于提高对非洲移民现象的了解，摩洛哥还在首都拉巴特设立了联合国反恐中心办公室，用于在非洲打击恐怖主义方面的培训和合作。

（2）地中海地区一体化的推动者

20世纪60年代以来，摩洛哥一直在不同领域和地中海北部国家展开合作。1995年，首届欧盟—地中海南岸国家部长级会议在巴塞罗那举行，摩洛哥也加入其中。会议首次提出"欧盟—地中海伙伴关系计划"，又称"巴塞罗那进程"，会议目的主要是通过政治和安全对话实现地区和平与稳定，并通过经济和财政合作逐步争取在2010年前建立欧盟与地中海南岸国家的自由贸易区，以及通过加强各国社会、文化和人员的交流，促进欧盟和地中海国家之间的全面合作。目前，在欧盟与南地中海国家的新型关系中，摩洛哥发挥着极为重要的先锋作用，主要体现在摩洛哥积极践行欧盟的民主、人权和政治对话，参与在波斯尼亚的军事行动安全、政府间的治理方式交流以及承办移民大会等方面。[1]

2020年11月是巴塞罗那进程签署25周年，而疫情加剧了地中海地区国家在政治、社会经济、金融等方面的挑战。2021年2月，为了重新启动和加强欧盟与摩洛哥南部邻国伙伴之间的战略伙伴关系，欧盟委员会提出了一项雄心勃勃的地中海新议程，它包括一项专门的经济和投资计划，以刺激南部地区的长期社会经济复苏。根据新的欧盟邻里、发展和国际合作文书（NDICI），在2021—2027年间将拨款高达70亿欧元用于该计划的实施，这可以在该地区动员高达300亿欧元的

---

[1] 张玉友、孙德刚：《"一带一路"国别研究报告（摩洛哥卷）》，中国社会科学出版社2020年版，第235页。

私人和公共投资。① 摩洛哥作为欧盟在地中海南部最重要的合作伙伴，已经从巴塞罗那进程中受益良多。欧盟的地中海新议程无疑释放了地中海合作的新信号，摩洛哥未来必将在地中海区域合作中发挥重要作用，推动地中海一体化程度的不断深化。

（二）摩洛哥与欧洲文化的临近性

摩洛哥地理上与欧洲的相近导致摩洛哥与欧洲在文化上具有临近性，正如摩洛哥哈桑二世国王曾指出的："摩洛哥是一棵参天大树，深深植根于非洲大陆，并通过枝叶呼吸着欧洲的空气。"

1. 摩洛哥与欧洲的历史交往

早在14世纪摩洛哥与欧洲的经贸往来就已十分频繁，但随着欧洲国家的逐渐强大，摩洛哥也不断受到欧洲的侵袭，被迫签订了诸多不平等条约，最后沦为法国和西班牙的殖民地。1956年摩洛哥独立后，由于与欧洲的殖民历史渊源，摩洛哥不断发展与法国、西班牙等国的关系，欧洲成为摩洛哥外交的重心。

（1）欧洲殖民扩张与摩洛哥的主权丧失：15世纪至20世纪初

摩洛哥与欧洲国家隔海相望，很早就受到欧洲的侵略。15世纪起，葡萄牙占领了休达、丹吉尔和阿尔西拉，西班牙占领了梅利利亚。16世纪初，欧洲列强控制了几乎整个摩洛哥大西洋沿岸地区，并向内地侵袭。18世纪，摩洛哥免除了摩洛哥法律对外国人的豁免权，包括免税和给予"保护"，以刺激商业的

---

① "Southern Neighbourhood: EU proposes new Agenda for the Mediterranean", https://ec.europa.eu/neighbourhood-enlargement/news/southern-neighbourhood-eu-proposes-new-agenda-mediterranean-2021-02-09_en.

发展。1844年，以阿尔及利亚民族起义领袖阿卜杜·卡迪尔和他的军队避居摩洛哥为借口，法国炮击丹吉尔和阿加迪尔港，并从东部入侵摩洛哥，同年9月，摩法签订《丹吉尔条约》正式结束战争。1856年英国与摩洛哥签署了两份"友好、航海与贸易"公约，摩洛哥王室结束了对贸易的垄断，打开了摩洛哥海外贸易的大门。1861—1865年，摩洛哥到英国的年均进口额是十年前的三倍，英国占有了摩洛哥海外贸易的大部分份额。[①]西班牙也通过1859—1860年对摩洛哥的战争，取得了摩洛哥的大量赔款和伊夫尼渔业基地。

20世纪初，法国在摩洛哥的势力逐渐扩大，1901—1902年法国强迫摩洛哥苏丹签订条约，规定法国可给摩洛哥政府"帮助"和"合作"，这使法军向摩洛哥腹地推进合法化并逐步击败了诸多竞争对手。1904年，英法签署友好协定解决了双方在殖民领土上长期悬而未决的分歧，法国给予英国在埃及行动的自由，作为回报，英国开始放弃支持摩洛哥中立和独立的政策，此后摩洛哥大面积的领土尤其是港口城市被割让给法国。1911年，法德签署协议，德国取得法属刚果的一部分和南摩洛哥的铁路经营权，并承认法国对摩洛哥的保护权，自此法国在摩洛哥的主要竞争对手基本都被击败或主动撤离。1912年3月30日，法国强迫摩洛哥苏丹签订了对摩洛哥实行保护制度的《非斯条约》，五分之四以上的摩洛哥领土归入法国保护区，摩洛哥沦为法国的"保护国"。

从15世纪到20世纪，摩洛哥一直受到欧洲国家袭扰，尤其是工业革命后，英国、法国、德国等西方列强加紧了对摩洛哥的压迫，摩洛哥被迫与欧洲多国签订了一系列不平等条约，丧失主权的屈辱外交成为该时期摩洛哥和欧洲交往的主

[①] 苏丹·吉尔森·米勒：《摩洛哥史》，刘云译，东方出版中心2015年版，第27页。

要特点。

(2) 沦为法国和西班牙的"保护国": 1912—1956年

1912年11月法国和西班牙在最后一次协商中瓜分了摩洛哥。除了丹吉尔名义上由苏丹(摩洛哥君主)领导进行多层次国际管理外,摩洛哥其他领土由两国根据协议进行统治,西班牙获得了摩洛哥北部的狭长区域和南部的伊夫尼地区,除此之外的摩洛哥领土都归属于法国。

该时期法国和西班牙对摩洛哥的统治一直伴随着摩洛哥人民的反抗,这导致法国军队在向摩洛哥内陆推进的过程中遭遇重重阻碍,推进步伐缓慢,直到1924年才征服了整个中阿特拉斯地区。和法国一样,西班牙也在其统治区遭到了顽强抵抗,摩洛哥的里夫地区矿产丰富,但道路崎岖导致开发困难,为了得到廉价的原材料,西班牙与里夫地区人民展开了多年的战争,最终在法西两国投入超过15.8万人的基础上,于1926年击败4万人的里夫联军。①

殖民者除了对摩洛哥反抗人民进行血腥镇压,也带来了一些现代的影响。摩洛哥的第一任总督是法国人利泰奥,他对摩洛哥进行了现代化的改革,于1920年在拉巴特建立了摩洛哥高等研究院,还鼓励在殖民地中大规模投资,建设了卡萨布兰卡港口。除此之外,利泰奥还制定了卫生标准,建设了现代化城市,引入了运输、工程、通信等方面的新技术,但他本人却坚持阶级统治,给予贵族阶级优厚待遇,压迫摩洛哥的普通民众。②

1945年第二次世界大战结束后,众多非洲国家兴起了民族独立运动,法国和西班牙在摩洛哥的统治摇摇欲坠,要求取消

---

① Walter Harris, *France, Spain and the Rif*, 1927, pp. 239 – 247.
② 苏丹·吉尔森·米勒:《摩洛哥史》,刘云译,东方出版中心2015年版,第147页。

"保护"制度、争取完全独立的示威和罢工运动此起彼伏。1947年，苏丹穆罕默德·本·优素甫在演讲中第一次发表了偏离"保护国"政策的言论，他公开表明了自己与总督府的差别。1951年苏丹拒绝在压制独立党的诏令上盖章，并请求摩洛哥恢复独立。支持摩洛哥独立的行为最终导致摩洛哥王室于1953年被流放到马达加斯加，这引起了摩洛哥人民的强烈反对，马拉喀什、卡萨布兰卡、拉巴特等主要城市都爆发了抗议示威和武装起义。经过2年的艰苦斗争，1955年11月优素甫回国，开始组建新政府。1956年3月法国同意废除《非斯条约》，承认摩洛哥独立，同年4月，西班牙放弃它所占领的摩洛哥北部的保护地。1957年8月改国名为摩洛哥王国，苏丹优素甫改称为摩洛哥国王穆罕默德五世。

在1912—1956年这40余年间，摩洛哥与欧洲的交往主要表现为摩洛哥人民对法国和西班牙这两个殖民统治者的反抗。广大摩洛哥人民与帝国主义侵略者之间的斗争持续了几十年，最终于1956年争取了民族独立。但法国和西班牙几十年的殖民统治也给摩洛哥留下了不可磨灭的烙印，时至今日摩洛哥的私立法语学校依然众多，大量的摩洛哥人尤其是摩洛哥精英阶层前往法国留学，法国和西班牙也成为摩洛哥独立后重要的合作对象。

（3）独立自主的君主立宪制国家：1956年至今

在摩洛哥独立前夕，穆罕默德五世就为新的时代奠定了基调，他承诺通过改革使摩洛哥成为建立在君主立宪制基础上的民主国家，与法国建立相互依存的永久关系。[①] 但执政后由于法国想要在摩洛哥的政治、经济和军事上继续发挥作用，而摩洛哥希望完全废除不平等条约，充分行使自身主权，双方意见分

---

① 苏丹·吉尔森·米勒：《摩洛哥史》，刘云译，东方出版中心2015年版，第190页。

歧很大，摩法关系未能很好发展。

　　1961年穆罕默德五世逝世，哈桑二世继承了王位并开始舒缓与欧洲国家的关系。法国成为摩洛哥转变外交政策的首要对象，哈桑二世认为改善与法国的关系可以防止在摩洛哥的法国资本外流，在经济和外交上都会给摩洛哥带来好处。以法国为重心，摩洛哥开始加强与欧洲的交往，双方经贸往来明显增多，到1964年，摩洛哥与欧洲经济共同体的贸易价值已经是与苏联、东欧贸易价值的10倍。1969年，由于法国的坚持，欧共体给予了摩洛哥"伙伴"地位，1976年摩洛哥又与欧共体签署了第二份协议，给摩洛哥带来了很多财政援助，也让摩洛哥得到了欧洲银行的大额贷款。[1] 1987年，哈桑二世希望进一步加强与欧洲经济共同体之间的关系，他请求加入欧洲经济共同体，虽然未得到批准，但也反映了摩洛哥渴望与欧洲加强合作交往的意愿。1991年《欧洲联盟条约》的签订，标志着欧洲一体化发展进入新时期。摩洛哥希望搭上欧盟发展的顺风车，继续推动和欧洲的合作，但过程却并不顺利，摩洛哥的农产品出口受到限制，各类协定的推进也步履维艰。最终经过法国协调，1996年欧盟与摩洛哥在布鲁塞尔正式签署《欧洲—地中海联系国协定》和新的《海洋渔业协定》，这进一步加强了双方政治和经济关系。[2]

　　1999年哈桑二世逝世，穆罕默德六世成为摩洛哥新的领导者。摩洛哥开始寻求更多的合作、理解和伙伴关系。为促进与欧洲合作，2000年摩洛哥与欧盟签署了欧盟—摩洛哥联合协定。2005年摩洛哥与欧盟通过了一项欧洲睦邻政策（European Neighborhood Policy）。根据该计划，摩洛哥将会努力与欧盟的法

---

[1] 苏丹·吉尔森·米勒：《摩洛哥史》，刘云译，东方出版中心2015年版，第258页。

[2] 肖克：《摩洛哥与法国关系的发展变化》，《亚非纵横》2012年第6期。

律标准保持一致。2006年，摩洛哥和欧盟签署了渔业伙伴关系协议，允许欧洲船只在摩洛哥水域捕鱼以换取欧洲的金钱援助。2008年，摩洛哥成为欧盟优先地位国。2010年欧盟与摩洛哥建立自由贸易区，同年，第一次欧盟—摩洛哥峰会成功举办，这是欧盟首次和非洲以及阿拉伯国家举办此类峰会。由于摩洛哥和欧洲的良好关系，欧洲成为摩洛哥移民的首要目的地，在2012年就已经有320万摩洛哥人生活在欧洲。[①] 近些年摩洛哥与欧洲在移民、边境管理、打击贩毒、社会改革、包容性发展等领域展开合作，双方交往进一步深化。

2. 主要欧洲国家对摩洛哥的影响

（1）法国对摩洛哥的影响

摩洛哥的大部分地区都曾是法国的殖民地，摩洛哥与法国深深地交织在一起，可以说法国是统治摩洛哥时间最长、对摩洛哥影响最为深远的国家。

1999年穆罕默德六世继位后第一个访问的国家就是法国。近些年摩法在政治上往来频繁，双方元首和政府首脑多次互访，双方军事合作也成果颇丰，摩军的主要装备大都由法国提供。摩法在地中海问题、非洲移民与难民问题等领域都有广泛的共同利益，经过长期的合作，双方政治互信不断加深。

法国长期以来都是摩洛哥的重要经贸伙伴。早在1962年，摩法就签订贷款协议，法国恢复了对摩洛哥的贷款援助。20世纪70—80年代，法国为摩洛哥提供数十亿法郎的低息贷款，帮助摩洛哥进行国家建设。1992年，摩洛哥和法国关系更进一步，由援助关系升级为伙伴关系，法国承诺为摩洛哥向世界银行和欧洲开发银行贷款提供担保。法国长期以来都是摩

[①] 张玉友、孙德刚：《"一带一路"国别研究报告（摩洛哥卷）》，中国社会科学出版社2020年版，第196页。

洛哥的第一大贸易伙伴,直到2012年才被西班牙超越,2019年法国在摩洛哥进出口贸易额中位居第二,其中进口贸易61.7亿美元,占摩洛哥全年进口额的12.2%,出口贸易63亿美元,占摩洛哥全年出口额的21.9%。① 除了贸易往来,摩洛哥还是法国在非洲大陆投资的主要接受国,到目前为止,法国仍然是摩洛哥的最大投资国、第一大债权人和第二大贸易伙伴,从国家航空公司到酸奶行业,法国投资在摩洛哥经济的各个领域无处不在。②

摩洛哥的教育也深受法国殖民文化的影响。法国在殖民时期对摩洛哥实行了同化教育政策,时至今日法语依然是摩洛哥上层社会的通用语言。根据2019年发表的一项研究,35%的摩洛哥人会说法语,超过了阿尔及利亚的33%和毛里塔尼亚的13%。③ 摩洛哥的大学也主要使用法语授课,从某种意义上说,摩洛哥的大学在行政管理、课程、学位结构、大学文化等方面几乎就是法国大学的翻版。④ 摩洛哥统治阶级的大多数成员在进入法国大学之前都会在当地的法国学校接受教育。摩洛哥家庭在经济条件允许的情况下,一般都会送孩子到法国学校上学,他们认为那里教育质量更高,也能与大学和国外教育对接,孩

---

① 中华人民共和国商务部:《对外投资合作国别(地区)指南·摩洛哥(2020年版)》,http://www.mofcom.gov.cn/dl/gbdqzn/upload/moluoge.pdf。

② 苏丹·吉尔森·米勒:《摩洛哥史》,刘云译,东方出版中心2015年版,第284页。

③ Tamba François KoundounoMar, "International Francophonie Day: 35% Moroccans Speak French", http://www.cmfd.cnki.net/Journal/issue.aspx?dbCode=CMFD&PYKM=GGGM&Year=2019&Issue=01&Volume=01&Page=59.

④ 张玉友、孙德刚:《"一带一路"国别研究报告(摩洛哥卷)》,中国社会科学出版社2020年版,第340页。

子以后会有大量的出国读书和移民的机会。① 同时，法国也是摩洛哥学生出国留学的第一大目的地，根据联合国教科文组织2015 年的一项研究，摩洛哥学生也是法国最大的外国学生群体，占法国大学所有国际学生的 11.7%。②

总体而言，法国对摩洛哥社会的影响是全方位的，涉及政治、经济、文化等多个领域，这也导致了摩洛哥人大量向法国移民，据摩洛哥世界新闻 2019 年 10 月的报道，大约有 755400 名摩洛哥人居住在法国，占法国移民人口的 20%。③

(2) 西班牙对摩洛哥的影响

与法国不同，西班牙和摩洛哥存在领土争端。摩洛哥一直要求西班牙归还休达、梅利利亚等地中海沿岸岛屿，而西班牙则认为其对这些岛屿拥有主权，双方就此爆发过多次冲突，这影响了双方政治合作，但在经贸领域，双方合作较好。总的来看，双边关系长期存在合作与冲突的二元性。

1956 年摩洛哥独立后，西班牙一直未归还摩洛哥南部的伊夫尼地区和地中海的一些岛屿，双方经过多轮谈判协商，最终西班牙于 1969 年撤出伊夫尼地区，于 1976 年撤出西撒哈拉地区，剩下地中海的岛屿问题悬而未决。摩西双方因岛屿主权问题在几十年间爆发了多次外交风波，严重影响了双边关系的发展。1988 年摩洛哥外交大臣在联合国大会上发表讲话，希望与

---

① 洛洛:《非陆欧风摩洛哥》，中国大百科全书出版社 2020 年版，第 55 页。

② United Nations Education Scientific and Cultural Organization, "Campus France Chiffres Cles 2018", https://www.maroc.campusfrance.org/system/files/medias/documents/2018 – 08/chiffres_cles_fr% 2008% 202018.pdf.

③ Morgan Hekking, "Moroccans Make Up Nearly 20% of France's Immigrant Population", https://www.moroccoworldnews.com/2019/10/284246/moroccans – make – up – nearly – 20 – of – frances – immigrant – population.

西班牙解决领土争端问题。1995年摩洛哥首相又在联合国大会上重申摩洛哥对收回领土的决心，但遭到西班牙的坚决抵制。2002年摩洛哥派士兵登上佩雷希尔岛，并设立军事观察哨，西班牙派遣军队将摩洛哥士兵带走，双方虽未交火，但引发了摩洛哥的激烈抗议，双方关系降到冰点。

除了领土问题，双方在渔业、难民、油气开发、海洋边界划定等问题上也存在争端。西班牙一直希望与摩洛哥进行渔业合作，允许本国渔船进入摩洛哥海域捕鱼，但摩洛哥一直将渔业合作与双方政治挂钩，希望通过发放捕鱼许可证在领土问题上与西班牙谈判，这引发了西班牙的不满。在管理难民问题上也是如此，西班牙控制下的休达和梅利利亚是试图从非洲到达欧洲的移民主要入境点之一，摩洛哥将对难民的管控与西班牙的政治态度挂钩，利用难民问题向西班牙施加压力。在海洋边界问题上，西班牙主张与摩洛哥的海上边界应以两国海岸线之间的中心线为准平均划分，而摩洛哥则认为两国海上边界划分应以大陆架为准，对属于本国大陆架以上的海域享有完全主权，而本国海上边界应在西班牙加那利群岛附近。①

虽然摩洛哥和西班牙在多个问题上存在分歧，但双方经贸往来却越发频繁。20世纪80年代后期以来，摩西之间的经济关系在各个方面都明显加强，在接下来的十年中，西班牙成为摩洛哥第二大贸易伙伴、投资者和游客来源。21世纪以来双边贸易总量继续稳定增长，在1999—2012年双方贸易额几乎翻了一番。② 2012年西班牙与摩洛哥之间贸易额开始超过法国，自2013年以来，西班牙已连续六年成为摩洛哥最大贸易伙伴，2019年摩洛哥从西班牙进口总额为78.6亿美元，占比15.5%，

---

① 吴传华：《摩洛哥与西班牙领土争端解析》，《亚非纵横》2012年第1期。

② Irene Fernandez - Molina, *Moroccan foreign policy under Mohammed VI, 1999 - 2014*, London：Routledge Company, 2015, p.172.

对西班牙出口总额69.1亿美元，占比24%。①

西班牙一直希望在多领域与摩洛哥展开合作，并且在摩洛哥众多产业都有大量投资，但由于双方的领土争端和其他分歧，摩西关系发展并不顺利。尽管摩西双方的经贸额已经超越法国，但在对摩洛哥的政治和文化影响力上西班牙与法国仍有一定差距。

（3）欧盟对摩洛哥的影响

地中海南岸是欧洲的"后花园"，由于叙利亚和利比亚相继发生动乱，大量难民逃往欧洲，给欧洲带来了很大压力。当前欧盟在地中海南岸的主要诉求是安全与稳定，摩洛哥作为南地中海与欧洲关系紧密的重要国家，越发受到欧盟重视，摩洛哥也在移民、难民、反恐等问题上和欧盟开展合作，希望获得欧盟更多的经济援助。

欧盟是摩洛哥最重要的经贸伙伴，也是摩洛哥最重要的"投资人"，在2014—2020年间，欧盟在欧洲邻里协议下对摩洛哥的双边援助总额为14亿欧元，主要涉及以下领域：公平获得社会服务、民主治理、法治和流动性、就业和可持续和包容性增长、增强民间社会的能力。以上援助项目和方向可以看出，欧盟对摩洛哥不仅仅是经济上希望帮助摩洛哥发展，更需要摩洛哥向欧洲民主国家靠拢，在民主改革上不断前进，成为非洲民主国家的典范。事实上，摩洛哥也的确是接受西方民主思想较好的阿拉伯国家，在民主改革上也较为成功，摩洛哥也希望借此不断拉近与欧盟之间的关系，甚至在未来成为欧盟的正式成员国。

除了政治要求，欧盟对摩洛哥工业化也给予了很多帮助。在欧盟对外投资计划和邻里投资平台的混合机制下，摩洛哥自

---

① 中华人民共和国商务部：《对外投资合作国别（地区）指南·摩洛哥（2020年版）》，http://www.mofcom.gov.cn/dl/gbdqzn/upload/moluoge.pdf。

2007年以来已从可再生能源、电气化、水利、交通、城市发展以及支持微型、小型和中型企业领域的项目中获得超过115亿欧元的投资。① 欧盟对摩洛哥的大量援助使摩洛哥的工业实现了快速发展，当前摩洛哥的多项支柱产业都是由欧洲国家投资或者主要出口给欧盟国家。总之，经济上的高度关联使摩洛哥对欧洲越发依赖。

当前，摩洛哥在政治和经济上都必须考虑欧盟的要求。为了和欧盟保持长期稳定的伙伴关系，摩洛哥在内政外交上都付出了很大努力，可以说在今后相当长的一段时间里欧盟都会是摩洛哥外交的头号"客户"，也是摩洛哥未来发展需要依托的重要外部力量。

3. 摩洛哥与欧洲关系的新变化

摩洛哥从独立至今一共有3位君主，分别是穆罕默德五世、哈桑二世、穆罕默德六世。摩洛哥对欧洲的外交政策既有一定的延续性也有一定的改变。摩洛哥在1956年独立后就十分重视与欧洲的关系，但由于与原先的殖民者法国和西班牙还有一些遗留问题未解决，双方关系进展较为缓慢。哈桑二世执政后积极与欧共体发展外交关系，加上解决了与法国和西班牙的一些遗留问题，摩洛哥与欧洲国家之间的联系日益紧密。

1999年穆罕默德六世执政至今，摩洛哥总体上延续了对欧洲国家的良好关系，与欧洲国家的合作也逐步由过去的政治与经贸往来拓展到多个领域。2012年以来，摩洛哥为西班牙、法国、比利时和德国等国反恐提供了大量情报。② 在打击走私和贩

---

① "European Neighbourhood Policy and Enlargement Negotiations", https：//ec. europa. eu/neighbourhood – enlargement/european – neighbourhood – policy/countries – region/morocco_ en.

② 张玉友、孙德刚：《"一带一路"国别研究报告（摩洛哥卷）》，中国社会科学出版社2020年版，第241页。

毒方面，摩洛哥也与欧洲长期联动，形成了常态化的合作机制。2020年疫情发生后，欧盟也向摩洛哥提供了很多援助，2021年4月，欧洲绿色协议执行副总裁Frans Timmermans等人代表委员会参加了与摩洛哥王国举行的高级别在线活动，双方宣布有意建立绿色伙伴关系，欧盟和摩洛哥还宣布在竞争力和绿色增长计划的框架内支付1200万欧元，支持行业和监管趋同的绿色转型改革。他们还宣布签署一项农村发展计划融资协议，欧盟将向该计划提供2000万欧元的投资，法国开发署（AFD）将提供1.5亿欧元的贷款。[1] 由于疫情，2021年摩洛哥的GDP出现了一定下降，经济出现萎缩趋势。欧盟和欧洲复兴开发银行向摩洛哥高端医疗服装生产商提供了贷款，以加强对摩洛哥企业的支持，帮助摩洛哥走出危机，实现经济复苏。[2]

虽然与欧洲关系总体依然向好，但摩洛哥近些年也一直寻求改变。穆罕默德六世在2004年提出了外交的"同心圆"原则，包括邻居、团结和伙伴关系三项基本外交原则。邻居主要是希望发展和周边邻国的关系，而伙伴关系主要是希望在除了传统的盟友欧盟、美国等国家外，发展与中国、俄罗斯、印度等其他国家的关系，这体现了摩洛哥以多元外交取代过去单纯依赖欧美的特点。摩洛哥对欧盟的外交也表现了越来越强的自主性。在过去十年中，摩洛哥面临来自撒哈拉以南非洲和叙利亚移民显著增加的问题，再加上地区安全、恐怖主义等安全需求，摩洛哥在欧盟的战略地位日益重要。摩洛哥也认识到了这

---

[1] "The European Union and the Kingdom of Morocco will work towards a Green Partnership", https：//ec. europa. eu/neighbourhood – enlargement/news/european – union – and – kingdom – morocco – will – work – towards – green – partnership – 2021 – 06 – 29_ en.

[2] "EU and EBRD support crisis recovery in Morocco", https：//ec. europa. eu/neighbourhood – enlargement/news/eu – and – ebrd – support – crisis – recovery – morocco – 2021 – 04 – 01_ en.

一点，不断通过外交谈判与欧盟达成协议，获得了大量的欧洲援助与投资。

（三）摩洛哥的国际经济交往与金融中心地位

穆罕默德六世执政以来，摩洛哥政治总体保持平稳，稳定的社会环境使得摩洛哥的经济持续发展。当前摩洛哥与世界主要大洲都有贸易往来，和欧盟、美国、中国等主要经济体的贸易额也呈现逐年增长的态势。经济地位的提升让摩洛哥有了建设非洲金融中心的雄心，穆罕默德六世也将卡萨布兰卡金融城建设视为未来最重要的项目之一，着力推进了摩洛哥金融领域的多项改革，当前金融服务业已经成为摩洛哥发展的新方向。

1. 摩洛哥与主要经济体的经贸交往

摩洛哥经济总量在非洲排名第五，在北非排名第三。除了2021年因疫情GDP出现下滑外，摩洛哥经济已经稳定增长数年，和世界各主要经济体都有广泛的经贸交往，并且与世界多个国家签署了贸易协定。

（1）与欧洲国家的经贸交往

欧盟是摩洛哥最重要的伙伴，从20世纪90年代开始双方经贸往来不断增加，签署了一系列贸易协定。1995年开启巴塞罗那进程建立欧洲—地中海伙伴关系。2000年欧盟与摩洛哥之间的联盟协定生效，它确定了贸易关系和其他形式双边合作的框架。根据联盟协议，摩洛哥和欧盟之间的自由贸易区协定于2012年3月1日生效。欧盟和摩洛哥还签署了一项关于农产品文件、加工农产品以及鱼类和渔业产品贸易进一步自由化的协议，该协议于2012年10月生效。除此之外，双方商定了一项建立争端解决机制的议定书,该议定书于2012年生效。经贸协议为摩欧之间的经贸往来提供了良好的制度支持与保障,当前双方工业产品的贸易完全自由化,农产品的市场也相当开放。① 2013年,为了进一步深化双方贸易关系,欧盟和摩洛哥开始围绕深度综合自由贸易区(DCFTA)展开谈判,上一轮谈判于2014年4月举行,之后应摩洛哥的要求暂停了谈判。2021年,在新的欧盟贸易政策审议文件中,欧盟提出与摩洛哥讨论现代化的贸易和投资关系,以更好地适应今天的挑战。②

较为完善的经贸协议为摩欧双边贸易注入了活力,2020年摩洛哥进口额前十的国家中欧洲国家占比一半以上(见表3-2),欧洲已经成为与摩洛哥经贸往来最紧密的区域。2020年摩洛哥是欧盟南部邻国中最大的贸易伙伴,占欧盟与该地区货物贸易总额的25%。欧盟是摩洛哥最大的贸易伙伴,2019年占摩洛哥货物贸易的56%,摩洛哥64%的出口到欧盟,摩洛哥51%的进口来自欧盟。③

2020年欧盟与摩洛哥之间的货物贸易总额为353亿欧元。欧盟从摩洛哥的进口额为152亿欧元,双方贸易往来涉及多个领域,电机和运输设备(61亿欧元,40.8%)、农业食品(25亿欧元,16.2%)以及纺织品和服装(23亿欧元,15.1%)。欧盟对摩洛哥的出口额达201亿欧元,出口主要是电机和运输设备(47亿欧元,23.5%),还包括:化学品(22亿欧元,10.8%)、燃料和石油产品(19亿欧元,

---

① Delegation of the European Union to Morocco, "EU relations with Country", https://eeas.europa.eu/delegations/morocco/4347/morocco-and-eu_en.

② European Commission, "EU and Morocco", https://ec.europa.eu/trade/policy/countries-and-regions/countries/morocco/.

③ European Commission, "EU-Morocco trade", https://ec.europa.eu/trade/policy/countries-and-regions/countries/morocco/.

9.4%)、农业食品（22亿欧元，9.3%）、纺织品和服装（14亿欧元，7.1%）。①

表3-2　　　　　　2020年摩洛哥主要对外贸易伙伴情况

摩洛哥进口来源国			摩洛哥出口目的国		
排名	国别	占比（%）	排名	国别	占比（%）
1	西班牙	15.4	1	西班牙	23.9
2	中国	12.2	2	法国	22.0
3	法国	12.0	3	意大利	4.4
4	美国	6.3	4	印度	4.3
5	土耳其	5.5	5	巴西	4.1
6	德国	5.3	6	美国	3.6
7	意大利	5.2	7	德国	3.3
8	俄罗斯	3.6	8	荷兰	3.2
9	葡萄牙	2.6	9	土耳其	2.2
10	沙特阿拉伯	2.0	10	英国	2.0

资料来源：Royal Bank of Canada，https：//rbcglobalconnect.rbc.com/en/resources/explore-new-markets/country-profiles/morocco/trade-profile#classification_by_country.

（2）与其他主要经济体的经贸往来

①摩洛哥与中国的经贸交往

20世纪90年代中国与摩洛哥政府为促进经贸协定，成立了经济、贸易和技术混合委员会，并签署了多项协定，包括1992年的《中国和摩洛哥政府经济技术合作协定》、1995年的《经济和贸易协定》与《投资保护协定》、1996年的《民事和商事

---

① European Commission，"EU-Morocco trade"，https：//ec.europa.eu/trade/policy/countries-and-regions/countries/morocco/.

司法协助协定》、2002 年的《避免双重征税协定》。① 进入 21 世纪后，中摩双方合作领域不断拓展，2015 年召开了中摩经济论坛，2016 年中国与摩洛哥签署货币互换协议和《基础设施领域合作谅解备忘录》，但双方尚未签署自贸协定。

2015 年，摩洛哥与亚洲大陆的贸易总额为 960 亿迪拉姆，其中摩洛哥与中国的贸易总额为 333.7 亿迪拉姆，中国占摩洛哥和亚洲大陆之间贸易总额的三分之一。② 2019 年，摩洛哥向中国出口的商品主要为矿产品（占摩对华出口总额的 55.6%，下同）、贱金属及制品（18.5%）、动物产品（6.1%）。摩洛哥自中国进口的商品主要有机电产品（占进口总额的 39.6%，下同）、纺织品及原料（18.2%），此外，进口额占比超过 5% 的商品包括家具玩具、贱金属及制品。中国是摩洛哥机电产品、纺织品及原料、家具玩具、光学钟表医疗设备和鞋靴伞等轻工产品的第一大进口来源地，分别占摩洛哥同类产品进口市场份额的 19.5%、5.3%、34.8%、21.2% 和 45.3%。③

根据表 3-3，2016—2020 年，中摩贸易额增长了 31%，其中进口额增长较慢，出口额增长较快。2020 年中国已经是摩洛哥进口的第二大国家，但尚未进入摩洛哥出口额前十。摩洛哥对中国的贸易收支一直是逆差，双方的贸易需求不对等，摩洛哥对中国商品的需求度较高而中国对摩洛哥产品需求不大。

---

① 张玉友、孙德刚：《"一带一路"国别研究报告（摩洛哥卷）》，中国社会科学出版社 2020 年版，第 525 页。
② 张玉友、孙德刚：《"一带一路"国别研究报告（摩洛哥卷）》，中国社会科学出版社 2020 年版，第 526 页。
③ 中华人民共和国商务部：《对外投资合作国别（地区）指南·摩洛哥（2020 年版）》，http://www.mofcom.gov.cn/dl/gbdqzn/upload/moluoge.pdf。

表 3-3　　　　　　　2016—2020 年中摩贸易数据

年份	双边贸易（亿美元）	摩洛哥出口（亿美元）	摩洛哥进口（亿美元）
2016	36.3	5.5	30.8
2017	38.26	6.5	31.76
2018	43.9	7.09	36.81
2019	46.7	6.35	40.35
2020	47.6	5.9	41.7

资料来源：根据中华人民共和国商务部：《对外投资合作国别（地区）指南·摩洛哥（2020 年版）》和《中国—摩洛哥经贸合作简况（2020 年）》数据制作，http://www.mofcom.gov.cn/dl/gbdqzn/upload/moluoge.pdf，http://xyf.mofcom.gov.cn/article/tj/hz/202111/20211103221353.shtml。

②摩洛哥与美国的经贸交往

摩洛哥与美国的自由贸易协定（FTA）于 2006 年生效。该协定是美国在非洲大陆上唯一的自由贸易协定，摩美自由贸易协定签署后，双方贸易额快速增长（见表 3-4）。

表 3-4　　　2000—2020 年摩洛哥对美国贸易数据　　　单位：百万美元

年份	进口	出口	合计
2000	523	440	963
2005	480	445	925
2010	1947	685	2632
2015	1624	1011	2695
2020	2301	1048	3349

资料来源："Trade in Goods with Morocco"，https://www.census.gov/foreign-trade/balance/c7140.html。

2019 年，摩洛哥与美国的商品和服务贸易总额估计为 66 亿美元，其中商品进口额为 35 亿美元，比 2018 年增长 16.5%，比 2009 年增长 114.4%。2019 年摩洛哥对美国出口的商品总额为 16 亿美元，比 2018 年增长 1.9%，比 2009 年增长 238.2%，比 2005 年（自由贸易协定签订前）增长 255%。①

2020 年，美国向摩洛哥出口了价值约 23 亿美元的商品。最大的出口商品类别是运输设备，占总数的 28%（6.43 亿美元）。摩洛哥对美国的其他出口包括石油和煤炭产品、食品制造以及石油和天然气。同年，美国从摩洛哥进口了价值约 10.5 亿美元的商品。从摩洛哥进口的主要是化学品、食品制造、运输设备和服装制造产品，分别占总量的 32.5%、16.7%、12.4% 和 10.3%。②

③摩洛哥与非洲大陆的经贸交往

摩洛哥是非洲重要的经济体，非洲也是摩洛哥唯一贸易收支是顺差的大洲。近些年摩洛哥与突尼斯、埃及、约旦和阿联酋等国达成了一系列自由贸易协定，并于 2017 年正式申请加入西非国家经济共同体。2019 年 2 月，摩洛哥批准建立非洲大陆自由贸易区（CFTA）的协议。摩洛哥对非洲的日益重视也反映了摩非未来经贸增长的巨大潜力。

从非洲自身来看，北非国家在摩洛哥与非洲的贸易份额中占主导地位，其中阿尔及利亚、突尼斯、利比亚和埃及在 1999—1995 年和 2000—2018 年间都能在摩洛哥非洲贸易伙伴中排名前十。利比亚在 1999—1995 年间是摩洛哥的主要非洲客户，在 2000—2018 年间被阿尔及利亚取代，突尼斯目前仍然是摩洛哥的第二大客户。就撒哈拉以南非洲而言，塞内加尔、科特迪瓦和尼日利亚等国仍然是摩洛哥在这两个时期的第一批合作伙伴。这些国家的共同点是，它们与摩洛哥签署的贸易协定

---

① Office of the United State Trade Representative, "U. S. – Morocco Trade Facts", https://ustr.gov/countries–regions/europe–middle–east/middle–east/north–africa/morocco.

② "Trading Partner Portal: Morocco", https://advocacy.calchamber.com/international/portals/morocco/.

至少可以追溯到1980年。①

从贸易总量来看，20世纪90年代摩洛哥与其非洲伙伴之间的贸易就开始显著增长，从1995—1999年间的年平均贸易额3.4278亿美元增加到2000—2018年的15.8亿美元（年平均出口10.8亿美元，进口4.69亿美元）。②但是，非洲国家在摩洛哥对外贸易中的所占比重即在摩洛哥进出口贸易总额中的份额基本上保持不变。2020年，摩洛哥从非洲进口的产品占摩洛哥总进口额的3%，其中进口非洲的货物主要来自埃及、阿尔及利亚和突尼斯，石油气是摩洛哥主要的进口产品。2020年，摩洛哥向非洲出口的货物占摩洛哥总出口额的8%，出口的主要目的地是象牙海岸、吉布提和塞内加尔。③从表3-2中也发现，非洲没有任何一个国家能进入摩洛哥对外贸易额的前十名，这也说明了虽然摩非之间的贸易额不断上升，但占比实际上仍然偏低，未来摩洛哥和非洲其他国家仍然有巨大的经贸发展潜力。

2. 摩洛哥建设金融中心的努力与成效

摩洛哥坐落于非洲西北岸，既是非洲国家，也是地中海国家，还是通向非洲欧洲的门户，具有得天独厚的区位优势。当前全球金融中心事实上已经构成一个动态的网络，比如中国香

---

① Oumaima Saadallah, Benaceur Outtaj, "Morocco's Trade, between Free Trade Agreements and Integration into the African Union: Which Potential for Morocco's Foreign Trade?" https://www.scitepress.org/Papers/2021/104474/104474.pdf.

② Oumaima Saadallah, Benaceur Outtaj, "Morocco's Trade, between Free Trade Agreements and Integration into the African Union: Which Potential for Morocco's Foreign Trade?" https://www.scitepress.org/Papers/2021/104474/104474.pdf.

③ "Morocco: Intra-Africa trade and tariff profile 2020", https://www.tralac.org/documents/publications/trade-data-analysis/4329-morocco-trade-and-tariff-profile-2020-infographic/file.html.

港地区是通往中国内地的门户，新加坡是通往东南亚的门户，伦敦和纽约分别连接着欧洲和北美，但非洲尤其是非洲法语区，依然缺乏一个主要的金融中心。[①] 摩洛哥目前是非洲第五大经济体，北非第三大经济体，[②] 摩洛哥希望利用其在非洲的经济地位和与欧洲的特殊关系，将卡萨布兰卡打造成北非乃至非洲的金融中心。

（1）建设北非金融中心——卡萨布兰卡

卡萨布兰卡（达尔贝达）坐落于大西洋的东北岸，是摩洛哥最大的城市，也是摩洛哥的经济、金融和外贸中心。卡萨布兰卡具有发展金融的诸多先天优势，早在1929年卡萨布兰卡就成立了证券交易所，这是摩洛哥唯一的证券交易所，也是非洲第三大证券交易所。[③] 摩洛哥自身的政治与经济环境也较为稳定。在2018年发布的《世界经济展望报告》（World Economic Outlook）中，国际货币基金组织认为摩洛哥是中东和北非地区"表现最好"的经济体之一，在世界银行《营商环境2020》（Doing Business 2020）中，摩洛哥得分为73.4，比2019年高2.38分，位居非洲第三（见表3-5）。

表3-5   2020年非洲国家营商环境排名

非洲国家	非洲排名	得分	全球排名
毛里求斯	1	81.5	13
卢旺达	2	76.5	38
摩洛哥	3	73.4	53

[①] 李亚敏、王浩：《摩洛哥金融中心发展对上海建设金融中心的启示》，《国际商务研究》2020年第4期。

[②] 世界知识年鉴委员会：《世界知识年鉴2019/2020》，世界知识出版社2020年版，第456页。

[③] 张玉友、孙德刚：《"一带一路"国别研究报告（摩洛哥卷）》，中国社会科学出版社2020年版，第305页。

续表

非洲国家	非洲排名	得分	全球排名
肯尼亚	4	73.2	56
突尼斯	5	68.4	78
南非	6	67.0	84
博茨瓦纳	7	66.2	87

资料来源：世界银行《营商环境 2020》，参见 https：//documents1.worldbank.org/curated/en/688761571934946384/pdf/Doing-Business-2020-Comparing-Business-Regulation-in-190-Economies.pdf。

先天的区位优势和稳定的国内环境以及经济连年增长，使摩洛哥对建设非洲金融中心的愿望越来越强烈。穆罕默德六世在 2010 年宣布将建设卡萨布兰卡金融城（Casablanca Finance City），为此摩洛哥投入了大量人力物力。

根据卡萨布兰卡市发布的《2018—2022 行动计划》，该市将在未来围绕基础设施、城镇化与交通投资 360 亿迪拉姆，围绕清洁、生活环境和绿地投资 92 亿迪拉姆，围绕经济社会发展、大型活动和数字化转型投资约 70 亿迪拉姆。[1] 该计划共投资超过 500 亿迪拉姆，以促进城市发展，完善相关配套设施，增强对金融企业的吸引力。除了财政支持，当地还在城市中心地带规划了占地约 100 公顷的金融城，将金融城建于重要的高速公路拉巴特（Rabat）和杰迪代（El Jadida）的交叉口。[2]

除了对金融城建设的相关硬件上给予支持，摩洛哥还改革了金融管理机构，在 2014 年成立了"卡萨布兰卡金融城管理局"，取代了原来的"摩洛哥金融委员会"。卡萨布兰卡金融城的城市服务与治理模式的核心理念是"业界自治"，金融行会在

---

[1] 张玉友、孙德刚：《"一带一路"国别研究报告（摩洛哥卷）》，中国社会科学出版社 2020 年版，第 305 页。

[2] 李亚敏、王浩：《摩洛哥金融中心发展对上海建设金融中心的启示》，《国际商务研究》2020 年第 4 期。

城市治理中扮演重要角色。卡萨布兰卡金融城管理局主要职责包括：制定卡萨布兰卡金融城发展战略，监督战略的具体实施；向国际公司和投资者推广卡萨布兰卡金融城；完善整体商业环境；为具有卡萨布兰卡金融城资格的公司提供咨询服务和帮助。①

卡萨布兰卡金融城管理机构依据自身特点，灵活制定和落实招商引资制度和优惠政策：一是在营商便利方面，建立绿色通道，简化办理流程。二是在税收优惠方面，对金融机构和专业服务机构免除从获得卡萨布兰卡金融城资质第1年起连续5年的公司税，之后缴纳公司税的税率为8.75%。对于跨国公司地区或全球总部的公司税，从获得卡萨布兰卡金融城资质的第1年起，根据税法中关于最低纳税额的标准按照10%征收。免除公司注册和增资的印花税。三是人员和资本的自由流动。快捷办理签证和工作许可，外国投资者的资本和利润可自由汇出，子公司和母公司的费用转移无限制。②

（2）卡萨布兰卡金融业发展状况与未来规划

卡萨布兰卡经过数年建设，已经成为非洲最具影响力的金融中心。全球金融指数（Global Financial Centres Index）是全球权威的金融中心评价指标，根据全球金融中心指数第29期和第30期的数据，卡萨布兰卡名列非洲第一，世界第53（见表3-6）。

表3-6　　　　　　　　　　全球金融指数世界排名

金融中心	全球金融指数第30期		全球金融指数第29期	
	得分	世界排名	得分	世界排名
纽约	762	1	764	1

---

① 李亚敏、王浩：《摩洛哥金融中心发展对上海建设金融中心的启示》，《国际商务研究》2020年第4期。

② 李亚敏、王浩：《摩洛哥金融中心发展对上海建设金融中心的启示》，《国际商务研究》2020年第4期。

续表

金融中心	全球金融指数第 30 期		全球金融指数第 29 期	
	得分	世界排名	得分	世界排名
伦敦	740	2	743	2
香港	716	3	741	4
新加坡	715	4	740	5
旧金山	714	5	718	12
卡萨布兰卡	628	53	632	53

资料来源："The Global Financial Centres Index 30"，参见https：//www.longfinance.net/media/documents/GFCI_30_Report_2021.09.24_v1.0.pdf。

当前，摩洛哥金融城已经与世界多个金融中心开展合作，在美洲，2015年1月，卡萨布兰卡金融城与蒙特利尔金融公司签署了合作协议，旨在促进养老金管理、基础设施和风险管理等相关战略领域的金融服务合作并促进投资机会。在欧洲大陆，卡萨布兰卡金融城于2013年4月与巴黎欧洲金融市场协会（Paris Europlace）签署了合作协议，旨在促进相关金融研究和创新。在2012年4月，卡萨布兰卡金融城与卢森堡金融推广署（Luxembourg for Finance）签署了谅解备忘录，旨在交换金融服务信息、分享金融管理部门之间的经验、组织有关研讨会和会议等。卡萨布兰卡金融城还在2012年10月和英国伦敦金融城成为合作伙伴，强化两者之间的协同作用。在非洲，卡萨布兰卡金融城于2014年12月和毛里求斯投资合作委员会签署了合作协议，重点关注私募股权领域的专业知识分享和业务改进。在亚洲，卡萨布兰卡金融城和阿斯塔纳、釜山、新加坡等地先后建立合作伙伴关系。2018年10月，卡萨布兰卡金融城与中国上海陆家嘴金融城签署了谅解备忘录，以促进中非之间绿色金融领域研究的交流。2018年5月，卡萨布兰卡金融城与北京金融街签署友好意向书，旨在推动金融领域经验交流和业务推广等方面的合作。①

卡萨布兰卡金融城已经引起了越来越多投资者的兴趣。2012年，波士顿咨询集团和总部设在阿布扎比的Invest AD资产管理公司取得了在卡萨布兰卡金融城开展业务的经营许可证。2014年，美国国际集团（AIG）也将摩洛哥作为在非洲大陆扩张的基地，该保险公司在卡萨布兰卡金融城已经设立了区域总部。2017年9月，全球保险业巨头劳埃德保险公司任命萨拉赫·卡迪里（Salah El Kadiri）先生为劳埃德卡萨布兰卡的兼职总代表，这将有利于促进当地企业、经纪人和保险公司获得劳埃德市场的专业能力和专门知识。此外，诸如高伟绅律师事务所（Clifford Chance）等法律公司、法国诺瓦利亚（Novallia）等软件公司，也申请加入了卡萨布兰卡金融城，并建立了办事处。目前，已经有包括安联、丸红、美世和住友等100多家全球知名企业在卡萨布兰卡金融城注册并开展业务。2019年最新统计数据初步显示，上述卡萨布兰卡金融城成员迄今为止大约贡献了摩洛哥财政预算的71%。②

卡萨布兰卡金融城建设虽然已经取得了良好的成果，但金融城管理者们目光远大，并不满足于现状。卡萨布兰卡金融城管理局总裁赛义德·易卜拉希米（Said Ibrahimi）说："我们的目标是到2025年发展成为一个拥有500个成员单位的商业社区。"③ 卡萨布兰卡虽然已经是非洲第一的金融中心，但放眼世界其影响力还远远不够，随着摩洛哥的不断发展和非洲大陆的经济复苏，卡萨布兰卡的金融中心地位在未来会进一步提升。

---

① 李亚敏、王浩：《摩洛哥金融中心发展对上海建设金融中心的启示》，《国际商务研究》2020年第4期。
② 李亚敏、王浩：《摩洛哥金融中心发展对上海建设金融中心的启示》，《国际商务研究》2020年第4期。
③ 李亚敏、王浩：《摩洛哥金融中心发展对上海建设金融中心的启示》，《国际商务研究》2020年第4期。

3. 中摩共建"一带一路"的重点领域与展望

2020年，中国与摩洛哥双边贸易额为47.6亿美元，同比增长2.1%，[①] 中国已经成为摩洛哥的重要贸易伙伴。"一带一路"倡议得到了摩洛哥国王穆罕默德六世的明确赞同，中摩双方签署了一系列协议，两国双边关系的发展取得新突破。当前中国还继续发掘摩洛哥地理区位和经济开放优势，推动中国—摩洛哥基础设施领域合作谅解备忘录、中国—摩洛哥政党共建"一带一路"交流机制、中国—摩洛哥水资源领域合作谅解备忘录等合作机制落到实处，不断取得新成果。

2014年，摩洛哥政府制定了2014—2020年加速工业发展计划，力图将工业占GDP比重由14%提高至23%。[②] 2019年末，摩洛哥工贸部开启覆盖2021—2025年的工业加速计划2.0，这为中资企业进入摩洛哥提供了良好的机遇。经过数年耕耘，中国企业在摩洛哥已经拥有了一席之地，丹吉尔科技城项目、中信戴卡摩洛哥铝车轮生产基地项目、华为与当地三大电信运营商推动摩洛哥5G建设、拉巴特机场新航站楼项目、肯尼特拉保税区中国汽车产业集群（包括中信戴卡、南京协众、重庆睿格和南京奥特佳等汽车零部件企业）、中天科技摩洛哥公司等项目已经成功落户当地。

除了已经落地的项目，摩洛哥仍有很多潜在领域有待投资，主要包括新冠疫苗产能合作；承建大型基础设施；水利基础设施的维护；磷酸盐；农业渔业生产技术；绿色氢能等可再生能

---

① 中华人民共和国商务部：《中国—摩洛哥经贸合作简况（2020年）》，http://xyf.mofcom.gov.cn/article/tj/hz/202111/20211103221353.shtml。

② 中华人民共和国商务部：《中国—摩洛哥经贸合作简况（2020年）》，http://xyf.mofcom.gov.cn/article/tj/hz/202111/20211103221353.shtml。

源投资；汽车工业；数字化与智慧城市建设；区域物流中心；金融服务业；航空航天等。对于摩洛哥的潜在项目，中国要鼓励企业赴丹吉尔汽车城、盖尼特拉保税区等产业集聚区投资设厂，积极参与共建摩洛哥丹吉尔科技城和卡萨布兰卡金融城，另外还要支持企业对接摩洛哥工业振兴计划、"绿色摩洛哥"计划、可再生能源发展战略，充分利用摩工业加速区的税收优惠政策，重点推进大型基础设施项目建设，深化中摩在磷酸盐、农业生产技术、渔业、信息通信等传统领域以及电子、装备制造、航空航天、清洁能源利用等新兴领域务实合作，共同扩展非洲与欧美市场。

中摩合作拥有广阔的前景，我们要发挥北非连接亚、非、欧三大洲的区位优势，同摩洛哥稳步推进在共建"一带一路"以及中非、中阿合作论坛等框架内各领域合作，不断提高中国投资在地区外国投资存量中所占比例，实现中国同非洲和阿拉伯世界的共同发展。未来中摩合作要着重推进基础设施、产能合作、能源矿产、信息技术及生产性服务业等领域合作，着力打造清洁能源、数字经济、金融服务业等合作亮点。中国要发掘优势领域，加强促贸投资，开拓欧美等国际市场，带动中国标准、产品、服务、装备和技术"走出去"，以投资合作助力北非国家能力建设，开创中非全面战略合作伙伴关系新局面。

结语　中摩"一带一路"合作展望

当前"一带一路"建设进入高质量发展阶段。基于摩洛哥突出的区位优势和中国推动"一带一路"建设迈向高质量发展的需要，深化在摩投资具有重要战略意义。鉴于中国在摩投资总体成效有限，建议中资企业转变营商理念，敢于往高端领域进军；双方政府应加快落实已签署的合作项目，借势深化中摩合作；同时，进一步扩展双边媒体和智库合作，加强对"一带一路"建设的正面宣传以消除疑虑和误解。

（一）摩洛哥在"一带一路"建设中的重要意义

首先，摩洛哥区位优势显著。其一，地理位置重要。摩洛哥地处非洲西北端，是连接欧洲、非洲和阿拉伯三大市场的交通要道，是地中海通往大西洋的门户。摩洛哥是很少能交汇中欧、中非、中阿三大合作圈的区域，能够在协同发展中产生正向效应，有着较强的地区辐射力和影响力。其二，资源储备丰富。撒哈拉光热资源条件好，既没有拆迁成本，也没有征地成本，适合在整个地区覆盖光伏电网，发展兼具环保与成本优势的光伏产业。其三，稳定的政治经济环境。摩洛哥的主权信用评级在环地中海沿线同类中最高，财政收入与外汇储备较稳、项目还款能力佳，可规避在非洲投资的常见风险。同时摩洛哥已形成产业聚集，在劳动力以及上游原材料方面供应能力较强。

其次，摩洛哥可以作为中资企业进入欧洲的跳板和"练习场"。其一，摩洛哥在很多方面采用欧洲标准，这为中国企业熟悉、进入欧洲提供了便利条件。由于在质量控制、管理模式、对当地市场的适应方面等存在不足，大部分中资企业很难直接向欧洲出口产品。而由于受欧洲文化的长期浸润，摩洛哥与欧洲在文化上、经济上有一定的认同与融合，可成为中国企业转化在非成果，突破欧洲市场的新途径。其二，近年来欧美国家对中国发起贸易战、关税战，在摩投资可缓解负面影响。摩洛哥与欧洲、美国签订了自贸区协议，享受优惠的关税政策，同时也在积极推动欧洲共同市场、非洲共同市场和非洲一体化。因此在摩洛哥投资后再向外出口，可极大缓解在国际上因贸易摩擦带来的压力，绕过关税和非关税贸易壁垒。

最后，摩洛哥可成为推动南南合作的重要"抓手"。其一，摩洛哥在非洲有较丰富的网络。摩洛哥与大部分非洲国家建立了紧密的经贸、金融、文化往来，航空覆盖非洲30多个国家，设立了非洲留学生奖学金。2021年10月，摩洛哥外贸银行上海分行开门营业，使中国可利用摩洛哥在非银行网络辐射更多区域国家，提高资金安全性和流动性。其二，摩洛哥可作为中国对阿拉伯国家发展关系的重要合作伙伴。摩洛哥和海合会国家同属君主制国家，关系非常紧密，而海合会国家正是中国工程承包、石油进口以及产能合作的重要对象国。同样，阿拉伯基金也帮助中资企业进入摩洛哥市场，在高端领域实现发力。

（二）加强中摩"一带一路"建设的政策建议

一是中资企业应改变营商理念，放弃依赖低成本、低质量的传统模式。中资企业在摩投资不仅存在急功近利倾向，同时对摩投资需求以及战略意义的认识不充分。下一步需结合中国自身的技术优势与发展经验，敢于往高端、高技术含量、高附加值的领域扩大产能合作。要充分利用摩洛哥的地位优势和比较优势，达到从摩洛哥向美国、欧洲出口的目的，实现全球布局。中国政府相关部门可对已有的成功案例进行总结，并作为经验重点推广宣传。

二是中摩双方应加快落实已签署的投资项目，深化中摩合作。2016年穆罕默德六世国王访华时，中摩建立了战略合作伙伴关系，并签署共建"一带一路"谅解备忘录，中摩合作进入快车道。然而已签署的涉及经济、旅游、文化等多方面的23个备忘录中，大部分并未落地。加快落实已签署协议有助于树立中国言而有信的国家形象，建立"一带一路"在摩信誉基础。关于落实协议过程出现的分歧，中摩双方应务实寻求解决途径。如在银行贷款审批上，摩洛哥希望先提供贷款再确定承包商，但中方希望先确定好承包商再审批贷款，导致了部分项目推进不畅，为此中国政府和企业可提供一些便利条件，尤其是当前疫情下对非洲国家而言是一种雪中送炭。

三是提升双边媒体、智库合作水平，加强对"一带一路"倡议的正面宣传，消除对中国投资动机的疑虑和误解。长期以来，普通群众缺乏对于"一带一路"倡议的了解，而精英又受到西方媒体的影响。因此需主动加强双边交流，加深经济合作的预期，减少政治疑虑带来的误会。摩洛哥自身高度重视国际交流，有超过20家国际问题研究平台，每年邀请欧美著名智库在摩开会不少于50次。然而中国学者、智库人员前往摩洛哥交流的次数很少，且效果欠佳。为此，应进一步加强双方媒体、智库合作与交流，让摩洛哥真实了解"一带一路"倡议的设想和主体框架，以帮助其对"一带一路"形成自己的客观认识。

四是灵活对待摩洛哥与西撒哈拉问题。西撒哈拉问题是摩洛哥与阿尔及利亚之间的一个争议地带，两国也因此长期不睦。

摩洛哥和阿尔及利亚都是中国推进"一带一路"的伙伴国和友好国家，所以中国在西撒哈拉问题上的表态将直接影响国际合作。目前，有大约 67 个联合国成员国支持摩洛哥对西撒哈拉的主张，而约 38 个国家承认阿拉伯撒哈拉民主共和国。中国政府应在坚持和平共处五项原则下，采取平衡稳妥的应对方案，避免这一问题对中摩合作造成影响。

后　　记

　　《新时代的中非"一带一路"合作——认知、成效与展望》智库报告是在中国非洲研究院的两个中非合作研究课题《"一带一路"倡议下的中摩（洛哥）合作研究》与《中非"一带一路"合作的多维认知：机遇、挑战与对策》的基础上进一步加工完成的，是所有参与者共同合作的成果。其中，邹治波研究员和任琳研究员为本智库报告项目组的组长和副组长。邹治波研究员、任琳研究员、熊爱宗副研究员、吴国鼎副研究员、陈兆源助理研究员、彭博助理研究员、黄宇韬助理研究员、金君达助理研究员、江思羽助理研究员和罗仪馥助理研究员为报告各章的撰写贡献了力量。熊爱宗、陈兆源、彭博为两个中非合作研究课题的对接协调工作付出了一定的努力。研究助理孟思宇、姚慕燃、李升阳、兰馨彤和杨易共同参与了这部智库报告的前期整理工作。感谢中国社会科学出版社侯聪睿编辑为本报告的出版工作所付出的努力。

中国社会科学院世界经济与政治研究所是中国社会科学院下属的国际问题研究所之一，成立于 1964 年。2020 年 5 月成为中国社会科学院国家全球战略智库的实体依托单位。本研究所/智库主要从事习近平新时代中国特色社会主义外交思想、全球宏观经济、国际金融、国际贸易、国际投资、国际发展、国际政治、外交政策、国际政治经济学、全球治理、国际大宗商品和国家安全等领域的研究，是中国经济政策、国际经济政策和中国外交政策等领域最有影响力的智库之一。研究所出版《世界经济与政治》《世界经济》《国际经济评论》与 China & World Economy 等重要学术期刊，和《世界经济年鉴》《世界经济形势》黄皮书、《全球政治与安全形势》黄皮书、《中国海外投资国家风险评级报告》等重要年度报告。2016 年被中国外交部指定为二十国集团智库峰会（T20）中方首席牵头智库。

中国社会科学院国家全球战略智库是 2015 年底入选首批国家高端智库建设试点的 25 家单位之一，实体依托单位为中国社会科学院世界经济与政治研究所，接受国家高端智库理事会和中国社会科学院国家高端智库理事会领导。本智库以马克思列宁主义、毛泽东思想、邓小平理论、"三个代表"重要思想、科学发展观、习近平新时代中国特色社会主义思想为指导，服务党和政府决策，组织和推动全球战略理论与实际问题的研究，建设国家亟需、特色鲜明、制度创新、引领发展的全球战略智库。本智库重点围绕国家重大战略需求开展前瞻性、针对性、储备性研究，以科学咨询支撑科学决策，推动国家治理体系和治理能力现代化，增强中国的国际影响力和话语权，更好地服务党和国家工作大局，为实现中华民族伟大复兴提供智力支持。